Los hábitos secretos de los genios

I0815680

Divulgación

Biografía

Craig Wright es licenciado en Música por la Eastman School of Music y doctor en Musicología por Harvard, es profesor emérito de Música en la Universidad de Yale, donde imparte el popular curso Explorando la Naturaleza del Genio. Becario de Guggenheim, recibió un doctorado *honoris causa* en Letras y Humanidades por la Universidad de Chicago, es miembro de la Academia Estadounidense de Artes y Ciencias y le fue otorgado el Premio Sewall a la Excelencia en la Enseñanza de Pregrado en Yale (2016), así como la Medalla DeVane por su extraordinaria labor docente.

Craig Wright

Los hábitos secretos de los genios

Los 14 rasgos de las mentes más brillantes de la historia

Traducción de Matilde Schoenfeld

Título original: *The Hidden Habits of Genius*

© 2020, Craig Wright
Traducción: Matilde Schoenfeld

Publicado por acuerdo con Dey Street Books, un sello HarperCollins Publishers.

Diseño de portada: Planeta Arte & Diseño / Christophe Prehu
Ilustración de portada: © iStock
Diseño de interiores: Cáskara / Alejandra Ruiz Esparza

Derechos reservados

© 2025, Ediciones Culturales Paidós, S.A. de C.V.
Bajo el sello editorial PAIDÓS M.R.
Avenida Presidente Masarik núm. 111,
Piso 2, Polanco V Sección, Miguel Hidalgo
C.P. 11560, Ciudad de México
www.planetadelibros.com.mx
www.paidos.com.mx

Primera edición en formato epub: enero de 2022
ISBN: 978-607-07-8131-5

Primera edición impresa en México en Booket: marzo de 2025
ISBN: 978-607-569-928-8

No se permite la reproducción total o parcial de este libro ni su incorporación a un sistema informático, ni su transmisión en cualquier forma o por cualquier medio, sea este electrónico, mecánico, por fotocopia, por grabación u otros métodos, sin el permiso previo y por escrito de los titulares del *copyright.*

Queda expresamente prohibida la utilización o reproducción de este libro o de cualquiera de sus partes con el propósito de entrenar o alimentar sistemas o tecnologías de Inteligencia Artificial (IA).

La infracción de los derechos mencionados puede ser constitutiva de delito contra la propiedad intelectual (Arts. 229 y siguientes de la Ley Federal del Derecho de Autor y Arts. 424 y siguientes del Código Penal Federal).

Si necesita fotocopiar o escanear algún fragmento de esta obra diríjase al CeMPro (Centro Mexicano de Protección y Fomento de los Derechos de Autor, http://www.cempro.org.mx).

Impreso en los talleres de Corporación en Servicios
Integrales de Asesoría Profesional, S.A. de C.V.,
Calle E #6, Parque Industrial Puebla 2000, C.P.72225, Puebla, Pue.
Impreso en México -*Printed in Mexico*

Para nuestros hijos,
Evan, Andrew, Stephanie y Christopher
y para Fred, Sue y Sherry.

ÍNDICE

Introducción

DAR EN EL BLANCO OCULTO

Hoy en día la genialidad está a nuestro alrededor, desde los amables empleados en el Genius Bar de Apple hasta los productos Baby Einstein diseñados para hacer más listos a nuestros niños. Llaman «genio de los negocios» a Kim Kardashian, estrella de *reality shows*, y se dice que su esposo, Kanye West, es un «cretino que también es un genio». Alan Turing, Martin Luther King, Abraham Lincoln, Stephen Hawking y Steve Jobs aparecen en películas contemporáneas y se les llama genios. Y luego están los actores que han ganado Óscares, como Daniel Day-Lewis y Eddie Redmayne, que representan a los brillantes individuos de esas películas. ¿Son también genios? Llaman al nadador Michael Phelps «genio locomotor». Las estrellas de tenis Roger Federer y Rafael Nadal son responsables de «golpes geniales». Se han referido a Yo-Yo Ma como «genio del cello». La Facultad de Administración de Empresas de la Universidad de Nebraska en Omaha ofrece un curso anual titulado El Genio de Warren Buffet. El 23 de mayo de 2019, Donald Trump, de pie ante las cámaras de televisión en la Casa Blanca, se declaró «un genio extremadamente estable». Para no quedarse atrás, el líder de Corea del Norte, Kim Jong Un se llamó a sí mismo el «genio de todos los genios».

¿Cómo explicamos este «anhelo de genialidad», como lo expresó el escritor George Eliot (Mary Ann Evans) en 1872?[1] Más allá de nuestro uso generalizado y excesivo de este término existe un deseo serio, atemporal y profundamente humano de entender lo desconocido. Para hacerlo simplificamos y atribuimos la compleja operación de múltiples pensadores previos a un individuo singular y ejemplar: «el genio». Muchas veces el genio asume las cualidades de un salvador y así brinda a la humanidad la esperanza de un mundo mejor. Al mismo tiempo, el genio nos proporciona consuelo (una explicación o incluso una excusa para nuestros defectos). «Ah, bueno, con razón, ¡es que ella es una genio!» Pero todavía nos preguntamos: ¿Cómo es que hizo el truco mágico? ¿Qué se esconde bajo la superficie? Si descartamos los mitos que rodean a estos individuos excepcionales, ¿podríamos saber cómo son en realidad su vida y sus hábitos? ¿Y qué podemos aprender de ellos?

En 1951 los médicos del Hospital General de Massachusetts conectaron un aparato de electroencefalografía al cerebro de Albert Einstein y observaron la aguja que se sacudía en un intento por encontrar en qué parte de este se ubicaba su genialidad.[2] Después de que Einstein falleciera en 1955, un patólogo emprendedor, el doctor Thomas Harvey, formado en Yale, extrajo su cerebro y lo cortó en 240 rebanadas perfectas para que él y otros pudieran examinarlo.[3] Aunque a la fecha ya se ha estudiado cada pliegue, surco y fisura de la materia cerebral de Einstein, los neurocientíficos no han logrado ni comenzar a explicar cómo funcionaba su proceso de pensamiento imaginativo. Patólogos forenses en Salzburgo han intentado encontrar una correspondencia entre el cráneo de Wolfgang Amadeus Mozart con el ADN de sus familiares en el Cementerio Sebastian de esa ciudad.[4] No obstante, hasta ahora, el genoma de Mozart continúa siendo esquivo. De forma similar, científicos de Milán están investigando el ADN de Leonardo da Vinci; pero, una vez más, no han logrado identificar un «gen de genio».[5] ¿Por qué no nos sorprende? La genialidad tiene que ver con la expresión complicada de demasiados rasgos personales ocultos como para ser reducida a una simple ubicación y un simple proceso en nuestro cerebro o en nuestros cromosomas. Cómo es que las características de un individuo excepcional trabajan en conjunto para producir la genialidad es algo que continuará siendo un misterio. Sin embargo, ese es precisamente el tema de este libro, cuáles son estos rasgos y cómo pueden ser cultivados.

PARA EMPEZAR: ¿QUÉ ES LA GENIALIDAD? La respuesta depende de a quién le preguntes y cuándo lo hagas. Los antiguos griegos tenían varias palabras para describirla, entre las cuales están *daemon* («demonio» o «espíritu») y *mania* (una furia creativa que consumía a un poeta inspirado). La palabra «genio» viene del sustantivo latino *genius*, que significa «espíritu guardián». En la Grecia y la Roma clásicas todos tenían un espíritu guardián que, extrañamente, no les pertenecía. De la palabra latina *genius* surgió la francesa *génie* y de ella, a su vez, el inglés «genie». Piensa en el genio que espera para salir de la lámpara mágica en las películas de Walt Disney, *Aladdín*. Piensa también en las velas de tu pastel de cumpleaños y en el deseo que pides. Desde tiempos de la antigua Roma esas velas y ese deseo han servido como una ofrenda anual para tu genio, para que tu espíritu guardián pueda entonces portarse contigo como es debido el siguiente año.

La lista de genios reconocidos de la Edad Media (se nos podrían ocurrir Dante Alighieri, Geoffrey Chaucer y Juana de Arco) es corta. ¿Se apagaron las luces en la Edad Media oscura? No, es solo que la Iglesia católica cooptó al genio y lo «relanzó». En la época clásica uno le pedía un deseo al genio propio, en la Edad Media se le rezaba a una fuerza espiritual con el nombre de un santo patrono, no solo por la salvación, sino también para curar una enfermedad o encontrar un peine perdido. La mayoría de las grandes creaciones de esa era (las altísimas catedrales góticas, por ejemplo) eran producto del trabajo de humanos anónimos inspirados por un espíritu divino externo, el Dios cristiano.

Con la llegada del Renacimiento los pensadores capaces de transformar al mundo recuperaron el prestigio y el nombre: Leonardo, Miguel Ángel, Rafael y William Shakespeare fueron solo algunos de estos genios. A algunos poetas y pintores italianos también se les apodó *il divino*, como *il divino Leonardo* (el divino Leonardo). Ahora también ellos, como los santos, disfrutaron los poderes divinos como semideidades. Sus manos podían dar forma a las ideas que pudiera concebir la mente de Dios. Sin embargo, durante la Ilustración del siglo XVIII, el genio y Dios se separaron. Dios se retiró y dejó al individuo como el solitario poseedor de la genialidad. La genialidad era ahora inmanente en su totalidad (llegaba con el nacimiento y permanecía en el individuo).

Las sensibilidades románticas del siglo XIX provocaron que la imagen de la genialidad cambiara una vez más y se distorsionara, algunas veces de formas muy extrañas. Imagina un solitario, desaliñado y excéntrico inadaptado que sufre por su arte. Entonces aparece Ludwig van Beethoven, el niño con el cartel de genio del siglo XIX. Era y definitivamente parecía un poco loco, cantaba en voz alta para sí mismo mientras caminaba tambaleante por las calles de Viena. Alrededor de la misma época apareció el loco doctor Frankenstein (en la famosa novela de Mary Shelley) y después el genio deforme Cuasimodo (en *Nuestra Señora de París*, la obra de Victor Hugo). Después, un brillantemente desquiciado fantasma rondaría el escenario de la Ópera de París (otro genio desfigurado).

Hoy, cuando vemos que se enciende un foco arriba de la cabeza de un personaje de caricatura, sabemos que es un símbolo visual de que a este se le ocurrió una «brillante idea». En realidad, ese acto de genialidad (la creación del foco incandescente moderno) fue el producto del primer laboratorio de investigación estadounidense, la «fábrica de inventos» de Thomas Alva Edison en Menlo Park, Nueva Jersey.[6] En la actualidad los Premios Nobel de Física, Química y Medicina por lo general se otorgan a dos o tres individuos en cada disciplina, lo cual sugiere que en la época moderna el equipo científico ha reemplazado al que alguna vez fue el solitario Einstein.

El hecho de que la palabra «genio» haya cambiado de significado con tanta frecuencia a lo largo de los siglos nos señala que la genialidad es un concepto relativo al tiempo y el lugar. Genio es lo que los humanos queramos hacer de él. Un «genio» es a quien sea que elijamos para designarlo así. Los puristas objetarán este enfoque transitorio y populista. ¿No existe tal cosa como la verdad y la belleza absolutas? ¿No son universales y eternas las sinfonías de Mozart y las ecuaciones de Einstein? Al parecer la respuesta es no: depende de a quién le preguntemos. La música de Mozart (1756-1791), aunque todavía se venera en las salas de concierto occidentales, no tiene una resonancia especial entre los ciudadanos de Nigeria, por ejemplo, quienes tienen sus propios sonidos amados y sus héroes musicales, como el pionero del afrobeat, Fela Kuti (1938-1997). La explicación de Einstein de la gravedad es solo una de cuatro que tuvieron influencia desde los antiguos griegos. Los rayos de genialidad en las artes y las ciencias se refractan con el tiempo por las diferentes culturas y por cada nueva generación que tiene contacto con ellos. Hasta hace poco la historia de la genialidad en Occidente estaba poblada de «grandes hombres» (que significa hombres blancos), con las mujeres y las personas de color ampliamente marginadas. Pero eso está cambiando, y nos corresponde a cada uno de nosotros decidir qué constituye el logro humano excepcional.

Casi todas las definiciones de diccionario de lo que es un genio incluyen las palabras «inteligencia» y «talento». Exploraremos lo que significa ser «inteligente» en el capítulo 1. En cuanto al «talento» como un componente esencial de la genialidad, es un error de concepción que debería descartarse de inmediato. Como veremos, el talento y la genialidad son dos cosas diferentes. El filósofo alemán Arthur Schopenhauer lo demostró de manera ingeniosa en 1819: «Una persona talentosa alcanza un objetivo que nadie más puede lograr; una persona genial logra un objetivo que nadie más puede ver».[7] Una persona talentosa tiene la habilidad para lidiar con el mundo que cualquiera ve a simple vista. No obstante, un genio ve lo que está oculto para el resto de las personas. En 1998 la revista *Business Week* citó a Steve Jobs diciendo: «Muchas veces las personas no saben lo que quieren hasta que se los muestras».[8]

En 1919, Nikola Tesla anticipó la llegada de la radio, los robots, la calefacción solar y un teléfono celular inteligente «no mayor que un reloj».[9] Hoy, dos terceras partes de las personas en el planeta están conectadas por el teléfono con internet que Tesla predijo. En 1995, cuando trabajaba en un fondo cuantitativo de inversión libre, Jeff Bezos observó que el tráfico en internet había aumentado 2 300 veces durante el último año; también se dio cuenta de que conducir en auto de una tienda a otra era una forma ineficiente de salir de compras. Imaginó Amazon y empezó con la venta de libros. Veinte años después su empresa había crecido hasta convertirse en el mercado de comercio electrónico más grande del mundo, y en uno que vende casi cualquier producto imaginable. Resulta que el único absoluto en la vida es el cambio, y el genio lo ve llegar.

Para ser un genio, según nuestra definición moderna, se necesita no solo dar en el blanco oculto, sino ser el primero en darle. La originalidad importa, pero en Occidente no fue siempre así. Los griegos clásicos, por ejemplo, pensaban que la capacidad para imitar la poesía homérica era signo de genialidad. De manera similar, desde tiempos antiguos los chinos han dado valor a lo nuevo de acuerdo con el grado de exactitud con que emula lo mejor de lo viejo. Y es interesante notar que en la cultura china moderna el logro del grupo continúa superando al logro individual. Los occidentales empezaron a ver las cosas de modo diferente alrededor de 1780. Empezando por el filósofo Immanuel Kant, que consideraba que la genialidad era «exactamente lo opuesto del espíritu de la imitación»,[10] y continuando con los legisladores de patentes británicos, franceses y estadounidenses, la originalidad se convirtió en una prueba de fuego para determinar el logro excepcional, una que protegía la propiedad intelectual de un individuo. La fe occidental en el «hombre que triunfa por su propio esfuerzo» y el «individualista rudo» data de este tiempo, y concuerda con la noción tradicional de la genialidad en Occidente. ¿Pero la genialidad original depende de la sociedad o del individuo? Posiblemente necesitamos una definición de genialidad para cada cultura en cada momento de la historia.

Con el fin de establecer un marco para este libro, brindaré mi definición para el día de hoy: Un genio es una persona de poderes mentales extraordinarios cuyos trabajos originales o percepciones cambian a la sociedad de forma significativa, para bien o para mal, más allá de las culturas y del tiempo. En breve, la mayor genialidad produce el mayor impacto en el mayor número de personas a lo largo del periodo más largo. Aunque todas las vidas humanas tienen igual valor, algunas personas tienen un impacto de mayor efecto en el mundo. En mi definición enfatizo las palabras «cambian a la sociedad» porque la genialidad es creatividad y la creatividad implica cambio. Es obvio que se requieren dos para jugar este juego, un pensador original y una sociedad receptiva.[11] Por lo tanto, si Einstein hubiera vivido en una isla desierta y hubiera elegido no comunicarse con los demás, no habría sido un genio. Si hubiera elegido comunicarse con otros pero ellos no le hubieran escuchado o hubieran elegido no cambiar, una vez más, él no habría sido un genio. A menos que Einstein efectúe el cambio, no es Einstein.

Con la importancia de la creatividad en mente vemos que en la actualidad es popular llamar «genios» a muchos individuos que no lo son, que solo son celebridades. Para identificar a los verdaderos genios podemos empezar por eliminar a la mayoría de actores, actrices y ejecutantes. Aquellos que trabajan en algo que fue creado por otra persona (un guion de cine o una composición musical, por ejemplo) pueden ser talentosos, pero no son genios. La clave para distinguirlos es la creatividad y la creación, es por eso que Kanye West, Lady Gaga y Beethoven pueden ser considerados genios, pero Yo-Yo Ma no. Lo mismo ocurre con la mayoría de los grandes atletas: si bien Phelps y Federer pueden ser impresionantes porque rompieron récords, no tienen puntos por creatividad, ya que el juego lo inventaron otros. ¿Y qué hay de los magos financieros multimillonarios, como Warren Buffett? No es necesario afirmar que amasar dinero es diferente que lograr el cambio. El dinero es un combustible para la genialidad pero no es esta *per se*. La genialidad radica en lo que se hace con la oportunidad que brinda el dinero.

Eliminar a todos estos falsos positivos nos permite enfocarnos en las acciones de los genios reales según la definición previa. Sin embargo, lo que constituye la «genialidad real» no siempre es evidente, nunca habrá unanimidad de opiniones. Al incluir a Jeff Bezos, Jack Ma (el emprendedor chino homólogo de Bezos), el emprendedor Richard Branson y la abolicionista Harriet Tubman como lo hago en este libro, puede ser que mi red intente abarcar demasiado. Es probable que no estés de acuerdo con todos mis pronunciamientos sobre la genialidad o sobre quién es un genio y quién no. Si no estás de acuerdo, ¡bravo! Como verás, contradecir el pensamiento de otros es uno de los hábitos ocultos de los genios.

ESTE LIBRO SE GESTÓ Y FUE ESCRITO DESPUÉS DE UNA VIDA DE OBSERVACIÓN Y ESTUDIO. He pasado mi vida profesional rodeado de personas que tienen dotes excepcionales para algo (matemáticas, ajedrez, música clásica, escritura creativa y otros campos de acción). Pero encontré que yo no estoy dotado especialmente en nada, soy solo un nueve. Si eres un prodigio que tiene un gran don para algo, puede que solo lo utilices sin estar consciente de por qué y cómo lo haces. Y no te lo cuestionas. De hecho, los genios que conocí parecían demasiado preocupados por hacer cosas geniales como para considerar la causa de su producción creativa. Tal vez solo los que no son genios, como yo, pueden intentar explicar la genialidad.

«Si no puedes crear, ejecutas, y si no puedes ejecutar, enseñas». Ese es el mantra de los conservatorios como la Eastman School of Music, donde empecé mi educación como pianista clásico. Incapaz de componer o de ganarme la vida como ejecutante, continué en Harvard, obtuve un doctorado y me convertí en profesor e investigador de historia de la música clásica: en un musicólogo, como se les llama a los que hacen lo que yo. Al final encontré empleo en Yale enseñando las «tres B» de la música clásica: Bach, Beethoven y Brahms. Pero el personaje más fascinante que encontré fue una M: Mozart. Era gracioso, apasionado, travieso e inmensamente dotado, escribió música como nadie más y parecía que era un ser humano decente. Uno de los varios viajes que hice a Florencia provocó que estudiara a Leonardo da Vinci, el hijo nativo de esta ciudad. No tardé en darme cuenta de que Leonardo y Mozart compartían muchas de las características que predisponen a la genialidad: extraordinarios dones naturales, valor, una imaginación vívida, una amplia variedad de intereses y una manera de vivir la vida y el arte «en la que lo arriesgaban todo».

¿A cuántos otros genios se extienden estos rasgos comunes? En la lista entran Shakespeare, la reina Isabel I, Vincent van Gogh y Pablo Picasso. Al final, esa cohorte de grandes mentes se convirtió en la base de un curso que creé y llamé Explorando la Naturaleza del Genio, el cual impartí en la Universidad de Yale, y en el cual año tras año aumentaba el número de alumnos que se inscribían. Como es de suponerse, la razón para inscribirse al curso no era conocer una definición de la genialidad ni tampoco rastrear la historia del término a lo largo de las diferentes épocas. Lo que motivaba a algunos de los alumnos de Yale era la posibilidad de descubrir si ellos ya eran genios y lo que les podría deparar su futuro. La mayoría quería saber cómo podrían también convertirse en genios. Habían oído que yo había estudiado a los genios, desde Louisa May Alcott hasta Émile Zola, y que había identificado que compartían un grupo de rasgos de personalidad. Ellos, como tú, querían conocer los hábitos ocultos de estos genios.

¿Pero cuáles son? La siguiente es una vista preliminar que resume el rasgo principal en el que se enfocará cada capítulo de este libro:

- Ética en el trabajo (CAPÍTULO 1)
- Resiliencia (CAPÍTULO 2)
- Originalidad (CAPÍTULO 3)
- Imaginación infantil (CAPÍTULO 4)
- Curiosidad insaciable (CAPÍTULO 5)
- Pasión (CAPÍTULO 6)
- Inadaptación creativa (CAPÍTULO 7)
- Rebeldía (CAPÍTULO 8)
- Pensamiento transfronterizo (CAPÍTULO 9)
- Acción inconformista (CAPÍTULO 10)
- Preparación (CAPÍTULO 11)
- Obsesión (CAPÍTULO 12)
- Relajamiento (CAPÍTULO 13)
- Concentración (CAPÍTULO 14)

ADEMÁS, A LO LARGO DE ESTOS CAPÍTULOS OFREZCO INTUICIONES PRÁCTICAS SOBRE LA GENIALIDAD, como las siguientes:

- El coeficiente intelectual, los mentores y la educación de la Ivy League están sobrevaloradas.
- Sin importar cuán «dotado» sea tu hijo o tu hija, no le haces ningún favor tratándolo como a un prodigio.
- La mejor forma de tener una comprensión brillante es dedicarse a la relajación creativa: ir a caminar, darse un regaderazo, o dormir bien y dejar papel y pluma junto a la cama.
- Adoptar un ritual diario para trabajar podría ayudar a que las actividades sean más productivas.
- Mudarte a una metrópolis o a una ciudad universitaria aumenta tus probabilidades de convertirte en un genio.
- Para vivir más tiempo necesitas encontrar tu pasión.
- Por último, no te desanimes, porque nunca es demasiado tarde para desarrollar la creatividad: por cada joven Mozart hay un mayor Verdi; por cada precoz Picasso, una Abuela Moses.

AL FINAL, TAL VEZ LEER ESTE LIBRO NO HAGA QUE TE CONVIERTAS EN UN GENIO, pero te obligará a pensar en diferentes formas de conducir tu vida, criar a tus hijos, elegir las escuelas a las que irán, distribuir tu tiempo y tu dinero, votar en elecciones democráticas y, lo más importante, en cómo ser creativo. Mi vida y mi visión del mundo cambiaron cuando descubrí los hábitos de los genios, tal vez te pase a ti lo mismo después de hacer una lectura cuidadosa de este libro.

Capítulo 1

¿DON O TRABAJO DURO?

¿Coeficiente intelectual (CI) o muchos coeficientes?

«¡No hay respuesta! ¡No hay respuesta! ¡No hay respuesta!», gritaron a coro cien alumnos universitarios ávidos en la primera sesión de mi «curso de genios» mientras yo los alentaba. Los alumnos por lo general quieren una respuesta que puedan poner en su bolsillo al salir de clase, la cual después puedan desplegar en un examen, pero considero que es importante comenzar el curso planteando este argumento. En realidad no hay una respuesta ante la simple pregunta de qué es lo que impulsa la genialidad, si el genio nace o se hace.

Este tema siempre es motivo de debate en mi clase. Los tipos cuantitativos (de carreras como matemáticas y ciencias) piensan que la genialidad es resultado de poseer dones naturales; sus padres y maestros suelen decirles que nacieron con un talento especial para el razonamiento cuantitativo. Los deportistas (atletas universitarios) piensan que el logro excepcional se debe al trabajo duro: sin dolor no hay ganancia; los entrenadores acostumbran enseñarles que sus logros son resultado de horas interminables de entrenamiento. Entre los científicos políticos novatos hay conservadores, es decir, los que piensan que la genialidad es un don otorgado por Dios; y liberales, los que piensan que es estimulada por un ambiente enriquecedor. ¿Se nace genio o se hace? Ambas posturas tienen partidarios entre mis alumnos. De manera similar, a lo largo de la historia los genios han tomado partido.

Platón dijo que la capacidad de hacer cosas extraordinarias era un don de los adivinos y de los dioses.[1] Pero Shakespeare parecía poner una gran fe en el libre albedrío y la iniciativa independiente cuando escribió: «La culpa, querido Bruto, no es de nuestras estrellas, sino de nosotros mismos» (*Julio César*). Por otro lado, el naturalista inglés Charles Darwin declaró en su autobiografía que «La mayoría de nuestras cualidades son innatas».[2] Más recientemente, la filósofa francesa Simone de Beauvoir declaró: «Uno no nace genio, uno se hace genio».[3] El argumento va y viene: dotación natural frente a trabajo duro.

Los genios tienen el hábito de no reconocer sus propios dones ocultos y dejar que sean los demás quienes los descubran. Giorgio Vasari (1511-1574), el célebre biógrafo de los grandes artistas del Renacimiento, se maravillaba con los talentos innatos de Leonardo da Vinci con estas palabras: «Algunas veces, de un modo sobrenatural, un simple cuerpo es dotado suntuosamente con tal belleza, gracia y habilidad que adonde sea que el individuo voltee, cada una de sus acciones es tan divina que deja atrás a todos los demás hombres y claramente se hace conocido como un genio dotado por Dios (lo que es él)».[4] Uno de los dones de Leonardo era la aguda observación visual; tenía la capacidad de «congelar un fotograma» de un objeto en movimiento (las alas extendidas de un ave en vuelo, las patas de un caballo a galope que no toca el piso, los remolinos de un río ondeante). «La libélula vuela con cuatro alas, y cuando las del frente se levantan, las de atrás descienden», registró Leonardo en un cuaderno alrededor del año 1490.[5] ¿Quién lo hubiera dicho?

El archirrival de Leonardo, Miguel Ángel, tenía una memoria fotográfica y una coordinación perfecta mano ojo que le permitía dibujar líneas en relaciones proporcionales precisas.[6] Tesla era un alumno que aprendía rápidamente porque él también tenía una memoria eidética y podía citar, entre otras cosas, cada línea del *Fausto* de Johann Wolfgang von Goethe. Wassily Kandinsky, Vincent van Gogh, Vladimir Nabokov y Duke Ellington nacieron con sinestesia; cuando escuchaban música u observaban palabras o números, veían colores. También Lady Gaga, quien en una entrevista que en 2009 le hizo *The Guardian*, explicó: «Cuando escribo canciones escucho melodías y escucho la letra, pero también veo colores; veo el sonido como una pared de colores».[7]

En 1806, Ludwig van Beethoven, en medio de una de sus famosas rabietas temperamentales, espetó a alguien de alto rango, Karl Max, príncipe Lichnowsky: «Príncipe, usted es lo que es por un accidente de nacimiento; yo soy lo que yo soy por mí mismo. Ha habido y habrá miles de príncipes; pero Beethoven solo hay uno».[8] A esto podríamos responder, con todo respeto: «Es cierto, Ludwig, pero tú también eres un accidente de nacimiento. Tu padre y tu abuelo fueron músicos profesionales, y es probable que fueron ellos quienes te heredaron, entre otras cosas, tu don del oído absoluto y la memoria musical».

El oído absoluto es hereditario y corre en las familias, aunque es un talento que solo se le da a uno entre diez mil. Michael Jackson, Frank Sinatra, Mariah Carey, Ella Fitzgerald, Bing Crosby, Stevie Wonder, Dimitri Shostakovich y Mozart también fueron dotados de manera similar con el oído absoluto. Mozart también nació con una extraordinaria memoria fonográfica (memoria de los sonidos) así como una motográfica, lo cual significa que podía mover sus manos instantáneamente al lugar o la tecla correctos en el violín, el órgano y el piano, y coordinar en su mente los sonidos musicales con el lugar en que los crearía. Todos sus dones musicales eran evidentes a los seis años de edad. Eso solo podía ser por naturaleza.

El nadador olímpico que ganó medalla de oro 23 veces, Michael Phelps, tiene el cuerpo de un tiburón y algunas veces hace carreras contra uno.[9] Pero Phelps nació con una ventaja ergonómica: tiene la estatura perfecta para nadar (1.93 m), tiene pies atípicamente grandes (aletas) y brazos más largos que la mayoría. Por lo general, como muestra el famoso hombre de Vitruvio de Leonardo, el alcance de una persona es igual a su estatura; no obstante, la envergadura de Phelps (2 m) es 7.62 cm más larga. Pero Phelps, como antes sugerí, no es un genio. Dotado como lo es, no ha hecho nada para cambiar la disciplina de la natación ni para influir en un suceso en las Olimpiadas.

Simone Biles, a quien el *New York Times* llama «la más grande gimnasta estadounidense de todos los tiempos», es un caso distinto.[10] Su extraordinaria habilidad atlética ha revolucionado la gimnasia. El 9 de agosto de 2019 se convirtió en la primera persona en ejecutar un doble mortal al salir de la viga de equilibrio y también un triple-doble mortal en un ejercicio de piso, con lo que elevó a cuatro el número de habilidades gimnásticas que tienen su nombre. Cada nuevo movimiento requería que los jueces crearan un nuevo «código de puntos de dificultad». En contraste con el nadador Phelps, Biles, la gimnasta transformadora, es bajita (1.42 m), compacta y tiene una densa musculatura. Como resultado, puede permanecer firme y compacta en giros y saltos mortales, por lo que puede conservar la velocidad. «Nací así por algo, por lo tanto, lo voy a aprovechar», dijo en 2016,[11] refiriéndose a su estructura compacta. Pero al mismo tiempo, en un video educativo de MasterClass en 2019, enfatizó: «Realmente tuve que enfocarme en lo fundamental para poder estar en donde estoy, como hacer los ejercicios, hacer mucho de lo básico, hacer el trabajo mental».[12] ¿Se nace genio o se hace?

LA EXPRESIÓN «SE NACE O SE HACE» FUE POPULARIZADA POR FRANCIS GALTON, un primo de Charles Darwin, en su libro *Hereditary Genius: An Inquiry into Its Laws and Consequences* (Genio hereditario: una investigación de sus leyes y consecuencias) (1869). Galton estudió a casi mil individuos «eminentes» (un puñado de hombres británicos de nacimiento, incluyendo a algunos de sus propios parientes). No tienes que ser un genio para adivinar la opinión de Galton sobre el tema: la genialidad está presente en líneas familiares directas y es hereditaria; tu potencial te es legado en el nacimiento.

En la primera página de *Hereditary Genius*, Galton afirmó que sería posible «obtener por cuidadosa selección una variedad permanente de perros o de caballos dotada con poderes peculiares para correr o para hacer cualquier otra cosa», así como «una raza de hombres altamente dotada por matrimonios juiciosos durante varias generaciones consecutivas».[13] Olvida, si puedes, que la noción de Galton de la cría selectiva fue el punto de partida para la eugenesia, que condujo a los campos de exterminio del Nacionalsocialismo. Galton simplemente estaba equivocado: no puedes crear un supercaballo, ni una «raza superdotada de hombres», por medio de la reproducción selectiva.[14] Para comprobarlo regresa conmigo al Kentucky Derby de 1973, te voy a presentar al caballo llamado Secretariat.

Una tarde soleada de primavera, el 5 de mayo de 1973, yo estaba de pie tras el barandal en el puesto de los tres cuartos de milla en Churchill Downs. Tenía en la mano dos boletos de apuesta a ganador de dos dólares cada uno; uno que había comprado para un caballo llamado Warbucks y otro que había comprado para un amigo que le apostó al favorito: Secretariat. Cuando los caballos entraron a la pista para el calentamiento, Warbucks apareció primero y llegó con probabilidades de siete a uno. El caballo parecía pequeño, pero tal vez en las carreras de caballos no había una correlación entre el tamaño y la velocidad. Algunos caballos después, con probabilidades de tres a dos, llegó Secretariat, una criatura inmensa con un pecho tremendo y un brillante pelaje color café. Y tenía garbo. Si Dios fuera un caballo, así se vería.

Y arrancaron. Secretariat ganó la carrera de milla y cuarto en un minuto y 59.4 segundos, y todavía conserva el récord por el Derby, y también por las otras carreras de triple corona. Mi caballo llegó en último lugar. Al no tener el don de la visión de futuro, hice fila durante 45 minutos para cobrar los tres dólares de la apuesta de dos dólares de mi amigo. Debí haberle dado a él los tres dólares y conservado el boleto para venderlo hoy en eBay. Pero ¿quién podría haber anticipado la existencia de eBay y que Secretariat, hoy llamado un «genio de caballo de carreras» se convertiría en el caballo del siglo y tal vez de todos los tiempos?

Es posible que el talento sea heredable, pero la genialidad no lo es. La genialidad, o el logro excepcional, en el caso de un caballo, no le fue heredada por sus congéneres de anteriores generaciones; es algo más parecido a una tormenta perfecta. Cuando le hicieron la autopsia a Secretariat, encontraron que su corazón pesaba 9.5 kilogramos, el doble de lo que pesaba el de su padre, Bold Ruler. Secretariat provenía de una línea de sangre buena, pero de ningún modo excepcional, y no dejó progenie excepcional. Fue padre de 400 caballos, y de toda esa descendencia solo uno ganó alguna vez una carrera de triple corona. Lo mismo pasa con la mayoría de los genios, no provienen de padres excepcionales.[15] Sí, hay seis pares de ganadores de Premios Nobel que son padres e hijos, y una madre y una hija (Marie Curie e Irène Joliot-Curie).[16] Tal vez el caso más fascinante es la cohorte de Johann Sebastian Bach y sus tres hijos, Carl Philipp Emanuel, Wilhelm Friedemann y Johann Christian, pero estas familias son la excepción que confirma la regla. Piensa en los cuatro hijos de Picasso (ninguno fue un pintor brillante), ve el arte de Marguerite Matisse en la web, o escucha un concierto para piano de Franz Xaver Mozart (con oído súper musical, pero sin imaginación) y valora por qué los genios tienden a no producir genios. Piensa en todos los genios (Leonardo, Miguel Ángel, Shakespeare, Isaac Newton, Benjamin Franklin, Tesla, Tubman, Einstein, Van Gogh, Curie, Frida Kahlo, Martin Luther King, Andy Warhol, Jobs, Toni Morrison y Elon Musk) que parecen haber llegado de la nada. Einstein insinuó que el linaje no es un buen predictor de la genialidad cuando dijo: «La exploración de mis ancestros... no llega a nada».[17] El argumento es este: la genialidad es un evento explosivo y aparentemente azaroso que surge de la combinación de muchos fenotipos personales. Entre ellos inteligencia, resiliencia, curiosidad, pensamiento visionario y más de una pizca de comportamiento obsesivo.[18] Los psicólogos lo llaman «emergénesis»;[19] nosotros los legos preferimos el término «tormenta perfecta». Puede ocurrir, pero es muy poco probable.

Galton no sabía del trabajo de Gregor Mendel, el genio que nos brindó una comprensión científica de las unidades de la herencia llamadas genes. Galton tampoco podía haber sabido del trabajo de Havelock Ellis, *A Study of British Genius* (1904) (Un estudio de la genialidad británica), en el que intentaba demostrar con estadísticas que la mayoría de las veces los genios son primogénitos varones, en las cuales no incluyó, de forma conveniente, a Isabel I, a Jane Austen y a Virginia Woolf, que además de pertenecer al sexo femenino, no fueron hijas primogénitas, sino la tercera, la séptima y la sexta, respectivamente, por ejemplo.[20] Hoy, el pensamiento de Galton, Mendel y Ellis forma la base de lo que se denomina el determinismo biológico o la teoría del «plano o mapa de la vida»: tus genes brindan una plantilla en la que está grabado todo aquello en lo que te convertirás. Pero como podrías sospechar, la teoría predeterminante del «plano de la vida» no es la respuesta en lo que se refiere a la genialidad.

Es posible que la respuesta se encuentre en la ciencia moderna de la epigénesis. El epigenoma («fuera de los genes») está compuesto por pequeñas etiquetas vinculadas a cada gen de nuestro genoma. Nuestro crecimiento, desde el nacimiento hasta la muerte, está sujeto a la labor de estos «interruptores de encendido o apagado», ya que estos controlan la posibilidad de que nuestros genes se expresen y el momento en que lo harán. En términos más sencillos, los genes son el lado *se nace* de las cosas, y el epigenoma es el lado *se hace*. Cómo nos hacemos, el ambiente en el que vivimos, y cómo controlamos ese ambiente y a nosotros influye en la activación de nuestros genes. Una vez más, los componentes del epigenoma son detonadores del desarrollo genético estimulado por el ambiente. Como afirmó Gilbert Gottlieb, un neurocientífico, no solo los genes y el ambiente cooperan conforme nos desarrollamos, sino que los genes necesitan una aportación del ambiente para funcionar correctamente.[21] Los componentes del epigenoma contienen la posibilidad de que cada uno de nosotros tenga el control para determinar en qué se quiere convertir, si está dispuesto a trabajar para lograrlo.

¿Alguna vez has escuchado hablar de un genio perezoso? No. Los genios tienen el hábito de trabajar duro porque se obsesionan con lo que hacen. Más aún, cuando hablan en público de su trabajo creativo, tienden a valorar mucho menos el papel que desempeñan en él las características que les heredaron sus parientes («dones») que su propio trabajo, como sugieren las siguientes citas de algunos genios occidentales: «De saber cuánto trabajo se invirtió en ella, no le llamarían genial» (Miguel Ángel). «Yo me desanimaría si no pudiera continuar trabajando tan duro o incluso más todavía» (Vincent van Gogh). «La genialidad es resultado del trabajo duro» (Máximo Gorki). «Yo no creía en los fines de semana. No creía en las vacaciones» (Bill Gates). «No hay talento o genio sin trabajo duro» (Dimitri Mendeléiev). «Lo que separa al individuo talentoso del exitoso es mucho trabajo duro» (Stephen King). «Yo trabajé muy duro cuando era joven para no tener que trabajar tan duro ahora» (Mozart). «Las personas pueden no obtener todo por lo que trabajan en este mundo, pero definitivamente deben trabajar por todo lo que reciben» (Frederick Douglass). «Nadie ha cambiado jamás el mundo con una semana de 40 horas» (Elon Musk). Y «Dios da talento. El trabajo transforma el talento en genio» (Anna Pavlova). Yo alguna vez también creí eso.

He aquí un chiste que tal vez te suene conocido: Un joven músico llega a Nueva York e ingenuamente pregunta: «¿Cómo se llega a Cargenie Hall?» Y alguien le responde: «¡Con práctica!». Yo lo intenté y no funcionó. El trabajo duro tiene sus límites.

Mi instrucción musical empezó a la edad de cuatro años en un piano Acrosonic con clases del amigable Ted Brown, a los seis años progresó tanto que hasta llegué a tocar un Baldwin de cola de 1.80 m y con los mejores maestros de Washington, D. C. Quería ser concertista de piano (mi meta era ser el siguiente Van Cliburn), así que ingresé y me gradué de la prestigiosa Eastman School of Music. Para cuando cumplí 22 años había practicado aproximadamente 18 000 horas, pero sabía que nunca lograría ganar un centavo como concertista de piano. Tenía todas las ventajas: manos inmensas y dedos largos y delgados, la mejor instrucción y una sólida ética de trabajo. Solo me faltaba una cosa: un gran don para la música. Sí era talentoso, pero no tenía un sentido excepcional de la tesitura, memoria musical, ni coordinación mano oído; nada extraordinario. Además tenía una herencia genética negativa: era susceptible al pánico escénico (no es una ventaja cuando una diferencia de un milímetro en un piano o un violín puede marcar la diferencia entre el éxito y el fracaso). Todavía hoy, este «fracaso para despegar» como pianista me obliga a preguntarme: ¿El trabajo duro en sí mismo transforma el talento en genio? ¿Es cierto que la práctica hace al maestro?

Lo es, según Anders Ericsson, el abuelo de la disciplina de la pericia en el desempeño. Comenzando con un artículo en 1993 en *Psychological Review* y continuando con su libro en coautoría titulado *Número uno. Secretos para ser el mejor en lo que nos propongamos* (2017), Ericsson postuló que la grandeza humana no es un don genético, sino simplemente el resultado de trabajo duro disciplinado, diez mil horas de práctica enfocada. La evidencia de Ericsson para la teoría provino en un inicio de estudios en los que él y otros psicólogos rastreaban la mejora en violinistas y pianistas en la Academia de Música de Berlín Oeste.[22] Los alumnos de edad similar pero que tenían distintos grados de ejecución (desde maestros de música de secundaria hasta futuras estrellas internacionales) fueron correlacionados con la duración y la calidad de la práctica. El resultado: «Concluimos que los individuos adquieren virtualmente todas las características distintivas de los ejecutantes expertos por medio de actividades relevantes (práctica deliberada)».[23] La promesa de la regla de las diez mil horas era atractiva y muchas personas se subieron al tren de la «práctica», incluyendo a los humanistas de primer nivel, como el premio Nobel Daniel Kahneman (*Pensar rápido, pensar despacio*) y David Brooks («Genius: The Modern View»), así como Malcolm Gladwell, el autor *bestseller* («El problema con los genios», en su libro *Fuera de serie. Por qué unas personas tienen éxito y por qué otras no*). Pero hay un problema, en realidad, hay dos.

En primer lugar, los psicólogos de Berlín cometieron el error de no medir la habilidad musical de los alumnos. No compararon manzanas con manzanas, sino que compararon a los talentosos con los verdaderamente superdotados. La habilidad natural extraordinaria hace que la práctica sea divertida y fácil, lo que alienta al participante a querer hacer más.[24] Los padres y los pares tienden a impresionarse y a alabar a aquellos a quienes las cosas no les cuestan trabajo, con lo que fortalecen el ciclo de retroalimentación positiva. Ericsson y compañía confundieron causa y efecto. El catalizador inicial es el don natural, la práctica es un resultado.

En segundo lugar, y lo más importante, la ejecución de élite por definición implica «ejecutar» (en latín *performa*): lidiar (*per*) con algo a lo que alguien ya le dio forma (latín *forma*). Una ejecución excepcional puede ser útil si eres un genio matemático en busca de la raíz cuadrada de un número imposiblemente largo, o un contador de cartas en un casino en Las Vegas, un atleta que espera lograr un tiempo récord escalando el Monte Everest o un pianista concertista intentando tocar el «Vals del minuto» de Frédéric Chopin en 57 segundos. Pero alguien más inventó el juego, el acontecimiento atlético o la composición musical.

El genio llega a la cima de la montaña cuando inventa algo nuevo y transformador: el funicular o el helicóptero. La práctica puede perfeccionar lo viejo, pero no produce innovación.

Para ahora el lector atento habrá inferido lo obvio: talento natural frente a trabajo duro no es una oposición binaria. La genialidad es producto tanto de nacer como de hacerse. Para probar este argumento propongo un concurso. Lo llamo «La carrera de los 250 millones de dólares hacia Catar». Nuestros concursantes serán dos pintores: *monsieur* Paul Cézanne (1839-1906) y el señor Pablo Picaso (1881-1973). El objetivo es crear la pintura más valiosa que jamás haya sido vendida a un potentado en Catar. Cézanne tiene la delantera por haber nacido primero.

Como alumno en Aix-en-Provence, Paul Cézanne, hijo de un banquero, mostró más una proclividad hacia la literatura que hacia el arte. A la edad de 15 años recibió instrucción formal en dibujo, y no fue sino hasta los 22 años, después de un breve periodo en la escuela de derecho, que se comprometió a ser pintor. Después de dos años de aprender su oficio en París, envió algunas obras al Salón oficial de la Academia de las Bellas Artes para su exhibición, pero fueron rechazadas. Volvió a enviar obras nuevas casi cada año durante los siguientes 20 años, y obtuvo el mismo resultado negativo. Al fin, en 1882, a los 43 años de edad, llegó la acogida oficial.[25]

Pablo Picasso nació en el otoño de 1881, hijo de un pintor: José Ruiz y Blasco. El joven Picasso podía dibujar antes de poder hablar. Su obra *El viejo pescador* (apellidado Salmerón), ejecutado en una hora a la edad de 13 años, es una obra maestra de perspicacia psicológica y técnica pictoricista. Un crítico de arte, habiendo visto otras pinturas exhibidas por el chico, reportó en *La voz de Galicia* que «tiene un glorioso y brillante futuro por delante».[26] No habiendo cumplido aún los 14 años, Picasso consiguió ser admitido en la Escuela de Bellas Artes de Barcelona. Como dijo un compañero estudiante acerca del prodigio: «Estaba mucho más adelantado que otros alumnos que eran cinco o seis años mayores. Aunque en apariencia no prestaba atención a lo que decían los profesores, instantáneamente comprendía lo que le enseñaban».[27] Cuando tenía veintitantos años, Picasso creó la más impresionante serie de pinturas originales que el mundo jamás haya o hubiera visto: los trabajos del Periodo Rosa, el Periodo Azul, los arlequines, las obras maestras de inicios del Cubismo y sus primeros collages. Si se valúan sus pinturas solo en términos monetarios, se diría que creó las mejores alrededor de los 25 años de edad.[28] Más adelante, su obra *Mujeres de Argel* (1955) sería comprada por el jeque Hamad bin Jassim bin Jaber bin Mohammed bin Thani Al Thani, de Catar, quien pagó por ella 180 millones de dólares. Picasso, el poseedor de inmensos dones naturales, era único en su clase.

Sin embargo, Monsieur Cézanne continuó trabajando en sus estudios en París y en Aix. A finales de la década de 1880, a la edad de casi 50 años, artistas progresivos comenzaban a admirar su excepcional énfasis en las formas geométricas y los colores planos. Durante la década previa a su muerte en 1906, medio siglo después de haber entrado a la escuela de arte, Cézanne creó sus obras más importantes.[29] En 1907 se montó una retrospectiva de la pintura de Cézanne en París, a la que asistieron los Jóvenes Turcos del mundo del arte: entre ellos Picasso, Henri Matisse, Georges Braque y Amedeo Modigliani.[30] «Cézanne es el padre de todos nosotros», declaró Picasso.[31] En 2011, *Los jugadores de cartas* fue vendido a la familia real de Catar por 250 millones de dólares, 70 millones más que el Picasso.

¿Pero qué son 70 millones entre amigos? Declarémoslo un empate. Obviamente, hay dos rutas muy diferentes hacia la genialidad creativa; una, evidente a primera vista (dones), y la otra, más disimulada (la laboriosa superación personal). Ambas son necesarias, pero ¿en qué proporción? Los que defienden la postura de la práctica dicen que más de 80% del resultado lo determina el trabajo duro, mientras que otros psicólogos recientemente sugirieron reducir ese número, dependiendo del campo de actividad, a cerca de 25%.[32] Para adquirir una nueva percepción de la importancia relativa del don y el trabajo, le pregunté al respecto a Nathan Chen, un joven genio de mi curso de Yale.

Así como Simone Biles es hoy la mujer gimnasta estadounidense clasificada como la número uno, de la misma manera Chen es el patinador artístico estadounidense clasificado como número uno y también es ganador de medallas olímpicas. Chen fue el primer patinador en ejecutar un salto cuádruple, y con ello llevó el deporte a una nueva esfera atlética más alta y obligó a los jueces a descifrar una nueva métrica de dificultad. Como Biles, Chen es comparativamente bajo (1.67 m) y tiene una proporción alta de músculo contra peso. Lo que sigue es lo esencial de lo que tiene que decir sobre el don y el trabajo duro.

> En mi opinión, hay factores genéticos en juego en este campo: estatura, proporciones corporales, fuerza general y capacidad para mejorar con rapidez la memoria muscular. Pero además hay una serie de factores genéticos que no puedes ver en realidad y son más difíciles de cuantificar. Entre ellos están la habilidad para no dejarse dominar por el estrés y para, internamente, elaborar estrategias y corregir el curso durante una competencia. Así que yo diría que 80% es cómo naces. Los atletas de medallas de oro llegan a un 100% acumulado: 80% de nacimiento (genes y suerte) y 20% de trabajar para hacerse. Los atletas que están dotados naturalmente en 60% (por nacimiento) deben maximizar el 20% (trabajo) para pensar siquiera en competir contra los mejores (como los atletas de 90% a 100%). Por lo tanto, es difícil decir qué es más importante, si nacer o hacerse. Ambos factores son importantes, pero al final del día, no importa cuán duro entrenes en tu deporte, si no tienes la capacidad genética, es casi imposible que logres ser el mejor.[33]

Observa que Chen astutamente agregó «suerte» entre los dones naturales, reconociendo que también ayuda haber nacido con suficientes recursos y oportunidades educativas. Finalmente, sugiere, sin importar la proporción entre los dones y el trabajo duro, para llegar a la cima de lo que elijas hacer, debes contar con ambos al nivel máximo.

HEMOS ESTADO OBSESIONADOS CON UN DON NATURAL EN PARTICULAR: el coeficiente intelectual (CI). La medición cuantitativa de la inteligencia se empezó a practicar en 1905, cuando Alfred Binet diseñó y publicó una prueba que permitiría identificar a las personas que aprendían con lentitud en las escuelas públicas de París para poder brindarles asistencia después.[34] En 1912 el término alemán *Intelligenzquotient* (de donde proviene el inglés *intelligence quotient*, IQ, coeficiente intelectual) se había convertido en lugar común. Alrededor de la misma época los militares estadounidenses empezaron a emplear una prueba estandarizada que determinaba la aptitud mental para identificar a los candidatos para la escuela de entrenamiento de oficiales. Lo que había iniciado como un ejercicio de educación reparadora pronto se convirtió en una puerta de acceso al estatus de élite. Después de que Lewis Terman, psicólogo de Stanford, comenzó a estudiar a un grupo de niños superdotados con un CI mínimo de 135 (100 es considerado promedio) en la década de 1920, una puntuación de CI excepcionalmente alta llegó a asociarse con la genialidad. Todavía hoy en día, el MENSA, una autoproclamada «sociedad de genios» fundada en Oxford, Inglaterra, en 1946, requiere que los aspirantes a ser miembros demuestren tener como mínimo un CI de 132. Algunos educadores de la «industria de niños superdotados» han ido más allá y han identificado las gradaciones del talento: un CI de 130 a 144 es moderadamente dotado; de 145 a 159 es altamente dotado; de 160 a 174 es excepcionalmente dotado, y de 175 o más es profundamente dotado. Pero Stephen Hawking definitivamente estaba en lo correcto cuando dijo en 2004: «Las personas que presumen su CI son perdedoras».[35] Marie Curie nunca tomó una prueba de CI, y tampoco lo hizo Shakespeare, así que ¿cómo sabemos cuán listos eran? Es más, ¿qué significa ser «listo»?

Las pruebas de CI implican lógica y emplean las reglas de matemáticas y lenguaje. Pero en ningún lugar de una prueba de CI se dan puntos por las respuestas creativas o por expandir las posibilidades de las respuestas. El frustrado Thomas Edison identificó las limitaciones de aplicar la lógica pura a un problema en 1903 y reprendió a un aprendiz no creativo diciéndole: «Ese es exactamente tu problema, solo has intentado cosas razonables. Las cosas razonables nunca funcionan. Gracias a Dios que ya no puedes pensar en más cosas razonables, así que tendrás que empezar a pensar en intentar cosas no razonables, cuando lo hagas no vas a tardar en encontrar la solución».[36]

La lógica razonable difiere de la ingenuidad creativa; pensar dentro de la caja, según la metáfora, difiere de pensar fuera. El procesamiento cognitivo estrictamente lógico, del tipo implicado en una prueba de CI; y la creatividad, de la clase practicada por un artista como Picasso, son dos cosas diferentes. Picasso probablemente habría estado de acuerdo con Stephen Jay Gould, de Harvard, cuando dijo: «La abstracción de la inteligencia vista como una simple entidad, su localización dentro del cerebro, su cuantificación como un número para cada individuo y el uso de estos números para clasificar a la gente en una sola serie de valía» puede ser desaconsejable.[37]

EN 1971 LA SUPREMA CORTE DE ESTADOS UNIDOS DECLARÓ UNÁNIMEMENTE QUE EL USO DE UNA PRUEBA DE CI COMO UNA PRECONDICIÓN DE EMPLEO ERA ILEGAL.[38] La Scholastic Aptitude Test (SAT), la prueba estandarizada utilizada ampliamente para la admisión a la universidad en Estados Unidos no es ilegal, pero también es un estándar imperfecto para evaluar a las mentes potencialmente transformadoras.[39] Como muestran recientes datos económicos, las calificaciones de la SAT reflejan los ingresos y la educación de los padres de un alumno, así como el potencial logro del alumno.[40] Más de mil colegios y universidades, incluyendo la prestigiosa Universidad de Chicago, han dejado de usar la SAT (y la similar ACT, American College Testing) como requisito de admisión.[41] En diciembre de 2019 alumnos de un distrito escolar en California, la mayoría de color e hispanos, demandaron al sistema de la Universidad de California para que dejara de utilizar pruebas estandarizadas como tales, y seis meses después el consejo de regentes estuvo de acuerdo por unanimidad.[42] Como una prueba de CI, la SAT se correlaciona con mejores calificaciones en preparatoria y el primer año de universidad, así como con el éxito posterior y mayores ingresos en algunos campos especializados.[43] Sin embargo, hasta ahora nadie ha demostrado una correlación entre tales pruebas y la capacidad para escribir una sinfonía, y tampoco ha explicado cómo la curiosidad darwiniana y la paciencia pueden medirse en un examen de tres horas.

Más recientemente, muchas escuelas privadas de élite estadounidenses, incluyendo la Phillips Exeter Academy, Dalton School, Horace Mann School y Choate Rosemary Hall también han abandonado tanto los cursos como las pruebas Advanced Placement (AP).[44] «Los alumnos muchas veces pueden percibir la tensión que sienten sus profesores que se debaten entre querer responder a las preguntas que les plantea su grupo, ocuparse de los temas que le interesan al grupo, o preparar a los alumnos para una prueba que no fue fijada por la escuela», dijo la doctora Jessica Levenstein, directora de la división superior de la Horace Mann School en 2018.[45] Tal «enseñanza para la prueba» no solo restringe la curiosidad, sino que también contribuye al estrés y a que los alumnos le pidan a los profesores que suban sus calificaciones sin una razón legítima.

El 17 de abril de 2018 fui galardonado por Phi Beta Kappa en la Universidad de Yale con la Medalla DeVane por la excelencia en la enseñanza universitaria y la educación. Al caminar por el salón la noche de la ceremonia de premiación y escuchar las cosas agradables que se decían de mí, no pude evitar pensar en lo irónico de la situación. Yo había sido un alumno de nueves en la preparatoria y no había logrado llegar al cuadro de honor. Nunca habría podido llegar a Yale como estudiante universitario (aunque la universidad tenía un muy buen programa de música), así que no hice la solicitud. Aunque había tomado una serie de cursos inconexos, de invierno a verano, no me gradué de la universidad con honores. Cuando llegó la hora de ir a la escuela de posgrado, fui aceptado por Harvard, Princeton y Stanford, pero no por Yale. Ni en un millón de años habría sido elegido para formar parte de Phi Beta Kappa en ningún lugar. Mi esposa, Sherry, era la lista de la familia (*summa cum laude* en Yale y Phi Beta Kappa), pero hacía mucho tiempo que ya me había alertado del hecho de que algunas veces los alumnos llegaban al umbral del grado Phi Beta Kappa evitando los riesgos: tomando los cursos que concordaban con facilidad con sus dones naturales. Tal vez los miembros legítimos de Phi Beta Kappa eran muy buenos para tomar exámenes, pero no para tomar riesgos, eran más conformistas que los pensadores inconformistas.

Un artículo de Adam Grant, profesor de Wharton Business School, titulado «What Straight-A Students Get Wrong» [Lo que los alumnos de dieces no comprenden], confirmó mis sospechas. Publicado por el *New York Times* en diciembre de 2018, el ensayo argumentaba que las calificaciones no son un marcador confiable del éxito, y menos de la genialidad. Dice Grant: «La evidencia es clara: la excelencia académica no es un indicador contundente de la excelencia profesional. En todas las industrias la investigación muestra que la correlación entre las calificaciones y el desempeño en el trabajo es modesta en el primer año después de la universidad, y trivial unos cuantos años más adelante. Por ejemplo, en Google, las calificaciones de los empleados, una vez que han pasado dos o tres años de que salieron de la universidad, no tienen ninguna relación con su desempeño». Según la explicación de Grant: «Los grados académicos rara vez evalúan cualidades como la creatividad, el liderazgo y las habilidades de trabajo en equipo, o la inteligencia social, emocional y política. Sí, los alumnos que obtienen solo dieces dominan el almacenamiento de información y la regurgitación de la misma en los exámenes. Pero el éxito profesional rara vez consiste en encontrar la solución correcta a un problema: consiste, más bien, en encontrar el problema correcto que hay que resolver».[46] La conclusión de Grant trae a mi mente un chiste bateado desde hace mucho tiempo entre las salas de la academia: «A los alumnos de dieces los contratan para enseñar en las universidades, y los de nueves consiguen puestos relativamente buenos trabajando para los de ochos».

SI LAS PRUEBAS DE CI, SAT Y LAS CALIFICACIONES SON POCO FIABLES PARA PREDECIR EL ÉXITO PROFESIONAL, son todavía peores para predecir la genialidad. Generan tanto falsos positivos (aquellos que parecen destinados a la grandeza pero no lo son) como falsos negativos (aquellos que parecen no ir hacia ningún lado pero al final cambian el mundo). Por supuesto, existen los ocasionales genios positivos verdaderos que sobresalen en la escuela, como Marie Curie (la mejor de su clase a los 16 años de edad), Sigmund Freud (*summa cum laude* en la preparatoria) y Jeff Bezos (*summa cum laude* y Phi Beta Kappa en Princeton). Una prueba de buena reputación para identificar a jóvenes dotados en la Universidad Johns Hopkins identificó el potencial de Mark Zuckerberg, Sergey Brin (un cofundador de Google) y Stefani Germanotta (Lady Gaga).[47] Por otro lado, en una famosa «prueba de genios» que Lewis Terman y colegas llevaron a cabo en Stanford, desde la década de 1920 hasta la de 1990, una cohorte de 1 500 jóvenes con coeficientes intelectuales mayores a 135 al final no logró producir un solo genio.[48] Como reportó después un socio de Terman: «No hubo un ganador de Premio Nobel. No hubo un Premio Pulitzer. No tuvimos un Picasso».[49]

Más importante, considera estos falsos negativos: aquellos genios que podrían *no* haber tenido buenos resultados en una prueba común de CI y que *no* habrían sido elegidos para Phi Beta Kappa. Los primeros expedientes académicos de Charles Darwin eran tan malos que su padre predijo que él sería una desgracia para su familia.[50] Winston Churchill también fue un mal alumno, y admitió que «Donde mi razón, mi imaginación o mi interés no estaban involucrados, yo no podía ni quería aprender».[51] Los premios Nobel William Shockley y Luis Álvarez fueron rechazados por la prueba para genios de Stanford porque sus resultados de CI fueron demasiado bajos.[52] La novelista transformadora J. K. Rowling confesó tener «una distintiva falta de motivación en la universidad», su expediente no distinguido es resultado de pasar «demasiado tiempo en la cafetería escribiendo historias y demasiado poco tiempo en clases».[53] Lo mismo sucedía con Thomas Edison, quien se describe como alguien que «no estaba a la cabeza de mi clase, sino a los pies». Einstein se graduó en cuarto lugar en su grupo de cinco físicos en 1900.[54] Steve Jobs tuvo un promedio general de calificación GPA* de 2.65; Jack Ma, el fundador de Alibaba (el equivalente chino de Amazon), tomó el *gaokao* (el examen de educación nacional chino) y de 120 preguntas en una sección de matemáticas acertó solo 19, y en su segundo intento;[55] y Beethoven tuvo dificultades para sumar números y nunca aprendió a multiplicar ni dividir. Walt Disney era un alumno que estaba abajo del promedio y con frecuencia se quedaba dormido en clase.[56] Finalmente, Picasso no pudo memorizar la secuencia de letras del alfabeto y veía los números simbólicos como representaciones literales: veía el dos como el ala de un pájaro o el cero como un cuerpo.[57] Al parecer las pruebas estandarizadas habrían fallado en reconocer a todos esos genios.

---

* La escala GPA (*grade point average*) es la suma de todas las calificaciones a lo largo de toda la preparatoria dividida entre el número total de créditos. La mayoría de las preparatorias (y universidades) reportan calificaciones en una escala de 4.0. [N. del T.].

Entonces, ¿por qué las seguimos utilizando? Continuamos confiando en pruebas estandarizadas porque son justo eso: estandarizadas. Una serie común de preguntas puede utilizarse para evaluar y comparar el desarrollo cognitivo de millones de estudiantes, una ventaja en países como Estados Unidos y China, que tienen grandes poblaciones. Para ganar en eficiencia sacrificamos amplitud y comprensión. Pruebas como la SAT y el *gaokao* chino establecen una única métrica para un único problema tradicional, en lugar de alentar estrategias que pongan en duda una premisa o reconsideren un concepto en un mundo siempre cambiante. Validan el logro de una meta predeterminada en lugar de crear una que todavía no ha sido vista. Privilegian un rango limitado de habilidades cognitivas (matemáticas y verbales) por encima de la interacción emocional y social. La cuestión aquí no es sugerir que deberíamos abandonar las pruebas que miden el potencial humano, sino que la prueba tiene que ser suficientemente amplia, flexible y detallada para poder cumplir su función. Aunque las pruebas estandarizadas actuales son eficientes, son demasiado estrechas en intención y en contenido para poder predecir el éxito en la vida, y mucho menos la genialidad.

Los coreógrafos Martha Graham y George Balanchine sobresalieron en imaginación cinética, Martin Luther King y Mahatma Gandhi en observación interpersonal, Virginia Woolf y Sigmund Freud en introspección personal, James Joyce y Toni Morrison en expresión verbal y lingüística, Auguste Rodin y Miguel Ángel en razonamiento visual y espacial, Bach y Beethoven en agudeza auditiva, y Einstein y Hawking en razonamiento lógicomatemático. Los siete campos de la actividad antes nombrados son las siete modalidades del intelecto humano planteado por Howard Gardner, de Harvard: «inteligencias múltiples» es el famoso nombre con el que las llamó.[58] Son mentalidades específicas de disciplinas, de las que surge la creatividad. Pero algo determinante dentro de cada una de estas disciplinas creativas son los múltiples rasgos de personalidad: inteligencia, curiosidad, resiliencia, persistencia, tolerancia al riesgo, confianza en uno mismo y la capacidad para trabajar duro, entre otras. Hago referencia a la capacidad propia para utilizar numerosos rasgos como estos al servicio de la genialidad, como el Cociente de Muchos Rasgos (*Many Traits Quotient*, el MQ).

J. K. Rowling ha vendido más libros (500 millones) que casi cualquier otro escritor vivo y ha creado en los jóvenes un frenesí por la lectura. En su discurso a los graduados de la Universidad de Harvard en 2008 exaltó las virtudes del fracaso y enfatizó la importancia de la imaginación y la pasión en la vida.[59] En una publicación en su página web de 2019 hizo una lista de las que para ella son las cinco cualidades personales que debe tener un escritor que quiera tener éxito como tal: amor por la lectura (curiosidad), disciplina, resiliencia, valentía e independencia.[60] Si estos propiciadores personales parecen importantes para una genio como Rowling, ¿por qué no construir una prueba de bases amplias para medirlas? Tal vez estamos cometiendo un error al obsesionarnos con las pruebas preuniversitarias como la SAT y el *gaokao*. Tal vez en lugar de una prueba para calificar el aprendizaje de los temas que se enseñan en la escuela (la SAT), necesitamos una Prueba de Aptitud para Genios (GAT, por sus siglas en inglés), la cual incluiría los MQ.[61] Así, la GAT estaría dividida en subsecciones, entre ellas, la Prueba de Aptitud para el Trabajo Duro, la Prueba de Aptitud para la Pasión, la Prueba de Aptitud para la Curiosidad, la Prueba de Aptitud para la Confianza en Uno Mismo y la Prueba de Aptitud para la Resiliencia (WHAT, PAT, CAT, SCAT y RAT, por sus siglas en inglés, respectivamente).

¿Cuán alta necesitaría ser la puntuación de un estudiante en la Prueba de Aptitud para Genios para entrar a Hogwarts o a Harvard? No muy alta. Muchos expertos hoy en día creen que el único registro de inteligencia necesario para sobresalir en las ciencias es un resultado de CI en un umbral de 115 a 125. Más allá de eso, casi no hay una correlación entre puntos adicionales de CI y el discernimiento creativo.[62] Los científicos Richard Feynman, James Watson y William Shockley no tuvieron puntuaciones más altas que eso y ganaron Premios Nobel en sus respectivos campos. El *Graduate Record Exam* (GRE, por sus siglas en inglés), una prueba estandarizada instituida en 1949 para escuelas de posgrado, tiene una puntuación perfecta de 800. La mayoría de los programas requiere un mínimo de 700 y la emplea como una manera rápida de descartar a candidatos «no cualificados». Pero mis propios 30 años de experiencia leyendo solicitudes para la escuela de posgrado de Yale me sugieren que una puntuación GRE de solo 550 puntos de los 800 es suficiente demostración de potencial. De hecho, un artículo de 2014 publicado en *Nature* y titulado «A Test That Fails» (Una prueba que falla), citó a William Sedlacek, profesor emérito de educación de la Universidad de Maryland, College Park, diciendo que él encontró «solo una débil correlación entre la prueba y el éxito final».[63] Él recomendó reducir el énfasis en la GRE y aumentar los procedimientos de admisión que valoran otros atributos (como dinamismo, diligencia y la disposición a tomar riesgos). En cuanto a la puntuación de la prueba que Sedlacek podría estar dispuesto a aceptar, dice que 400 estaría bien.[64]

Finalmente, ¿es posible que las escuelas de la Ivy League estén en sí sobrevaloradas?[65] Un estudio entre los ganadores del Premio Nobel sugiere que ser admitido a Harvard, Yale o Princeton no es más necesario para la grandeza de lo que significa ser admitido a *cualquier* universidad clasificada en el rango del 15% más alto.[66] ¿Por qué, entonces, los padres estadounidenses y los chinos intentan falsificar las puntuaciones de SAT y sobornan a los oficiales de admisión para que sus hijos entren a una codiciada universidad «tipo Ivy»? Precisamente ese tipo de fraude académico ha estado ocurriendo, como se reveló en 2019 gracias a una operación llevada a cabo por el FBI llamada *Operation Varsity Blues*.[67] ¿Por qué los padres se arriesgarían a recibir multas o ser encarcelados para inflar los resultados de una prueba de valor cuestionable? ¿Por qué privarían a sus hijos de la oportunidad de aprender del fracaso y desarrollar resiliencia? En Yale, Rudy Meredith (a quien nuestra hija y yo solíamos ver entrenar al equipo de soccer) se declaró culpable de solicitar 865 000 dólares para falsificar las calificaciones de dos estudiantes solicitantes.[68] Para empeorar las cosas, casi cada año por lo menos un colegio o universidad es criticado por inflar los resultados de los alumnos de nuevo ingreso.[69] Pero como les he dicho a generaciones de aspirantes a Yale cuando los llevo a conocer el campus junto con sus padres, «En realidad hay por lo menos 300 excelentes universidades en Estados Unidos, y no importa mucho a cuál de ellas vayan. Lo que importa no es la escuela, sino lo que está dentro de ti (o de sus hijos)».

Pero los mitos antiguos no mueren fácilmente (el CI es el criterio de referencia de la genialidad, la SAT es la puerta al éxito, cualquier cosa que no sea Harvard, Yale o Princeton es inferior). Tal vez deberíamos dar un paso atrás para preguntarnos si nuestra dependencia de métricas como el CI y las pruebas estandarizadas y nuestra obsesión con la educación de élite están creando la clase de ciudadanos que queremos que sean los líderes de nuestra sociedad. ¿Privilegiamos un sistema que premia el don natural del análisis cognitivo (CI) o uno que valora los rasgos múltiples de carácter (MQ), incluyendo el CI? El número de genios de falso negativo antes mencionado (Beethoven, Darwin, Edison, Picasso, Disney, Jobs y todos los demás) sugiere que la genialidad es mucho más que el CI y que «listo» puede significar muchas cosas. El reto es encontrar una métrica para hacer pruebas que descubran la genialidad oculta. Aquí es oportuno mencionar un dicho que se atribuye a Einstein: «Todo el mundo es un genio. Pero si juzgas a un pez por su habilidad para subirse a un árbol, vivirá toda su vida pensando que es estúpido».[70]

Capítulo 2

GENIO Y GÉNERO

El juego está vendido

En 2014, Catherine Nichols, una aspirante a novelista, hizo un experimento. Envió una carta de solicitud que describía su novela no publicada a 50 agentes literarios bajo su propio nombre, y luego mandó la misma carta a 50 agentes con el nombre de «George Leyer» (guiño).[1] A «George» le aceptaron su manuscrito para revisión 17 veces, mientras que a Catherine se lo aceptaron solo dos veces. Incluso los mensajes en los que le informaron a «George» del rechazo fueron más cálidos y más alentadores que los que que recibió Catherine. Se ha observado un prejuicio similar en el trabajo correlacionado con el género o la raza en el proceso de la revisión de solicitudes de trabajo.[2] Lo sorprendente del prejuicio de género en el negocio de las editoriales es que estadísticamente casi la mitad de los agentes literarios y más de la mitad de los editores de editoriales son mujeres.[3] El hecho de que las mujeres pueden tener prejuicios ocultos contra otras mujeres es de sorprender, pues para nadie es un secreto que los hombres las han discriminado desde tiempo inmemorial. Al parecer los hombres han tenido tanto éxito en excluir a las mujeres del «club de genios» que inclusive las mujeres han llegado a demeritar su propia importancia.

En fecha reciente encuesté a más de 4000 adultos y les pedí que nombraran a 12 genios de la historia cultural de Occidente. Todos mis encuestados eran estudiantes, 57% mujeres y la mayoría tenía más de 50 años de edad, inscritos en One Day University (Universidad por un día), un programa de educación continua que opera en 73 ciudades de EE. UU. El objetivo de mi encuesta era determinar cuánto avanzaría la lista de genios antes de llegar a una mujer. Incluso entre esta mayoría femenina de encuestados, la primera mujer surgió en promedio en el octavo lugar. Las mencionadas eran con mayor frecuencia las científicas Marie Curie y Rosalind Franklin, la matemática Ada Lovelace y las escritoras Virginia Woolf y Jane Austen; Curie era mencionada con mayor frecuencia por mucho. No había filósofas mujeres, arquitectas ni ingenieras.

Esta misma desproporción surgió al principio de mi «curso de genios» en Yale. Aunque los alumnos universitarios de Yale ahora son 50-50 por género, y aunque el «curso de genios» es una clase general de humanidades abierta a todos, cada año la proporción de alumnos que se inscriben es de más o menos 60-40 hombres-mujeres. Los alumnos, en Yale y en cualquier otro lado, votan con los pies y, a pesar de las evaluaciones favorables del curso, las mujeres en Yale no parecen estar tan interesadas en la noción de genialidad como sus homólogos masculinos. También he notado que cuando planteo una pregunta o pido que alguien rebata una opinión en clase, los alumnos responden más que las alumnas. Cuando me di cuenta de esto, empecé a pedirle a un adjunto que llevara un registro del género de cada persona que respondía y la cantidad de «tiempo aire» que cada uno consumía. La proporción, año con año, ha sido más o menos de 70-30 hombres a mujeres.

Desconcertado por esta discrepancia pronto encontré que otros profesionales, entre ellos Sheryl Sandberg, habían observado que en una discusión abierta los «machos alfa» dominan de manera ávida, mientras que las mujeres al principio se limitan a observar, como valorando la manera en que se jugará el juego.[4] Y un estudio de 2012, realizado por profesores de la Universidad Brigham Young, la Universidad de Princeton y la Universidad Estatal de Portland, reportó que en conferencias académicas las mujeres hablaban significativamente menos que su representación proporcional. Su tiempo aire sumaba menos de 75% del de los hombres.[5] Pero mi tasa inicial de 30% de involucramiento femenino era peor.

Hablar en público es una cosa, pero ¿cuál era la razón para que las mujeres se retiraran del tema que yo enseñaba? ¿A las mujeres les emocionan menos las comparaciones competitivas que clasifican a algunas personas como «más excepcionales» que otras? ¿Es menos probable que valoren los marcadores tradicionales de la genialidad, como la mejor pintura del mundo o la invención más revolucionaria? ¿De alguna manera ellas están menos interesadas en el concepto mismo de genialidad? Si es así, ¿cuál sería la razón para esto?

Encontraría una clave en el reporte de una investigación de 2010 publicado por la asociación estadounidense de mujeres universitarias American Association of University Women titulado *Why So Few? Women in Science, Technology, Engineering, and Mathematics*[6] (¿Por qué tan pocas? Las mujeres en la ciencia, la tecnología, la ingeniería y las matemáticas). El reporte enfatizaba que las mujeres tienen una batalla cuesta arriba en los campos de las ciencias, por los obvios estereotipos, prejuicios y ambientes de trabajo desfavorables en colegios y universidades. De la misma manera, un reporte de 2018 de Microsoft, «Why do Girls Lose Interest in STEM?» (¿Por qué las mujeres pierden interés en las disciplinas de ciencia, tecnología, ingeniería y matemáticas?), sugería que la falta de mentores y apoyo parental desempeñan un papel en esto.[7] Hice la conexión: el que menos mujeres opten por entrar a mi «curso de genios» y menos mujeres opten por ingresar a los campos de las ciencias se debe probablemente a que ambos han sido tradicionalmente construidos por y alrededor de los hombres. Las mujeres tienen menos modelos (genios) con quienes pueden relacionarse y menos mentores contemporáneos con quienes pueden formar vínculos. ¿Para qué tomar un curso en el que, una vez más, se estudiarán sobre todo los logros de los «grandes hombres»? Por estas y otras razones las mujeres han evitado las disciplinas científicas y el estudio de la genialidad.

El historiador Dean Keith Simonton, que ha investigado la genialidad durante más de 40 años, ha demostrado numéricamente la escasa representación de las mujeres en los campos asociados tradicionalmente con ella. De acuerdo con las estadísticas de Simonton, las mujeres suman solo 3% de las figuras políticas más notables en la historia. En los anales de la ciencia menos de 1% de los notables son mujeres, una simple gota en un mar que de otra forma es completamente masculino. Incluso en el campo más «amigable con las mujeres», el de la escritura creativa, las luminarias femeninas constituyen solo 10% de los grandes escritores. En el ámbito de la música, por cada Clara Schumann o Fanny Mendelssohn, hay 10 compositores clásicos masculinos muy conocidos.[8] Como conclusión, Simonton observó que aunque las mujeres constituyen la mitad de la población, a lo largo de la historia han sido representadas como personas «sin importancia, que no llaman la atención y que incluso son irrelevantes para los asuntos humanos».[9] Uno puede elegir creer o no en las estadísticas de Simonton, pero la pregunta que a fin de cuentas plantea es esta: ¿Este llamado bajo rendimiento surge de ineptitud genética o de un prejuicio cultural? Muchos, incluyendo a la genio Virginia Woolf, considerarían que la pregunta misma es insultante.

WOOLF NACIÓ EN LONDRES, EN 1882, EN UNA FAMILIA ACOMODADA DE CLASE SOCIAL MEDIA-ALTA. Aunque tuvo libros y tutores privados, la educación que recibió en casa tuvo poca relación, en cuanto a costos, con la que se les brindó a sus hermanos en internados caros y después en la Universidad de Cambridge. En una ocasión, cuando realizaba una investigación sobre el poeta John Milton, se le negó el acceso a la biblioteca de una universidad anónima estilo Oxford y Cambridge por su género. Furiosa por el trato desigual que recibió, y con curiosidad sobre cómo fue que surgió este prejuicio de género, decidió investigar sobre las mujeres genio a lo largo de la historia. Su conclusión fue que la genialidad es un constructo social exclusivamente masculino, como lo describió en *Un cuarto propio*, su famoso ensayo de 1929. Las observaciones de Woolf sobre el logro excepcional femenino (y las barreras para llegar a él) todavía resuenan hoy en día.

Para Woolf, las metáforas para la oportunidad, la oportunidad históricamente negada a las mujeres, eran un cuarto silencioso (en el cual escribir), dinero (para pagar las cuentas) y tiempo para pensar (en otras cosas aparte de la crianza de los niños): «Hacer una fortuna y criar a 13 hijos es algo que ningún ser humano podría soportar», escribió. «En primer lugar, ganar dinero era imposible para ellas, y en segundo, si hubiera sido posible, la ley les negaba el derecho de poseer el dinero que ganaban».[10] Por lo tanto, como máquinas de capital intelectual, «las mujeres no existían... Era imposible para cualquier mujer, pasada, presente o futura, tener la genialidad de Shakespeare»,[11] escribió. A lo largo de la historia, dijo, siempre ha habido esta afirmación: «No puedes hacer esto, eres incapaz de hacer aquello».[12] Entre quienes fijaron la barrera «usted no puede» estaba el famoso educador Jean-Jacques Rousseau, que en 1758 escribió: «En general a las mujeres no les gusta el arte, no lo entienden y no tienen la genialidad para él».[13]

A la predestinación a la derrota para las mujeres, muchas mujeres genio a lo largo de la historia respondieron disfrazándose ellas y a su género. Jane Austen publicó *Orgullo y prejuicio* como una mujer anónima, y Mary Shelley hizo lo mismo cuando inicialmente soltó a *Frankenstein*. Otras mujeres genio asumieron *noms de plume* masculinos, entre ellas George Sand (Aurore Dudevant), Daniel Stern (Marie d'Agoult), George Eliot (Mary Ann Evans), Currer Bell (Charlotte Brontë) y Ellis Bell (Emily Brontë). Tal vez nunca disfrutarían la gloria del reconocimiento, pero por lo menos su trabajo tendría la oportunidad de ser publicado y leído. ¿Cómo puede una genio cambiar el mundo si su obra se desconoce?

El reconocimiento que Woolf obtuvo y los temas hacia los que llamó la atención en su famoso ensayo inspiraron sin duda y galvanizaron a muchas escritoras que llegaron después de ella. Las grandes de la literatura como Toni Morrison (que escribió una tesis de maestría sobre Woolf), Pearl S. Buck, Margaret Atwood y Joyce Carol Oates escribieron o escriben con su propio nombre, y al parecer en la actualidad las autoras disfrutan del mismo prestigio y poder de voz que los hombres. Pero si esto es verdad, ¿por qué Joanne Rowling, Phyllis Dorothy James y Erika Mitchell pensaron que era necesario convertirse en J. K. Rowling, P. D. James y E. L. James? ¿Por qué Nelle Harper Lee se quitó el Nelle? Christopher Little, el agente de Joanne Rowling, le dijo que vendería más libros de Harry Potter si se disfrazaba de hombre.[14]

«Escribir una obra genial es casi siempre una proeza de dificultad prodigiosa», continuó Virginia Woolf en *Un cuarto propio*. Lo que lo dificultaba era que el mundo parecía indiferente al peso adicional que se depositaba en una mujer creativa y que incluso los hombres a quienes se consideraba genios rechazaban la idea de que este debería retirárseles. «Para acentuar todas estas adversidades y hacerlas más difíciles de soportar está la notoria indiferencia del mundo... [Pero lo que] en su caso encontró más difícil de soportar en los hombres con genio no era la indiferencia, sino la *hostilidad* [énfasis agregado]».[15] La hostilidad es hija del temor: de perder autoridad, estatus y riqueza. La tendencia a temer el logro femenino es parte de lo que Woolf llamó «un oscuro complejo masculino». Consiste, dijo, en un arraigado deseo, «no tanto de que ella sea inferior, sino de que *él* sea superior».[16]

Para asegurar su superioridad, de acuerdo con Woolf, los hombres idearon una estrategia simple: hacer que las mujeres se vean de la mitad de su tamaño para que entonces ellos parezcan el doble de grandes. Ella llama a esto el «espejo», o efecto magnificador: «Las mujeres han servido todos estos siglos como espejos que poseen la magia y el delicioso poder de reflejar la figura del hombre al doble de su tamaño natural. Es por eso que Napoleón y Mussolini insisten de forma tan enfática en la inferioridad de las mujeres, porque si no fueran inferiores, ellos [los hombres] dejarían de agrandarse. Eso explica en parte por qué las mujeres son tan necesarias para los hombres».[17]

En efecto, Napoleón dijo alguna vez: «Las mujeres no son sino máquinas para producir hijos». Entre aquellos que consideramos grandes hombres, él no estaba solo en su misoginia. El poeta George Gordon, Lord Byron, dijo de las mujeres: «Deben ocuparse de su casa y de estar bien alimentadas y vestidas, pero no mezcladas en la sociedad. También deben estar bien educadas en religión, pero no deben leer ni poesía ni política. Nada, solo libros de piedad y cocina. Música, dibujo, danza, también un poco de jardinería y labranza de vez en cuando».[18] ¿Música? ¿Por qué no entonces una compositora? El doctor Samuel Johnson, un hombre de letras, dijo para descartar esa idea: «Señor, que una mujer componga es como que un perro camine sobre sus patas traseras. No se hace bien, pero ya sorprende que pueda hacerlo en absoluto».[19] También a Charles Darwin le vino a la mente un perro cuando estaba considerando el matrimonio y sopesando con cuidado los pros y los contras de una mascota como potencial compañera de vida en comparación con una esposa.[20] Picasso dijo sobre los perros: «Nada se parece a un perro poodle como otro perro poodle, y eso también va para las mujeres».[21]

Podríamos anticipar, o por lo menos tener la esperanza de que los filósofos doctos del pasado podrían haberse elevado por encima de la misoginia. Pero es decepcionante que este no fuera el caso. Aunque tenemos que agradecerle a Arthur Schopenhauer la notable metáfora según la cual: «Una persona con rasgos de genialidad logra un objetivo que nadie más puede ver»,[22] también tenemos que reconocer que se alejó de la marca cuando en «Sobre las mujeres» (1851) escribió: «Es únicamente aquel hombre cuyo intelecto es oscurecido por su instinto sexual quien podría dar a esa raza mal desarrollada, de hombros angostos, caderas anchas y piernas cortas, el nombre de *bello sexo*; puesto que la belleza entera de ese sexo está basada en este instinto. Uno tendría mayor justificación en llamarlo el *sexo antiestético* que el bello sexo. Ni para la música, ni para la poesía, ni para las bellas artes tienen ellas cualquier sentido y susceptibilidad reales o verdaderos, y es mera pretensión de su parte, en su deseo de complacer, si es que logran tener tal efecto».[23]

Seguro que los científicos objetivos pueden juzgar el mundo de forma imparcial. Y sin embargo, Paul de Broca, uno de los primeros neurocientíficos, por quien un área del cerebro lleva el nombre de «área de Broca», declaró en 1862 que los cerebros son más grandes «en hombres que en mujeres, en hombres eminentes que en hombres de talento mediocre, en razas superiores que en inferiores [léase "africanas"]».[24] Broca no estaba en lo correcto, porque resulta que el tamaño del cerebro es más que nada un factor del tamaño del cuerpo, no del género ni de la raza. Tal vez el reconocido físico teórico Stephen Hawking debería haberse quedado callado cuando en 2005 afirmó: «Se reconoce generalmente que las mujeres son mejores que los hombres en lenguas, relaciones personales y multitareas, pero menos buenas para leer mapas y para la conciencia espacial. Por lo tanto, no es descabellado suponer que las mujeres pudieran ser menos buenas que los hombres en matemáticas y en física».[25] Ese mismo año, Lawrence Summers, el economista y expresidente de Harvard, enfureció a muchos al argumentar que los hombres superan a las mujeres en matemáticas y en ciencias debido a las diferencias biológicas, y que la discriminación ya no impide a las mujeres convertirse en académicas.[26] Poco después lo invitaron a renunciar y así lo hizo.

Tampoco el científico Albert Einstein demostró tener una forma de pensar fuera de los paradigmas de su época cuando en 1920 dijo, evidentemente con un dejo de recelo: «Como en todos los demás campos, en la ciencia debería hacerse más fácil el camino a las mujeres. Pero no debe tomarse a mal si veo los posibles resultados con cierta dosis de escepticismo. Me refiero a ciertas partes restrictivas de la constitución de una mujer que le fueron dadas por la naturaleza y las cuales nos impiden aplicar el mismo estándar de expectativa a las mujeres que a los hombres».[27] Tal vez mejor deberíamos ver una cita distinta atribuida a Einstein para explicar los comentarios sexistas y erróneos de sus contemporáneos: «La diferencia entre la estupidez y la genialidad es que la genialidad tiene sus límites». No obstante, la estupidez parece atemporal.

PARA ESTAR SEGUROS, LA ESTUPIDEZ ATEMPORAL DE IGNORAR EL POTENCIAL INTELECTUAL DE LA MITAD DE LA HUMANIDAD ESTÁ PROFUNDAMENTE ARRAIGADO EN NUESTRA CULTURA. En el Génesis, según fue interpretado después por escritores judíos y cristianos, se dice que Eva fue «creada a partir del hombre», fue la madre de todas las cosas y, sin embargo, era pecadora y seductora. En el hinduismo, de acuerdo con las Leyes de Manu del siglo II a. C., ninguna mujer es independiente, cada una vive bajo el control de su padre o de su esposo. El antiguo confucianismo advocaba de manera similar por un orden societal jerárquico basado en las diferencias de género. Las tres más importantes religiones occidentales (el judaísmo, el cristianismo y el islam) segregaban tradicionalmente a la mujer durante la práctica piadosa, y les daban un lugar lejos del altar mayor o el punto central de la oración.

¿Quién dictó las leyes de las grandes religiones del mundo? Por supuesto, fueron las mismas figuras de autoridad que establecieron las reglas para las instituciones educativas de Occidente, incluyendo universidades, escuelas superiores profesionales, academias de arte y conservatorios de música. Históricamente solo a los hombres se les daba la oportunidad de una educación culta y solo ellos iban a la universidad. La primera mujer en recibir un grado académico fue Elena Piscopia, por la Universidad de Padua en 1678. Bach se mudó a Leipzig en 1723 para aprovechar la educación universitaria gratuita para sus numerosos hijos, una oportunidad que no les ofreció a sus igualmente numerosas hijas. Un siglo y medio después las mujeres fueron admitidas como oyentes en las clases universitarias en Alemania, pero con la condición de que permanecieran detrás de una cortina. En 1793 obtuvieron la entrada al Conservatorio de Música de París, pero tenían que entrar por una puerta diferente; se les permitía estudiar instrumentos musicales, pero no composición, ya que se consideraba que la creatividad estaba más allá de su limitada capacidad. La Real Academia [de Arte] fue fundada en Londres en 1768 con dos miembros mujeres, Mary Moser y Angelica Kauffman, pero no fue sino hasta 1936 que se eligió a otra mujer. Las mujeres pintoras no fueron admitidas en la Escuela de Bellas Artes en París, patrocinada por el Estado, sino hasta 1897; e incluso entonces, como en Londres, no se les permitía la entrada a las clases de desnudo anatómico, enseñanza crucial para el dibujo y cimiento de la pintura.[28] Tampoco podían tener el acceso normal a otros lugares necesarios para su arte. Entre las pintoras de animales del siglo XIX, Rosa Bonheur (1822-1899) es tal vez la más famosa por sus imágenes realistas y de gran detalle.[29] Pero enfrentó un problema: para acercarse a sus sujetos en las ferias de caballos y mataderos necesitaba vestir pantalones en vez de las faldas largas que vestían las mujeres de esa época. «No tuve otra alternativa», escribió, «que darme cuenta de que la vestimenta de mi propio sexo era un completo estorbo. Es por ello que decidí pedir autorización a la jefatura de policía para usar ropa de hombre».[30]

Las mujeres no podían vestir pantalones. No pudieron votar en el Reino Unido sino hasta 1918 y en Estados Unidos hasta 1920. Marie Curie no pudo estudiar las ciencias ni nada más en una universidad en Polonia durante la década de 1880. Las mujeres no pudieron asistir a la famosa Universidad de Edimburgo hasta

1889. En 1960 Harvard tuvo una maestra de tiempo completo, y Yale y Princeton ninguna.[31] Las mujeres no pudieron ingresar como alumnas a Princeton y Yale sino hasta 1969, y aunque las mujeres podían asistir a clases en Harvard como alumnas inscritas en Radcliffe College a inicios de la década de 1960, Harvard no se fusionó con su escuela hermana sino hasta 1999. En 1969, el mismo año en que Yale y Princeton se hicieron mixtas, el decano (hombre) del primer año en Harvard, Francis Skiddy von Stade, declaró: «Sencillamente no veo a las mujeres con estudios superiores dando algún salto sorprendente para contribuir con nuestra sociedad en un futuro previsible. En mi opinión, no van a dejar de casarse o tener hijos. Si lo hacen, fracasarán en su papel actual como mujeres».[32] Nadie parece haber discrepado en ese momento con Von Stade, por lo menos no en algún texto que haya sido publicado. Sin educación, todos asumían que las mujeres eran incompetentes en asuntos financieros, incapaces de obtener préstamos, tener una tarjeta de crédito o iniciar un negocio sin un hombre fiador. En 1972, Michael Saunders, que ahora dirige una empresa de bienes raíces en el suroeste de Florida, Estados Unidos, con ventas anuales de 2000 millones de dólares, hizo una solicitud de crédito para negocio y fue aprobada, solo para que el banco se lo cancelara cuando supo que Michael era mujer. Ese mismo año el Congreso de Estados Unidos aprobó la Ley de Igualdad de Oportunidades de Crédito para acabar con ese tipo de discriminación de género. Pero como José Ángel Gurría, el exsecretario general de la Organización para la Cooperación y el Desarrollo Económicos (OCDE), concluyó tristemente al final de un reporte contra la discriminación en 2018, «Estamos luchando contra siglos y siglos de tradición y cultura».[33]

El sesgo cultural profundamente arraigado ha matado las carreras creativas de muchas mujeres con grandes dones. En 1820 la compositora en ciernes Fanny Mendelssohn, cuando tenía 15 años, recibió de su padre este mandato: «Estuvo muy bien pensado y expresado lo que me escribiste sobre tus ocupaciones musicales, pero en comparación con tu [famoso hermano compositor] Felix, quien probablemente convierta la música en su profesión, en tu caso puede y debe solo ser un ornamento, nunca el centro de tu existencia... Tú debes ser más estable y sosegada, y prepararte para tu llamado real, el único llamado para una joven mujer: el estado de un ama de casa». Presionada por su habitual falta de confianza en ella misma, Clara Schumann, de 22 años, dijo lo siguiente en 1839: «Alguna vez creí que poseía talento creativo, pero he renunciado a esta idea; una mujer no debe desear componer. Hasta ahora nunca ha habido una que pueda hacerlo. ¿Debería esperar ser yo esa persona?»[34] A Alma Mahler, la prometedora compositora, su esposo Gustav le dijo en 1902: «El papel del compositor recae en mí. El tuyo es el de ser una compañera amorosa». Con el tiempo el matrimonio se rompió y la frustrada Alma exclamó: «¡Y a mí quién me ayuda a encontrarme a MÍ MISMA! ¡Me he hundido hasta convertirme en una empleada doméstica!»[35] Sofia Tolstaya, que le dio a su esposo León Tolstoi trece hijos, vio «triturado y sofocado» su deseo de crear. Aunque editó y copió siete veces la extensa *Guerra y Paz* de León, no dejó ninguna creación propia.

> He servido a un genio durante casi 40 años. Cientos de veces he sentido mi energía intelectual y toda clase de deseos agitarse dentro de mí (una añoranza por la educación, un amor por la música y las artes)... Y una y otra vez he triturado y sofocado estas añoranzas... Todos preguntan: «Pero ¿por qué una mujer que no vale nada como tú necesita una vida intelectual o artística?» A esta pregunta solo puedo responder: «No sé, pero suprimirla eternamente para servir a un genio es un gran infortunio».[36]

Muchas mujeres genio estuvieron ocultas de la vista durante siglos porque los hombres que escribieron la historia las sacaron de ella. El faraón egipcio Hatshepsut gobernó de 1479 a 1458 a. C. y fue llamado por el egiptólogo James Henry Breasted «la primera gran mujer de la historia de quien tenemos información».[37] Durante el reinado de Hatshepsut, que duró 20 años, se produjeron tantas estatuas de ella que casi todos los grandes museos del mundo tienen una en su colección. Pero inmediatamente después de su muerte la memoria de Hatshepsut fue eliminada de modo sistemático de la historia de Egipto. Destruyeron las estatuas y eliminaron todas las inscripciones sobre ella que existían. Su crimen: Hatshepsut se había nombrado faraón (rey) en lugar de tomar el papel más tradicional

Figura 2.1: La cabeza de Hatshepsut como esfinge, con barba, excavada de la tierra en Deir el-Bahri, en Tebas, Egipto Alto, durante 1926-1928. El monumento data de 1479 a 1458 a. C. y pesa más de siete toneladas (Museo Metropolitano de Arte, Nueva York).

de reina regente, lo cual, sugieren los historiadores, provocó la reacción destructiva. No fue sino hasta la década de 1920 que los arqueólogos encontraron y restauraron la alguna vez desechada evidencia de que existió.[38] Hoy Hatshepsut puede verse en todo su esplendor masculino en el Templo de Hatshepsut en el Museo Metropolitano de Arte en Nueva York (Figura 2.1). Pero en aquel entonces portar una barba falsa no era suficiente para salvar de la destrucción la fama de una mujer.

La monja medieval Hildegard de Bingen (1098-1179) no fue ninguna santa, por lo menos no de manera inmediata. En cambio, fue un «hombre del Renacimiento», un erudito medieval que existió mucho antes que Leonardo da Vinci. Hildegard de Bingen fue predicadora, poeta, pintora, política, teóloga, música, estudiante de biología, zoología, botánica y astronomía: todo eso.[39] Intercambió correspondencia con cuatro papas (a uno lo llamó asno) y peleó con las autoridades de la Iglesia que intentaron silenciarla poniéndola en entredicho. Durante siglos después de su muerte Hildegard permaneció en la oscuridad. Pero al inicio de la década de 1980, con el advenimiento de los programas de estudio sobre mujeres y el criticismo feminista, se restauró la reputación de Hildegard como visionaria medieval. En 2012 el papa Benedicto XVI la canonizó como Doctora de la Iglesia, con lo que se convirtió en la cuarta mujer de 35 santos en ser designados de esta forma.

Otra mujer genio que ya no está oculta es la pintora Artemisia Gentileschi (1593-1656). Durante siglos algunas de sus obras fueron atribuidas a artistas masculinos, incluyendo a su padre, Orazio, y al pintor napolitano Bernardo Cavallino (1616-1656).[40] ¿Los patronos se negaban a creer que pinturas con tanto dramatismo y apasionada intensidad fueran obra de una mujer? Pero hay una historia detrás de este arte: de adolescente, Gentileschi había sido violada por Agostino Tassi (1578-1644), su maestro y mentor. El caso había ido a juicio y Gentileschi sufrió un humillante examen físico y fue torturada con la empulguera (un tornillo para aplastar dedos) para probar su inocencia.[41] El agresor fue condenado, pero no cumplió una pena, la víctima en cambio fue señalada como una mujer que perdió su virtud. Durante décadas después de aquello Gentileschi pintó actos de agresión sexual o formas en que una mujer se vengaba del hombre que la había atacado (Figura 2.2). En la actualidad muchos consideran a Artemisia Gentileschi un genio artístico del más alto orden, pero en sus días la veían básicamente como una curiosidad (una rara pintora en un mundo de hombres y un cuento con moraleja sobre los peligros que acechan por ahí. Incluso hoy persiste un vestigio de este legado). Recordada tanto

Figura 2.2: La genialidad cambia los límites de la convención, como puede verse en la fuerte y dramática forma expresiva de la pintura *Judit decapitando a Holofernes* (1611-1612) de Artemisia Gentileschi. En ella se ve a Judith vengándose del general asirio Holofernes (según se narra en el libro apócrifo de Judith). Este es el primero de los cinco cuadros que Gentileschi pintó durante tres décadas y en los cuales plasmó la decapitación sangrienta de Holofernes (Museo Capodimonte, Nápoles, Italia).

por sus orígenes como por la calidad de sus pinturas, Gentileschi ahora se conoce como la pintora «#MeToo».

Podríamos continuar narrando las historias de mujeres genio no reconocidas, desacreditadas, ignoradas y desafortunadas. La matemática Ada Lovelace (1815-1852) fue la primera persona, hombre o mujer, en darse cuenta de que una calculadora del siglo XIX podía servir para algo más que matemáticas y números, que también era útil para almacenar y manipular cualquier cosa que pudiera expresarse con símbolos: palabras, pensamientos lógicos, incluso música («una máquina de pensar», profetizó). Hija del genio Lord Byron, Ada se llamó a sí misma una «genio natural» en matemáticas. Hoy se le reconoce como una de las primeras programadoras de computación, pero falleció de cáncer uterino a los 36 años sin haber cumplido con la profesía.[42] Rosalind Franklin (1920-1958), de nacionalidad inglesa, fue la química y cristalógrafa de rayos X autora de las fotografías de rayos X que proporcionaron la información crucial para la identificación de la estructura de doble hélice del ADN. Sus colegas hombres sustrajeron las imágenes y fueron ellos, en vez de ella, quienes recibieron el Premio Nobel (para mayor información sobre Franklin véase el capítulo 11). Lise Meitner (1878-1968) fue una física de ascendencia austríaco-sueca; de quien recibió su nombre el elemento químico 109, el meitnerio. Ella y Otto Hahn descubrieron en conjunto el proceso de la fisión nuclear en 1938-1939, la ciencia detrás de la bomba atómica. Pero cuando el Premio Nobel de Química se otorgó en 1944, se le dio a él solo.[43] Walter, el esposo y agente de la artista Margaret Keane (n. 1927), el personaje principal de la película de Tim Burton, *Big Eyes* (2014), firmó las obras de la artista, que tenía un estilo característico de arte. Décadas más tarde ella lo demandó y un juez de California exigió un «duelo de pintura», en el cual quedó demostrado que la verdadera creadora de los «niños vagabundos de ojos grandes» era la señora Keane y no el señor Keane. La corte le otorgó como compensación cuatro millones de dólares, pero para entonces Walter ya había despilfarrado el dinero.[44]

El dinero es el gran facilitador del logro humano, independientemente del género. Es, como dijo Virginia Woolf, un poder para la oportunidad. Sabemos que las mujeres han disfrutado menores oportunidades monetarias que los hombres, al recibir una remuneración menor por la misma cantidad y calidad de trabajo. En 1955 las mujeres en Estados Unidos ganaban 65 centavos por cada dólar que ganaban los hombres. Para 2006 la brecha se había reducido a 80%, pero desde entonces no ha continuado cerrándose.[45] El Equipo Nacional Femenil de Estados Unidos en 2019 demandó a la Federación de Soccer estadounidense por un pago igualitario,[46] y el movimiento #timesup (llegó el momento) por el mismo salario en Hollywood recibió atención en los premios Golden Globe de ese año, pero en cada grupo racial y étnico en el mundo sigue siendo un hecho que una mujer gana menos que un hombre. Pero lo que posiblemente sea más importante para los genios es el hecho de que solo 17% de las empresas *startup* en Estados Unidos son financiadas por mujeres y que a ellas solo se destina 2.2% de capital de riesgo para desarrollar una idea.[47]

Aretha Franklin cantó sobre algo más en lo que históricamente las mujeres han sido estafadas: R-E-S-P-E-T-O. En 2018 el *New York Times* empezó a expiar el hecho de que desde 1851 la mayoría de sus obituarios habían sido de hombres (como sigue siendo alrededor del 80%).[48] Para asegurar que el reconocimiento sea proporcional al logro (y en consecuencia, con más modelos femeninos) el periódico lanzó el proyecto «Overlooked» (Pasado por alto) y publicó textos conmemorativos sobre mujeres genio que había omitido, como el de la novelista Charlotte Brontë, la constructora del puente de Brooklyn, Emily Roebling, y la poeta Sylvia Plath. Lo mismo han hecho escritores de libros y directores de cine, que han producido proyectos como *Talentos ocultos. La genialidad no tiene color. La fuerza no tiene género. El valor no tiene límite* (2016), un libro *bestseller* que se convirtió en una película exitosa. Tales iniciativas nos alertan sobre el sesgo cultural y, de manera abierta o encubierta, nos impulsan a eliminarlo.

Hay algo más que está oculto a nuestros ojos: las mujeres exhiben muchos de los mismos sesgos contra mujeres de los que poseen los hombres. Las autoras del libro sobre sexo y género en la elección presidencial de 2016 (*Sex and Gender in the 2016 Presidential Election*) demostraron que mientras una mayoría de hombres no tiene en buen concepto a las mujeres que buscan el poder, 30% de las mujeres también sienten animadversión hacia ellas.[49] Un estudio de 2019, titulado «Prejuicio contra mujeres líderes: ideas a partir de un planteamiento de preguntas indirectas» («Prejudice Against Women Leaders: Insights from an Indirect Questioning Approach»), llevado a cabo en Heinrich-Heine-University de Alemania, evaluó a 1 529 participantes. Cuando se les preguntó abiertamente, los investigadores encontraron que 10% de las mujeres y 36% de los hombres tenían puntos de vista prejuiciosos contra las mujeres con capacidad de liderazgo. Pero cuando se les aseguró que habría completa confidencialidad, esos números se elevaron a 28% en mujeres y 45% en hombres.[50] En estos estudios los investigadores no solo descubrieron que había mujeres que tenían prejuicios contra otras mujeres, sino que muchas veces no estaban conscientes de ello. A esta discrepancia entre la percepción de uno mismo y la realidad es a lo que los psicólogos llaman «sesgo implícito», «sesgo inconsciente» o «sesgo del punto ciego».[51] Como aseguraba el reporte de 2010 de la asociación estadounidense de mujeres universitarias (American Association of University Women) titulado *Why So Few? Women in Science, Technology, Engineering, and Mathematics* (¿Por qué tan pocas? Las mujeres en la ciencia, la tecnología, la ingeniería y las matemáticas), estos sesgos del punto ciego, que tienen tanto mujeres como hombres, son más difíciles de erradicar porque no estamos conscientes de tenerlos.[52]

¿Recuerdas el experimento de Catherine Nichols? Las mujeres que son agentes literarios preferían aplastantemente revisar el manuscrito de un nuevo escritor bajo un pseudónimo masculino. En 2012 un grupo de psicólogos de Yale evaluó a 127 profesores de ciencias, hombres y mujeres, para ver si tenían algún sesgo y les pidieron revisar una solicitud para un puesto como administrador de un laboratorio de ciencias.[53] Distribuyeron un *curriculum vitae* idéntico, algunas veces el solicitante tenía nombre de hombre y otras veces nombre de mujer. El solicitante hombre no solo fue considerado el más idóneo para el puesto, sino que se le consideró más contratable y merecedor de un salario mayor y asesoría. De manera sorprendente, tanto las mujeres como los hombres mostraron tener, en igual medida, el sesgo contra la mujer. Algunas veces las mujeres tienen incluso más prejuicios que los hombres contra las mujeres. En 2013 los investigadores de Harvard Mahzarin Banaji y Anthony Greenwald publicaron los resultados de una prueba llamada «Gender-Career Implicit Association Test» (prueba de asociación implícita de género y profesión), la cual exploró actitudes sobre las mujeres en el trabajo y la casa. Encontraron que 75% de los hombres tenían el estereotipo predecible en cuanto al lugar que corresponde a una mujer, pero 80% de las mujeres también lo tenían.[54]

El objetivo de esto no es intentar exonerar a los hombres y culpar en su lugar a las mujeres. Al contrario, los estudios mencionados muestran lo eficaces que han sido los hombres para arraigar el sesgo de forma subliminal. Históricamente, los hombres han controlado la mayoría de las cosas, incluyendo los discursos sobre género y sobre la genialidad. Si las mujeres de hoy tienden tanto como los hombres a creer que un líder capaz de cambiar las reglas debe ser un hombre blanco, alto y fuerte, con un portafolios en la mano, ¿a quién hay que culpar en realidad?

Lo que nos lleva a la pregunta de dónde se localiza la genialidad por género. ¿Hay en realidad alguna diferencia? ¿Tenía Charles Dickens en verdad más genio literario que Louisa May Alcott? Thomas Edison, que es famoso por su frase «la genialidad es 99% transpiración», ¿en verdad era más tenaz que Marie Curie, que trabajó durante años revolviendo tinajas de pecblenda en condiciones peligrosas? ¿Por qué es Edison quien porta el cartel de la perseverancia y no Curie? De hecho, el impresionante *bestseller* titulado *Grit: El poder de la pasión y la perseverancia* (2016) no menciona a Curie, ni trata de, ni tiene una entrada en el índice analítico de «mujeres y persistencia» ni de «mujeres y determinación». ¿Por qué se nos ha ocultado este hábito de la excelencia femenina? La historia demuestra que para convertirse en y ser reconocida como genio, una mujer ha necesitado una dosis extraordinaria de determinación.

La premio Nobel Toni Morrison lo sabía. Considera las condiciones en las que ella trabajaba cuando estaba en la cima creativa en comparación con las de Ernest Hemingway, su colega galardonado con el Premio Nobel, cuando él estaba en la suya. En 1965, Morrison era una madre soltera que vivía en una casa pequeña que rentaba en Queens, Nueva York, Estados Unidos. Se levantaba a las 4:00 a.m. para escribir, luego llevaba en auto a sus dos hijos a la escuela en Manhattan, donde trabajaba como editora en Random House, y los recogía cuando salía del trabajo para llevarlos a casa. Después de que acostaba a sus hijos, regresaba a trabajar. A Ernest Hemingway, por su parte, en 1931 sus adinerados suegros le cedieron el título de la casa más grande y elevada en la isla de Key West. Ahí pasaba las mañanas escribiendo en el estudio independiente anexo a la casa y en las tardes se dedicaba a pescar. En 2019 el diario *Guardian* publicó un artículo de Brigid Schulte y el título lo dice todo: «A Woman's Greatest Enemy? A Lack of Time to Herself». (¿El mayor enemigo de una mujer? La falta de tiempo para ella misma). Hacerse de tiempo para crear requiere una determinación adicional.[55]

¿Qué podría significar todo esto para los jefes y los esposos de las mujeres de hoy en día? Yo diría que deberían darles el mismo espacio, salario y tal vez, lo más importante, tiempo. ¿Qué podría significar esto para las parejas de padres preocupados por la felicidad y el futuro éxito de su descendencia? Bien, para empezar deberían dejar de vestir a sus hijas con la camiseta alguna vez muy popular que decía: «Soy demasiado bonita para hacer tarea, así que mi hermano la hace por mí». También deberían tener cuidado de no perpetuar los estereotipos de género de maneras más sutiles. Un artículo reciente del *New York Times*, titulado «Google, Tell Me. Is My Son a Genius?» (Google, dime: ¿mi hijo es un genio?), señalaba que los padres de hoy tienen 2.5 más probabilidades de preguntar en línea «¿Mi hijo es talentoso?» que «¿Mi hija es talentosa?», y de manera similar, 2 veces más probabilidades de preguntar «¿Mi hija tiene sobrepeso?» que de preguntarlo por un hijo.[56] Por tanto, la razón del prejuicio actual para la genialidad es aparentemente 2.5 a 1 contra las mujeres. El juego ha estado amañado durante mucho tiempo y continúa siéndolo porque es difícil descartar los sesgos culturales ocultos, inclusive para los padres modernos y progresistas.

Una estadística final que proviene, una vez más, del profesor decano Keith Simonton y su libro *Greatness: Who Makes History and Why* (Grandeza: Quién hace historia y por qué), postula que para cada mujer genio identificable, es posible nombrar a 10 hombres.[57] Si esto es cierto, sugeriría, en los términos más bruscos, que el empoderamiento de nueve de cada 20 mujeres con potencial para ser genios ha sido suprimido a causa del sesgo de género. Si estuvieras dirigiendo una empresa (llamémosle Compañía de Potencial Humano) y nueve de cada 20 genios que trabajan para ti estuvieran subempleados, ¿crees que estarías actuando de forma inteligente? ¿La estupidez en verdad debe, como sugería Einstein, durar para siempre?

Romper un hábito estúpido requiere acción y el primer paso es cultivar la conciencia. Entender que la razón por la que se desaprovecha a las «nueve genios» es el sesgo de género. Entender que la causa es la cultura y no la falta de dones genéticos. Entender que las mujeres tienen los mismos hábitos de genios que los hombres y tal vez una dosis extra de resiliencia. Piensa en las implicaciones de la manera en que les hablas a tus hijas sobre cosas como la tarea y el logro en comparación con la manera en que lo haces con tus hijos. Finalmente, si recomiendas solo un capítulo de este libro a tus amigos, colegas y miembros de tu familia, que sea este.

Capítulo 3

EVITA LA BURBUJA DEL PRODIGIO

En 2004, *60 Minutes* transmitió un segmento especial sobre Jay Greenberg, un compositor de 12 años de edad con habilidad extraordinaria. En el segmento en el que el joven Greenberg se sentó frente a una computadora para anotar la música que escuchaba, le dijo a Scott Pelley que había escrito cinco sinfonías que, de forma milagrosa, parecían haberle llegado como transmitidas por medio de su cabeza: «Simplemente la escucho como si fuera la ejecución limpia de un trabajo que ya está escrito, cuando no lo está». Samuel Zyman, un profesor de la afamada escuela de música Julliard, comentó durante un reportaje de seguimiento sobre Greenberg en CBS: «Estamos hablando de un prodigio del nivel de los más grandes prodigios en la historia en cuanto a composición se refiere. Estoy hablando de personajes como Mozart, Mendelssohn y Saint-Saëns». El virtuoso del violín, Joshua Bell, otro prodigio, pronto comisionó un concierto a Greenberg, que fue grabado por la Orquesta Sinfónica de Londres. Todos estuvieron de acuerdo en que Greenberg era un Mozart moderno.

Entra otro prodigio musical. En 2017, *60 Minutes* transmitió un reportaje especial sobre Alma Deutscher, otro prodigio musical inglés de 12 años a la que también comparó con Mozart.[1] Como Mozart, Deutscher podía nombrar todas las notas de la escala casi desde su nacimiento; a la edad de cuatro años ya componía y a los 12 ya había escrito una ópera para la ciudad de Viena.[2] De hecho, la ópera *Cinderella* suena muy parecida a la música de Mozart (se pueden escuchar fragmentos en YouTube). ¿Por qué se compara a Greenberg y a Deutscher y, de hecho, a casi todos los prodigios, con Mozart? Porque Mozart es el estándar de oro.

El 27 de enero de 1756, Leopold Mozart y su esposa, Anna Maria (Pertl de soltera), bautizaron a su hijo como Joannes Chrysostomus Wolfgangus Theophilus Mozart.[3] Más adelante en su vida Mozart abandonaría el Theophilus, derivado del griego, en favor del francés Amadé o el latín Amadeus (amado de Dios). Genéticamente esto parece haber sido cierto (Mozart había recibido dones musicales divinos). Era músico de cuarta generación, parte de un linaje que se extendió a cinco generaciones cuando sus dos hijos (ninguno de los cuales dejó progenie) siguieron sus pasos para convertirse en músicos.[4] Y fueron los Pertl y no los Mozart los que parecen haber transmitido los genes musicales. Mientras que su madre, Anna Maria, no participó en la creación de música de alto nivel en la casa familiar, su padre y el padre de su padre eran músicos de iglesia.[5] Leopold Mozart, por el otro lado, descendía de encuadernadores en Augsburg, Alemania, pero compensaba su carencia de dones musicales con ambiciones, de las que se dio cuenta que podía concretar por medio de Wolfgang, su hijo.

El joven Mozart parecía poseído por la música. De acuerdo con el testimonio de su hermana Maria Anna (apodada Nannerl), empezó a tocar el teclado a la edad de tres años y mostraba un placer especial cuando lograba elegir el sonido «dulce» del intervalo de una tercera (un tramo de tres teclas blancas en un piano con la tecla del centro omitida).[6] El niño no solo era un as del teclado, sino que era un violinista superdotado que parecía haber elegido el instrumento intuitivamente debido a que su memoria le permitía ver una nota en una partitura y recordar con precisión el punto correcto en el diapasón para generar ese tono. Lo mismo era cierto para el clavecín y el órgano, que empezó a tocar a la edad de seis años, aunque tenía que estar de pie al tocar para poder alcanzar los pedales. Mozart también tenía una memoria que registraba el sonido. A la edad de 14 años, por ejemplo, poco después de haber escuchado por primera vez una composición musical de dos minutos de duración (el «Miserere» de Gregorio Allegri), la escribió nota por nota. Tenía oído absoluto y una memoria eidética para los sonidos: el prodigio de Mozart lo tenía todo.

Con un talento como este a la mano, Leopold, su padre, fue el buldócer que llevó a Wolfgang y a su hermana mayor, Nannerl, a una gira de conciertos a las principales cortes de Europa. Los contactos de Leopold y sus modales refinados le abrieron paso para obtener una audiencia con la familia real y Wolfgang, el niño as, les entregó los bienes musicales. Dirigentes de Estado, músicos profesionales y aficionados por igual quedaron con la boca abierta ante los extraordinarios dones del niño. «Un prodigio de naturaleza y arte», lo llamó un ciudadano de Salzburgo.[7]

A GRANDES RASGOS, LA PALABRA «PRODIGIO» CONNOTA «UNA COSA SORPRENDENTE O MARAVILLOSA, ALGO FUERA DEL CURSO ORDINARIO DE LA NATURALEZA» y no está necesariamente ligada a la juventud.[8] Una tortuga de 140 kg en las Islas Galápagos es un prodigio de la naturaleza, como lo es un árbol secoya de 4 000 años de antigüedad de California. Sin embargo, hoy en día se entiende por lo común que un «prodigio» es una persona joven que posee talentos más allá de sus años, una persona joven con las capacidades de un adulto maduro. Picasso podía dibujar a los tres años; John Stuart Mill a los seis años escribió una historia de Roma; y Bill Gates, en un examen de matemáticas para alumnos desde segundo de secundaria hasta tercero de preparatoria en el estado de Washington, obtuvo la calificación más alta (estando en segundo de secundaria).[9] Para nosotros un talento como ese es inexplicable.

Como cultura nos fascina el niño prodigio. Considera el programa de televisión *Child Genius*, producido en cooperación con MENSA, y cuya premier fue en 2015 en la cadena Lifetime, donde mostraron a niños de 8 a 12 años compitiendo por el título de «Niño Genio» del año. En el programa los jóvenes contendientes (de quienes se decía que sus CI iban de 140 a 158) demostraban proezas extraordinarias de memoria y cálculo. Ryan era un prodigio en matemáticas que multiplicaba y dividía de forma instantánea números de cuatro dígitos, Katherine podía memorizar una secuencia con las 52 cartas de un juego de cartas. Otros podían recordar inmediatamente las velocidades de los vientos y las presiones barométricas en tormentas ocurridas en días en particular. El ganador se llevó a casa una beca escolar de 100 000 dólares.

Más recientemente, la cadena NBC ha intentado satisfacer nuestro apetito por prodigios con la serie *Genius Junior* (en programas de televisión de concursos, «genio» y «juventud» son sinónimos). Aquí no son concursos individuales, la competencia es entre equipos de tres preadolescentes para ganar hasta 400 000 dólares. Como en *Child Genius*, el desempeño excepcional que se mide es el relacionado con habilidades matemáticas, así como la capacidad para recordar lugares geográficos y deletrear palabras hacia atrás. Las habilidades de los jóvenes concursantes en ambos programas son muy impresionantes, pero su pericia se limita a ciertos campos, aquellos que comprenden cuantificación y memoria, las cuales pueden ser validadas de inmediato en la forma de una respuesta correcta. De hecho, por lo general, los prodigios primero se manifiestan en los dominios formales y en los que hay reglas, como el ajedrez, las matemáticas, la música y el procesamiento mnemotécnico. Pero ¿son realmente genios los concursantes de *Child Genius* y *Genius Junior*, como lo sugiere la palabra «genio»? No lo son. Son simplemente prodigios.

La diferencia es que los genios crean, cambian el mundo por medio del pensamiento original que altera las acciones y los valores de la sociedad. A diferencia de ellos, los prodigios imitan lo que ya hicieron otros. Son ejecutantes extraordinarios en edades tempranas. Sin embargo, no se destacan por ir a la vanguardia en su campo ni por cambiar la dirección de este. Aunque estos niños son precoces (de *precox*, una fruta que madura antes de tiempo), vienen con fecha de caducidad. Si para los 17 o 18 años de edad no han empezado a desarrollar una «voz» creativa personal, puede que nunca lo hagan.

Tomemos al violonchelista Yo-Yo Ma por ejemplo, que fue un niño prodigio. Aunque su excepcional ejecución nos da un gran placer hoy, Ma admite de buena gana que no es un genio.[10] No es compositor y no nos dejará nada más que interpretaciones de las obras de otros. Piensa en todos aquellos genios que llegan a la parte más productiva de su vida más tarde: entre ellos Van Gogh, Cézanne, Jackson Pollock, Antonín Dvorák, Giuseppe Verdi, Michael Faraday y Toni Morrison. Shakespeare no llegó al punto más alto de sus poderes creativos sino hasta la edad de 36 años,[11] una edad a la que Mozart ya había muerto. La genialidad de Darwin radicaba en su extraordinaria paciencia, no publicó su revolucionario *El origen de las especies* hasta que tenía 50 años. Algunos campos, en especial las ciencias observacionales, implican la percepción y medición a largo plazo. Hasta cierto grado, entonces, el prodigio «depende del campo». Los niños de 10 años de *Child Genius* y *Genius Junior* pueden ser ases de las matemáticas o de la ortografía, ellos y otros pueden también ser prodigios en música o ajedrez, pero no escriben novelas introspectivas. Sin embargo, Mozart tuvo la buena fortuna de estar dotado de forma natural en un campo (la música) en el que la capacidad excepcional se manifiesta temprano y, a diferencia de la mayoría de los prodigios, también con la inusual habilidad de crear.

Regresamos a los arrolladores Mozart. Ellos salieron de Salzburgo el 18 de septiembre de 1762 y regresaron triunfantes el 29 de noviembre de 1766: un viaje que les tomó cuatro años. Viajando con un estilo elevado (como «nobles», dijo Leopold), con dos sirvientes que los atendían, se desplazaban en su propio carruaje privado jalado a veces por seis caballos. Su itinerario siguió la ruta del dinero de los príncipes amantes de la música de Europa, y avanzaron por los centros más importantes de la corte al norte de los Alpes: Viena, Múnich, Fráncfort, Bruselas, Ámsterdam, París y Londres.

En todos lados Wolfgang encantaba a la realeza. En Viena, el Mozart de seis años se sentaba en las piernas de la emperatriz María Teresa, que le dio un espléndido conjunto de ropa, besó a una de las hijas de la emperatriz (la futura reina María Antonieta de Francia) y, emocionado, le propuso matrimonio. En Versalles, Mozart estuvo de pie junto al rey Luis XV en una cena de año nuevo y la reina consorte le dio de comer bocados en la mesa. Hasta qué punto los Mozart resultaron sobresalientemente atractivos en este momento en Francia es algo que puede apreciarse en una acuarela de Louis Carrogis de Carmontelle, que muestra a Leopold con violín y al pequeño Wolfgang frente al teclado, sentado en un banco del que apenas sobresalen sus piernas (Figura 3.1). De pie y cantando está Nannerl, su hermana. ¿Qué hay con ella? ¿También era una genio?

Figura 3.1: Acuarela de Louis Carrogis de Carmontelle realizada en París en 1763. En ella se puede ver a Mozart, de siete años, frente al teclado con Leopold, su padre, y Nannerl, su hermana. Nótese que los pies del pequeño niño apenas si descienden del banco (Museo Condé, Castillo de Chantilly).

Nannerl Mozart era definitivamente un prodigio. Un destacado intelectual de la Ilustración, Friedrich Melchior, Baron von Grimm, observó en 1763 que en el clavecín «nadie poseía una ejecución más brillante y precisa».[12] En 1766 una revista suiza reportó: «ella toca las piezas más difíciles de los grandes maestros con inigualable destreza y precisión».[13] Las primeras composiciones de Wolfgang Mozart fueron escritas en realidad en el cuaderno musical *de ella*. ¿Entonces, por qué nunca hemos oído de ella?

Nannerl era una ejecutante prodigiosa, pero no una creadora. Hoy no existe música con su nombre. No sobrevivió ninguna música que esté escrita con su letra y que haya sido atribuida a alguien más (y tenemos abundantes ejemplos de su letra por las múltiples cartas que escribió). En ninguna de sus cartas menciona que está componiendo o que tiene el deseo de componer. No hay informes que mencionen composiciones suyas. No hay nada. Es posible que Nannerl Mozart deseara ser compositora, pero las convenciones de la época le impedían convertirse en una. Tal vez tenía el don de la creatividad pero no tuvo la oportunidad. Dada toda la discriminación que las mujeres genio han enfrentado a lo largo de los siglos, esta interpretación parece plausible. De hecho, este es el argumento de la película ganadora de premios *Nannerl, la hermana de Mozart* (2010). Aunque en la película su historia es dramática, los documentos históricos la cuentan diferente. De hecho, Nannerl Mozart recibió los mismos estímulos, clases y materiales educativos que su hermano menor. En el caso de los hermanos Mozart, los resultados significativamente distintos no fueron producto de discriminación de género dentro de la familia sino, más bien, de la extraordinaria capacidad del niño para la creación de música original.

PARA CUANDO LOS MOZART LLEGARON A LONDRES EN 1764, WOLFGANG HABÍA ASUMIDO EL PAPEL DE JOVEN CREADOR Y LEOPOLD EL DE PROMOTOR PATERNO. Wolfgang, de ocho años, tocó el clavecín ante el rey Jorge III y la reina Charlotte en la Casa Buckingham (después

Palacio), y para asegurarse de que la familia real británica no los olvidaría pronto, Wolfgang le presentó a la reina Charlotte un recuerdo: seis sonatas para violín y teclado que había compuesto.

Cuando un prodigio crea algo extraordinario, existe la posibilidad de que un padre acostumbrado a rondar sobre su hijo pueda haber puesto de su cosecha. Ahora sabemos, por ejemplo, que la mano de Mark, el padre de Marla Olmstead, la niña prodigio de cuatro años también presentada en *60 Minutes* (en 2003), participó en la ejecución de las pinturas.[14] Pero Wolfgang Mozart no necesitaba la asistencia de su padre en Londres, por lo menos a juzgar por las memorias de Nannerl. En el verano de 1764, Leopold Mozart se enfermó y dejó que los dos niños se divirtieran solos en silencio.

> En Londres, donde nuestro padre yacía peligrosamente enfermo, se nos prohibió tocar algún piano. Y así, para ocuparse, Mozart compuso su primera sinfonía para todos los instrumentos de la orquesta (pero en especial para trompetas y timbales). Yo tuve que copiarla, sentada a su lado. Mientras él componía y yo copiaba, me dijo: ¡recuérdame darle al corno algo que valga la pena que haga![15]

Si fuera necesaria mayor prueba de originalidad, para cuando los Mozart regresaron a Salzburgo en 1766, Wolfgang, de ahora 10 años, había escrito casi 100 obras de este estilo por sí mismo, incluyendo 40 piezas para teclado, 16 sonatas para violín y por lo menos tres sinfonías. En sus años de preadolescente compuso una obra maestra transformadora, la Missa Solemnis, K. 139 (*Waisenhausmesse*) (1768), comisionada y estrenada ante la emperatriz Maria Teresa en Viena.

¿Y qué hay de nuestros prodigios modernos Jay Greenberg y Alma Deutscher que aparecieron en cbs? Aunque el gusto musical es personal, cualquiera que escuche la música de Alma Deutscher estaría de acuerdo en que es más retrospectiva que progresiva. Escucha su grabación de 2017 del Concierto para piano en mi bemol, disponible en YouTube. ¡Suena exactamente igual que Mozart! Detrás de él hay una persona joven de gran talento con un oído musical capaz de imitar y responder al estilo musical de su ídolo fallecido. Pero el trabajo de Deutscher apunta 225 años hacia atrás, como si un científico de hoy trabajara en el desarrollo de una vacuna contra la viruela. Si bien la música de la joven Deutscher es grata e impresionante, no es transformadora de ninguna manera. Tampoco lo es la música de Jay Greenberg. Ahora, a sus casi 30 años de edad, Greenberg se mudó con sus padres a Nueva Zelanda, donde continúa estudiando composición musical. Las noticias sobre él desaparecieron tan rápido como aparecieron. Resulta que lo interesante de Greenberg no fue cómo sonaba la música de su banda sonora, sino la edad en la que la creó. Aquí es pertinente recordar una vez más lo que dijo Samuel Johnson respecto a ver a un perro que camina con sus patas traseras, lo que impresiona no es el valor creativo del acto, sino el hecho de que pueda realizarse.

Marin Alsop, la conductora de la Sinfónica de Baltimore y la Orquesta Sinfónica Vienna Radio, conoce bien la música de Jay Greenberg; en 2006 ella grabó *Intelligent Life*, su poema musical, para su posterior distribución por Sony en un disco compacto. Recientemente tuve la oportunidad de preguntarle por qué no se había escuchado mucho de Greenberg en fecha reciente. «Si su música hubiera sido escrita por alguien de 40 años en lugar de un joven», dijo Alsop, «pocos habríamos puesto atención. Prometía, pero no tenía una voz distintiva; la voz artística es difícil de adquirir sin una crisis de vida».[16]

¿Por qué tan pocos prodigios se convierten en creadores? ¿Qué provoca o por lo menos precipita el surgimiento de un arte grandioso? ¿Qué impulsa al verdadero genio a disparar al blanco para el que los demás están ciegos? ¿Es una crisis de vida el evento precipitante del que surge una voz artística o una visión científica? ¿La independencia y la resiliencia se fraguan en el crisol de un trauma al inicio de la vida? Por supuesto, como dijo Yoko Ono: «Nadie debería alentar a los artistas a buscar la tragedia para poder convertirse en un buen artista».[17] Pero el número de genios que ha perdido a un padre, con mayor frecuencia a una madre, a una edad crítica es sorprendente: Miguel Ángel, Leonardo, Newton, Bach, Beethoven, Fiódor Dostoyevski, Tólstoi, William Wordsworth, Abraham Lincoln, Mary Shelley, Clara Schumann, James Clerck Maxwell, Curie, Charlotte y Emily Brontë, Virginia Woolf, Sylvia Plath, Paul McCartney y Oprah Winfrey. ¿Es «el genio el hijo del pesar», como dijo John Adams, el presidente de Estados Unidos? ¿El dolor genera una visión distinta del mundo? Lady Gaga lo sugirió cuando en una entrevista que le hizo el *Guardian* en 2009, dijo: «Yo creo que cuando tienes dificultades, tu arte llega a ser magnífico».[18] Una ocurrencia del genio poético Dylan Thomas puede ser relevante aquí: «Lo único peor que tener una niñez infeliz es tener una niñez demasiado feliz».[19]

En la primavera de 1778, Mozart era todo menos feliz. De hecho, la mayoría de los prodigios postadolescentes no lo son.[20] Para Mozart los seis meses que pasó en París (de abril a octubre de 1778) fueron los más tristes de su vida.[21] Su padre le había ordenado que se mudara a París para buscar trabajo.[22] El joven Mozart no había estado de acuerdo en dejar atrás a su primer amor serio (ella lo olvidó pronto). Para empeorar las cosas, padre Leopold envió a madre Anna María a acompañarlo a París como chaperona,[23] en donde contrajo tifus y sufrió una muerte lenta. Leopold culpó a su hijo acusándolo de no cuidarla bien. Finalmente, Mozart no pudo conseguir un trabajo digno de sus habilidades. Una vez que la juventud desaparece del prodigio, también lo hace el interés público. Como escribió en una carta el 31 de julio de 1778, «Lo que más me molesta es que estos estúpidos franceses parecen pensar que todavía tengo siete años, porque tenía esa edad cuando me vieron por primera vez»[24].

El Mozart de 22 años en París fracasó en forma miserable. Ahora estaba solo, tenía poco dinero, no tenía trabajo, ni novia, ni madre. Solo un padre que lo llenaba de reproches. Pero el colosal fracaso de Mozart resultó ser un momento definitorio en su vida. Había aprendido a confiar menos en la palabra de los demás y más en sus propios dones supremos. Reconoció que la vida podía continuar sin «papá» y sin nadie más que le ofreciera consejos constantes y aprobación. Lo más importante, había tenido la experiencia y había sobrevivido a una pérdida repentina y profunda, lo que de inmediato le dio a su música una nueva profundidad emocional, audible en la sonata para violín K. 304, la única pieza instrumental que escribió alguna vez en la desolada clave de mi menor. En enero de 1779, Mozart regresó a Salzburgo cojeando, pero menos de un año después se volvió a ir. Se alejó de su padre controlador y se fue a Viena, donde creó el 95% restante de las obras maestras por las que hoy es conocido. Mozart había escapado de la «burbuja del prodigio».

El padre-maestro-mentor de Mozart, Leopold Mozart, fue un guía magnífico, por lo menos al principio. Definitivamente aceleró el desarrollo profesional de Mozart al enseñarle al niño lo básico de su oficio y abrirle las puertas hacia los ricos y famosos, pero con el tiempo Leopold se convirtió en exceso de equipaje y tuvo que dejarlo atrás. Los mentores pueden enseñar a las personas jóvenes a establecer redes, ayudarles a conseguir un trabajo, y elogiarlos y darles aliento para que puedan subir en la escalera de la vida.[25] El objetivo es el éxito (y eso es lo que los padres desean para sus hijos). Los mentores enseñan el *statu quo* y cómo imitarlo, pero no cómo crear algo nuevo. ¿Qué padre-maestro-mentor dijo alguna vez: «Aléjate de mí tanto como necesites para encontrar las mejores oportunidades y establece una mente independiente e inquisitiva. Ve y toma decisiones atrevidas y no conformistas. Desarrolla una visión del mundo muy diferente de la mía»? Pero así es como se produce la genialidad creativa.

¿Albert Einstein tenía un mentor? No, él despreciaba a sus maestros y ellos a él. Cuando se graduó de la universidad a la edad de 21 años, había hecho enojar tanto a sus profesores que ninguno quería escribir una carta de recomendación para él. Pasó cuatro años (1901-1905) sin que se le considerara una persona empleable. ¿Pablo Picasso tuvo un mentor? Sí, uno que les cortaba las patas a las palomas, las clavaba en una pared y hacía que el joven Pablo las pintara para aprender su oficio. El padre de Picasso, José Ruiz, fue un mentor pero de ejemplos negativos, tanto que el avergonzado Pablo, alrededor de los 17 años de edad, comenzó a firmar sus cuadros con el apellido de su madre (Picasso) en vez del de su padre. Como el Picasso adulto después bromeaba, «Don José fue ejemplar por virtud de su ineptitud».[26]

La gran fama de unos cuantos prodigios (Mozart y Picasso, por ejemplo) nubla nuestro juicio. Sus vidas sugieren que el viaje de prodigio a genio es la norma y que ser un prodigio es una precondición necesaria para la condición de ser un genio. Pero la mayoría de los genios, como Einstein, cuando menos, tardaron en desarrollarse. La mayoría de los escritores creativos y artistas (las personas de los campos no basados en reglas) caen en la categoría de genios tardíos. También lo hace la mayoría de los líderes políticos (Lincoln, Martin Luther King, Gandhi y Angela Merkel, por ejemplo), que poseen la capacidad de la empatía. De los siete creadores más destacados del siglo XX estudiados por Howard Gardner en su libro *Mentes creativas. Una anatomía de la creatividad* (2013) (Freud, Einstein, Picasso, Stravinsky, Eliot, Graham y Gandhi), solo uno, Picasso, fue prodigio. Martha Graham no bailó sino hasta la edad de 20 años, la misma edad a la que T. S. Eliot se abocó a la poesía. Sigmund Freud cambió de interés varias veces y fue hasta los 40 años que se acercó al tema que lo llevaría a desarrollar el psicoanálisis. Einstein era un excelente alumno para los temas de ciencia, tecnología, ingeniería y matemáticas, pero como señaló el profesor Douglas Stone, mi colega de Yale y biógrafo de Einstein: «no fue un prodigio».[27]

¿Entonces por qué «Baby Einstein»? Porque hay una fuerte necesidad de designar a niños prodigio como maravillas cuyo vector ascendente podemos atar a nuestras propias esperanzas y ambiciones. Para satisfacerla, en 2001 la compañía Walt Disney comenzó a comercializar Baby Einstein (materiales educativos para niños) para cientos de miles de padres ansiosos y con aspiraciones alrededor del mundo. Bebés y niños pequeños vieron videos diseñados para mejorar sus habilidades verbales, introducir el concepto de números, mejorar su reconocimiento de colores y reforzar patrones geométricos simples como círculos, triángulos y cuadrados. Pronto a Baby Einstein se le unieron Baby Mozart, Baby Shakespeare, Baby Galileo y Baby Van Gogh. Aproximadamente al mismo tiempo apareció el llamado efecto Mozart: sus defensores decían que pasar tiempo escuchando a Mozart mejoraba las calificaciones de los alumnos en una prueba de CI y los hacía más inteligentes.[28] Zell Miller, el gobernador de Georgia, Estados Unidos, asignó un presupuesto de 105 000 dólares para brindar a cada niño nacido en su estado un disco compacto de la música de Mozart. ¿La expectativa a largo plazo? Que de prodigios crecieran genios. Al final, los productos resultaron decepcionantes. Ni el efecto Mozart ni Baby Einstein demostraron aumentar la inteligencia de los bebés ni su creatividad. La compañía Walt Disney emitió una disculpa y ofreció regresar 15.99 dólares por cada producto vendido. Un titular de 2009 del *New York Times* aconsejaba en tono de burla: «¿No hubo un Einstein en la cuna? ¡Obtenga un reembolso!»[29]

Las burbujas de genios muchas veces también llevan a resultados decepcionantes. Algunos prodigios se «queman» y abandonan su campo de actividad para siempre después de haber sido presionados severamente. Otros, que han sido encasillados por sus padres a una edad demasiado temprana, buscan una nueva pasión. «No hay nada en un capullo que te diga si va a ser una mariposa», dijo el arquitecto futurista Buckminster Fuller. Y otros más continúan utilizando sus habilidades especiales y se convierten en prominentes expertos en disciplinas no basadas en reglas como la psicología, la filosofía y la medicina.[30] Pero la mayoría, como Jay Greenberg, simplemente desaparece.

El problema con la burbuja del prodigio es que está llena de reforzamiento positivo no mitigado, adherencia a reglas estrictas, exigencia de perfección, atención a una sola actividad y madres y padres excesivamente atentos e incluso dominantes (los padres helicóptero modernos). En su libro *Off the Charts: The Hidden Lives and Lessons of American Child Prodigies* (2018) (Fuera de serie. Las vidas ocultas de los niños prodigio estadounidenses), Ann Hulbert describió docenas de prodigios, de los cuales solo uno no ha sido olvidado por completo. Concluye con una nota precautoria: «Con demasiada frecuencia al ceder al impulso de anunciar a jóvenes talentos se corre el riesgo de llenarles la cabeza de humo y crear en ellos grandes esperanzas que podrían resultar en una decepción».[31] Con frecuencia el prodigio es separado, aislado en lo social y atrofiado en lo intelectual, un prisionero voluntario en un ambiente sofocante.

Por lo tanto, si tú o tu hijo tienen como meta la inducción al Panteón del Genio, respira profundo y relájate: todavía hay suficiente tiempo para que lleguen ahí. Hasta entonces, en lugar de entrenar como un demonio en una sola disciplina dominada por reglas, intenta hacer lo que sugiero aquí y en capítulos posteriores. Trabaja para desarrollar independencia de pensamiento y acción, y la capacidad para lidiar con el fracaso (tal vez el enfoque de vida de que «todos pueden tener un trofeo» no es realista). Fija un programa de aprendizaje global en lugar de una especialización estrecha y, lo más importante, establece como meta el desarrollar la habilidad para aprender solo en vez de con mentores. Los padres no deben olvidar la importancia de la socialización como modo de construir empatía y capacidad de liderazgo. Los prodigios vienen de pocas maneras. Los genios vienen de muchas. Ahora sería momento de romper el hábito de unir el prodigio con la genialidad, la mayoría de los genios nunca fueron prodigios y la mayoría de los prodigios nunca se convierten en genios.

Capítulo 4

IMAGINA EL MUNDO COMO LO HACE UN NIÑO

La tarde del 1 de junio de 1816 la lluvia y los rayos azotaron la Villa Diodati en la costa sur del lago Geneva.[1] Un grupo de expatriados británicos y genios en ciernes se habían reunido para cenar e, inspirados por la tormenta, asumieron un desafío: cada uno escribiría una historia de fantasmas. Los invitados de Lord Byron, el anfitrión, incluían a Percy Bysshe Shelley, su amante, Mary Godwin (después Shelley), su media hermana, Jane y el doctor John Polidori. Todos tenían bastante menos de 30 años de edad. Byron, el genio romántico prototípico, tenía una reputación de ser apasionado, rebelde, centrado en sí mismo y brillante. «Loco, malo y peligroso de conocer» fue como Lady Caroline Lamb lo caracterizó (después de todo, Byron había tenido un amorío con su media hermana). Percy Shelley estaba en el proceso de publicar y abrirse camino hacia el olimpo de los grandes de la poesía, hoy conocidos como románticos ingleses. Polidori después escribiría el relato «El vampiro» y con ello colocaría a Drácula en el mapa literario. Pero de los ilustres asistentes, la que ha tenido el impacto más duradero en la psique de Occidente y la cultura popular es Mary Godwin Shelley. Esa noche empezó a imaginar los primeros tics de *Frankenstein*. Solo tenía 18 años.

Con *Frankenstein* o *el moderno Prometeo*, Mary Shelley ayudó a crear un nuevo género literario, la novela gótica de horror, una combinación de lo fantasmagórico y lo asesino, cuya progenie después incluiría otras obras influyentes, como *Nuestra Señora de París*, *Dr. Jekyll y Mr. Hyde* y *El fantasma de la ópera*. No obstante, el impacto de *Frankenstein* en la cultura actual tiene menos relación con la novela de Shelley y más con las numerosas películas derivadas de ella, incluyendo el *Frankenstein* de 1910 de la Edison Manufacturing Company, y la definitiva de 1931 con Boris Karloff desempeñando el papel principal.[2] Pero el monstruo que llegó a la cultura popular difiere significativamente del Frankenstein original de Shelley.

En la actualidad los científicos vuelven a poner atención en el mensaje original de Mary Shelly: cuidado con la ley de las consecuencias imprevistas.[3] En la segunda parte de la novela de Shelley, el doctor Victor Frankenstein pronuncia las siguientes palabras al haberse calentado con las brasas de un fuego y luego haberse quemado con ellas: «¡Qué extraño, pensé, que la misma causa produzca efectos tan opuestos!».[4] Frankenstein fue un genio creativo que tuvo la intención de hacer avanzar el conocimiento humano. También lo fueron Marie Curie, Albert Einstein, James Watson y Francis Crick. El dilema moral de Frankenstein (la necesidad de sopesar los pros y los contras del descubrimiento científico e imponer estándares éticos) predijo los dilemas similares que enfrentarían los descendientes del mundo real de Frankenstein en cuanto a la energía atómica, el calentamiento global y la edición genética.

¿CÓMO ES QUE UNA ADOLESCENTE SIN EDUCACIÓN FORMAL Y QUE AÚN NO HABÍA PUBLICADO NADA BRINDÓ UNA LECCIÓN MORAL PARA LA POSTERIDAD ENVUELTA EN UNA HISTORIA TERRORÍFICA? ¿Cómo alguien procedente de un hogar aparentemente estable de clase media alta llega a percibir el lado oscuro, «los misteriosos temores de nuestra naturaleza»? ¿Y por qué, a pesar de los esfuerzos de sus posteriores novelas, Mary Shelley nunca pudo duplicar el éxito que logró a los diecinueve años? La respuesta tiene que ver con la imaginación del niño y la realidad del adulto.

Ningún genio es una isla, ninguna idea nace *ex nihilo*. Como una niña de un ambiente de clase media alta, Mary Godwin pasaba mucho tiempo leyendo, sabía todo del experimento de Benjamin Franklin con la cometa y asistía a clases públicas de Química y Electricidad, además de a las conferencias de Luigi Galvani sobre su descubrimiento de la electricidad animal. También fue rebelde y a los 16 se fugó con Percy Shelley a Europa. Descendiendo por el río Rin, los dos jóvenes impresionables pasaron a 30 km del Castillo de Frankenstein y es posible que ahí escucharan las populares historias de eventos atemorizantes que ocurrieron en las cercanías. Definitivamente fue de esta experiencia que ella derivó el nombre de su personaje. Pero ninguna de estas influencias externas puede dar cuenta de la impresionante originalidad de *Frankenstein*.

En cambio, debemos mirar a la propia Mary Shelley. En la introducción a la edición de 1831 de *Frankenstein*, la autora respondió a la petición de algunos de sus lectores que le pedían explicar «Cómo a mí, que entonces era una muchacha joven, se me ocurrió una idea tan repugnante y cómo pude continuar desarrollándola». Como respuesta, dijo: «De niña yo hacía garabatos y mi pasatiempo favorito durante las horas de recreo era "escribir historias"... pero yo no estaba confinada en mi propia identidad y podía poblar las horas con creaciones que a esa edad me parecían mucho más interesantes que mis propias sensaciones». Al parecer se deleitaba formando «castillos en el aire» e «incidentes imaginarios».[5]

La joven Mary era una escritora con experiencia, pero solo en su propia imaginación. Unas cuantas tardes después de esa famosa noche oscura y tormentosa cerca de Geneva, se enteró de una discusión entre Byron y Shelley sobre la galvanización y los experimentos con electricidad de Erasmus Darwin (un abuelo de Charles). Después se fue a la cama, pero no durmió, en vez de dormir se quedó cautiva en su imaginación, en lo que llamó «un sueño de vigilia».

> Cuando puse mi cabeza en la almohada, no me dormí, pero tampoco podía decirse que estaba pensando. Mi imaginación, espontánea, me poseyó y me guio; me regaló las imágenes sucesivas que surgieron en mi mente con una viveza más allá de los límites comunes del sueño. Vi (con los ojos cerrados, pero con una visión mental aguda) al pálido estudiante [Frankenstein] de sacrílegas ciencias arrodillado junto a la cosa que había construido. Vi al horrendo fantasma de un hombre [la criatura] recostado y luego, con el accionar de una máquina poderosa, que mostraba signos de vida y se movía con una difícil y disminuida moción vital... Duerme; pero se despierta de pronto; abre los ojos y mira la cosa horrenda de pie al lado de su cama, abriendo sus cortinas y mirándolo con ojos amarillos, humedecidos pero especuladores.
>
> Abrí los míos aterrorizada. La idea poseyó mi mente de tal manera que un estremecimiento de temor recorrió mi cuerpo y deseé cambiar la desgraciada representación de mi imaginación por la realidad circundante. Todavía lo veía... Me estaba costando trabajo deshacerme de mi repugnante fantasma, me seguía persiguiendo. Debo intentar pensar en otra cosa. ¡Recurrí a mi historia de fantasmas, mi aburrida y desafortunada historia de fantasmas!

> ¡Ah! ¡Si solo pudiera idear una que asustara a mi lector igual que yo me asusté esa noche!
>
> La idea que me asaltó fue esperanzadora y rápida como la luz. «¡Lo encontré! Lo que me aterrorizó a mí, aterrorizará a los demás; y solo necesito describir el espectro que apareció en mi almohada a la media noche».

La alquimia de algunos recuerdos de infancia, una discusión reciente, terrores nocturnos infantiles y una imaginación sorprendentemente vívida obraron para producir la más poderosa novela de terror y fábula moralista de la historia literaria. Lo que comenzó como un desafío progresó hacia un relato y luego, en el curso de 10 meses, se convirtió en una novela entera. *Frankenstein* fue publicado el día de año nuevo de 1818, con un tiraje inicial de 500 ejemplares, y en general fue recibido con una crítica favorable. Nada menos que una figura como Sir Walter Scott comentó sobre el «genio original» del autor.[6] La primera edición de *Frankenstein* fue publicada de manera anónima, con un prefacio escrito por Percy Shelley. Muchos críticos asumieron que una «genialidad así de original» solo podía provenir de la mente de un hombre y, por lo tanto, atribuyeron la novela a Percy. Mary Shelley no recibió el crédito como autora sino hasta la publicación de la segunda edición del libro, en 1823.

Adelantémonos rápidamente hasta 1990. Una joven mujer imaginativa, Joanne Rowling, abordó un tren en Mánchester, Inglaterra, con dirección a Londres. La forma en que ella describió la experiencia es como sigue:

> Yo estaba... ahí sentada, sin pensar en nada que tuviera relación con la escritura y la idea me llegó de la nada y... Pude ver a Harry claramente: este pequeño niño escuálido, y fue una ráfaga de lo más física de excitación. Nunca había sentido tanta ex-

> citación por nada que tuviera que ver con escribir. Nunca había tenido una idea que me provocara una respuesta física como esa. Así que me puse a hurgar dentro de mi bolsa para intentar encontrar una pluma o un lápiz, o cualquier cosa con la que pudiera escribir. No traía ni un delineador, así que tuve que permanecer sentada y pensar, durante cuatro horas (porque el tren estaba demorado) en las cuales todas estas ideas me burbujearon en la cabeza.[7]

Lo que siguió fue un viaje de cinco años entre imaginar la historia de Harry Potter y el término del primer libro, y no fueron años fáciles para Rowling. Se mudó a Porto, Portugal, y de ahí a Edimburgo, Escocia, donde, como madre soltera de una hija pequeña, vivió de las prestaciones sociales. «No exageremos aquí, no pretendamos que tuve que escribir en servilletas porque no podíamos costear el papel», ha dicho. Pero sí vivía con la prestación de un cheque de 70 libras esterlinas (aproximadamente 2600 pesos) a la semana, y a veces escribía en su departamento de una habitación, aunque la mayoría de las veces lo hacía en un café cercano llamado Nicolson's. Con el tiempo, «después de un gran número de rechazos» encontró editorial para publicar *Harry Potter y la piedra filosofal*: Bloomsbury Press, en Londres. Barry Cunningham, su editor en Bloomsbury, recordó en una entrevista para la BBC en 2001 que aunque Rowling había escrito solo un libro, había imaginado la esencia del proyecto completo. «Y luego me contó sobre Harry Potter (toda la serie completa)... me di cuenta, por supuesto, de que sabía exactamente sobre este mundo y adónde iba, a quién incluiría y cómo se desarrollaría el personaje, lo que por supuesto era fascinante porque no suele ocurrir».[8]

Rowling, de 24 años de edad, podía imaginar inmensas madejas de un mundo de fantasía poblado por jóvenes héroes y heroínas. Lo que imaginó se convirtió en uno de los grandes éxitos en la historia de la industria editorial, y no solo generó libros sino también películas, una obra de teatro, un musical de Broadway y dos parques temáticos fantásticos, ambos llamados «The Wizarding World of Harry Potter» (El mundo mágico de Harry Potter). La relación entre las mujeres genio Mary Shelley y J. K. Rowling consiste en que ambas eran jóvenes e imaginativas, y ambas le tenían miedo a cosas que hacían ruido en la noche.

¿A QUÉ EDAD SE DA CUENTA UN NIÑO DE QUE LOS MONSTRUOS DE SUS SUEÑOS O DE LAS PELÍCULAS Y LOS LIBROS NO SON REALES? ¿El imperativo adulto para «crecer» alienta la pérdida de la imaginación creativa? Ni Mary Shelley ni Joanne Rowling más tarde sobrepasaron el poder imaginativo que cada una había desplegado a las edades de 18 y 24 años respectivamente. El rapero Kanye West hablaba exactamente de esto en su sencillo de 2010 «Power». Empezó por referirse a la «pureza y honestidad» de la «creatividad de los niños» y luego continuó con estas líneas: «Reality is catching up with me/Taking my inner child» (La realidad me está alcanzando/y se está llevando a mi niño interior).

Pablo Picasso inicialmente perdió la custodia de su niño interior y tuvo que trabajar para recuperarlo. «Cada niño es un artista», dijo. «El problema es continuar siendo artista al crecer».[9] Picasso afirmaba que de niño era prematuramente hábil para dibujar casi como un adulto. De hecho, antes de los 14 años podía crear obras maestras realistas. «Cuando era niño, podía pintar como Rafael», dijo, «pero me tomó toda una vida pintar como niño». De forma atípica, la obra de infancia de Picasso no fue del estilo ingenuo y juguetón. El juego creativo le había sido negado por José Ruiz, su mentor-maestro-padre, quien había obligado a su dotado niño a crear arte grandioso copiando a los maestros canónicos en lugar de permitir que su imaginación fluyera con libertad. «Nunca tuve una experiencia en la niñez que no fuera un miserable esfuerzo por intentar ser un adulto», dijo Picasso.[10] «Lo que uno puede considerar un genio temprano es en realidad la genialidad de la niñez. Es posible que ese niño algún día se convierta en artista, pero tendrá que empezar otra vez desde el principio. Yo no tenía este genio, por ejemplo. Mis primeros dibujos no podían haber sido exhibidos en una exposición de trabajos infantiles. Estas pinturas carecían de la cualidad infantil o de ingenuidad... En la juventud yo pintaba de manera bastante académica, tan literal y precisa que hoy me impresiona».[11]

Parece que Picasso destruyó casi toda su obra de la infancia. Como diría después, tuvo que saltarse su niñez artística pero de forma gradual se impuso a sí mismo la imaginación infantil que le brindó un catalizador para su posterior innovación creativa. Críticos como Gertrude Stein encontraron en las primeras obras cubistas de Picasso (1907) intentos por ver y dibujar como lo hacen los niños, reduciendo el arte a las fuerzas elementales de la línea, el espacio y el color.[12] Después, alrededor del año 1920, cuando Picasso entró a su periodo neoclásico, pintó figuras con miembros, manos y pies grandes, caricaturescos. Picasso atribuyó ese estilo a un sueño recurrente de su infancia: «Cuando era niño, muchas veces tenía un sueño que me asustaba mucho. Soñaba que mis piernas y mis brazos crecían hasta un tamaño enorme y luego se encogían la misma magnitud en la otra dirección. Y en mi sueño me veía rodeado por otras personas a las que les ocurrían las mismas transformaciones, se hacían inmensamente grandes o muy pequeñas. Me angustiaba mucho cada vez que soñaba eso».[13] Como Picasso dijo con su típica agudeza de oxímoron: «Toma mucho tiempo hacerse joven».

MARY SHELLEY, JOANNE ROWLING Y PABLO PICASSO FUERON VISIONARIOS QUE ATINARON A BLANCOS OCULTOS. Grabadas en las palabras «visionario» e «imaginación» están «visión» e «imagen». Picasso veía en imágenes. Rowling vio una narrativa asistida por imágenes; Shelley tuvo una visión que expresó con palabras. Albert Einstein también veía cosas.

De acuerdo con su propio testimonio, Einstein tenía «mala memoria para palabras y textos». En lugar de ver el mundo físico en símbolos abstractos y fórmulas como hace la mayoría de los físicos, él literalmente lo veía gracias a su muy buena memoria para las imágenes y objetos animados imaginarios. «Yo casi nunca pienso en palabras», dijo. «Un pensamiento llega y es posible que intente expresarlo en palabras después».[14]

En su autobiografía, Einstein intentó explicar el complejo proceso en que operaba su imaginación. Para Einstein, una secuencia de «imágenes de memoria» (*Erinnerungsbilder*) formaba una «herramienta de trabajo», o «idea», que después podía ser expresada en fórmulas matemáticas o con palabras. «Yo pienso que la transición de la libre asociación o "ensoñación" a pensar se caracteriza por el papel más o menos preeminente de la idea. No es indispensable que una idea esté atada a un signo sensorialmente cognoscible y que se pueda reproducir (palabra); pero cuando este es el caso, entonces el pensar se convierte en algo que puede ser comunicado».[15] En un inicio, Einstein dijo que este modo de pensamiento gráfico era un «libre juego con ideas» y después simplemente «juego» (*Spiel*).

Del juego mental de Einstein con imágenes surgieron sus famosos experimentos del pensamiento. Uno surgió a la edad de 16 años, cuando, según recordó, «Hice mis primeros experimentos más bien infantiles sobre el pensamiento que tuvieron una relevancia directa en la Teoría Especial [de la relatividad]».[16] ¿Cómo se vería el mundo si fuera posible asirse a un rayo de luz y viajar a su velocidad? Varios años después, como un hombre joven caminando de su departamento a su trabajo en la oficina de patentes en Berna, Suiza, Einstein pasaba a diario junto a la famosa torre del reloj de esa ciudad. ¿Cuál sería el resultado, se preguntaba, de que un tranvía se alejara de ella a la velocidad de la luz? (El reloj parecería haberse detenido, pero un reloj en el tranvía continuaría funcionando, un argumento pertinente una vez más para su Teoría de la Relatividad Especial). Después, más o menos a los 26 años, Einstein imaginó que una persona y otras cosas caían de un edificio al mismo tiempo; si la persona fijaba su vista en esas cosas, ¿percibiría que estaban cayendo? (No, las vería como si todas estuvieran en reposo). Después, cuando Einstein tuvo a sus propios hijos, intentó explicarles el mundo utilizando una manera infantil de ver las cosas. Así expresó a su hijo más pequeño, Eduard, su gran idea de que la gravedad era la curvatura de la tela del espacio-tiempo (Relatividad General) con estas palabras: «Cuando un escarabajo ciego se arrastra sobre la superficie de una rama curva, no nota que el camino que recorrió en realidad es curvo. Yo tuve la suerte de darme cuenta de lo que el escarabajo no se dio cuenta».[17]

Einstein podía imaginar el mundo como un niño mientras sin perder de vista la información científica pertinente. J. Robert Oppenheimer, el «padre de la bomba atómica», decía de Einstein: «Siempre había en él una pureza poderosa que al mismo tiempo era infantil y profundamente terca».[18] Einstein citaba con frecuencia la conexión entre la creatividad y la mente infantil. En 1921, en una carta que le escribió a una amiga, Adriana Enriques, dijo: «La búsqueda de la verdad y la belleza es una esfera de actividad en la que se nos permite permanecer como niños toda nuestra vida».[19] Por último, hacia el final de su vida, lo expresó de esta forma: «Nunca dejamos de ser como niños curiosos frente al gran misterio en el que nacimos».[20]

The Magic Kingdom, The Wizarding World of Harry Potter, Adventureland, son mundos de fantasía adonde los padres llevan a sus hijos para intensificar y tal vez estimular la capacidad de asombro de sus hijos y la de ellos mismos. Como lo imaginó J. M. Barrie, el autor de Peter Pan, Einstein era el niño que se rehusaba a crecer, vivía en Londres pero muchas veces volaba al mundo fantástico de Nunca Jamás. Michael Jackson modeló su vida inspirado en la de Peter Pan y él también eligió no crecer. (El lado oscuro del mundo de Jackson fue explorado en el documental de 2019 *Leaving Neverland* [Saliendo de Nunca Jamás], que se enfocó en el abuso sexual de dos niños por parte del artista). Como Jackson le dijo alguna vez a la actriz Jane

Fonda: «Sabes, en todas las paredes de mi cuarto hay fotos de Peter Pan. Yo me identifico por completo con él, el niño perdido de Nunca-Nunca Jamás».[21]

Por coincidencia, cuando en 1983 Michael Jackson vio por primera vez la propiedad que se convertiría en el Neverland Ranch (el Rancho de Nunca Jamás), estaba en compañía de Paul McCartney. Ambos colaboraban en un video musical, y al final Jackson compraría los derechos de la letra de 251 canciones de los Beatles. En términos de dinero ganado con la comercialización de música pop o clásica (un barómetro de influencia musical), los Beatles están en el primer lugar; Michael Jackson en el tercero. Jackson escribió sus mejores éxitos musicales antes de la edad de 23 años, nada de lo que hizo después llegó al éxito musical o comercial de su álbum *Thriller* de 1982. McCartney, que se podría afirmar que era la principal voz creativa detrás de los Beatles (aunque algunos creen que era John Lennon), tuvo su etapa más creativa entre los 17 y los 27 años, antes y durante la etapa en que el grupo tuvo éxito. Después, sin importar cuánto se esforzara, ninguna de las canciones que escribió igualó el impacto de sus primeras canciones.

«El secreto de la genialidad es conservar el espíritu del niño hasta la edad avanzada», dijo el novelista Aldous Huxley.[22] Walt Disney (1901-1966) hizo exactamente eso y de ese modo transformó el mundo del entretenimiento. «No hago películas ante todo para niños, las hago para el niño que está en todos nosotros, tengamos seis o sesenta años».[23] El argumento de una película de Disney es invariablemente un cuento de hadas o una aventura imaginaria. Además de crear megaéxitos como *Blanca Nieves y los siete enanos* (1937), *Pinocho* (1940), *Fantasía* (1940), *Dumbo* (1941), *Cenicienta* (1945), *La isla del tesoro* (1950), *Alicia en el país de las maravillas* (1951), *Robin Hood* (1952), *Peter Pan* (1953), *La dama y el vagabundo* (1955), *La bella durmiente* (1959) y *Mary Poppins* (1964), Disney creó programas de televisión orientados a niños como *Disney's Wonderful World* (El mundo maravilloso de Disney) y *El Club de*

Mickey Mouse, construyó Disneylandia e inició Disney World y Epcot Center. ¿Qué niño en Occidente en los últimos 50 años no ha jugado con Mickey, Mimí, Donald, Pluto o Tribilín? Y todo comenzó con un personaje amigable con los niños, llamado Mickey Mouse.

«Saltó de mi imaginación hacia un bloc de dibujo hace 20 años en un viaje en tren de Manhattan a Hollywood», recordó Disney en 1948.[24] Después, en televisión, en dibujos animados o en películas, era el mismo Disney quien siempre le daba voz al pequeño Mickey y, de hecho, habitaba el papel. De niño, mientras crecía en Missouri, Disney vivía cerca de las vías del tren de Atkinson, Topeka y Santa Fe, y estaba fascinado con ellas. En 1949 tenía un ferrocarril a escala 1:4 construido en su patio trasero en Los Ángeles, en el que él y sus amigos podían jugar y, cuando construyó Disneylandia, empleó un ferrocarril a escala 1:2 para unir sus cuatro reinos: Adventureland, Fantasyland, Tomorrowland y Neverland. A Disney le gustaba preguntar: «¿Por qué tenemos que crecer?».

Mozart nunca lo hizo. Como dijo su hermana Nannerl, en 1792: «Aparte de su música, él siempre fue un niño, nunca dejó de serlo».[25] Uno de los indicadores externos de que Mozart fue un niño eterno es que nunca, durante toda su vida, dejó de usar el lenguaje escatológico. Los niños no entienden por completo o eligen ignorar las reglas de la gramática y la sintaxis, pero con el tiempo, junto con eso, tienen que aprender a no usar términos considerados inapropiados en los temas de conversación. La carta que se transcribe a continuación la escribió Mozart a una prima suya a los 21 años de edad y es solo un ejemplo de la forma en que hablaba. En ella se encuentran por lo menos 100 expresiones del lenguaje al que nos referimos provenientes de la boca de nuestro genio.

> Bueno, te deseo una buena noche, pero primero haz popó en tu cama y hazla explotar. Duerme profundamente, mi amor, en tu boca tu culo meterás…

> ¡Ah, mi culo arde como fuego! ¿Qué diablos significa? ¡Tal vez quiere salir algo de porquería? Ay, sí, porquería, lo sé, mira y huele... y... ¿qué es eso? (¿Será posible... ¡Dioses!) ¿Puedo creerle a esos oídos míos? De hecho sí, así es: ¡qué larga nota melancólica![26]

Y después están los cánones musicales de Mozart como el latino «Difficile lectu mihi mars et jonicu», que si se escuchara como lo traduciría un homónimo políglota vienés, lo que diría es: «Lech du mich in Arch et Cunjoni» (en español, «lame mi culo y bolas»). Nos saltaremos el canon «ca-ca, ca-ca, po-po, po-po» y otros más.

¡Qué infantil todo este lenguaje escatológico! Pero recuerda que los comediantes (Robin Williams, George Carlin, Richard Pryor, Mort Sahl, Lenny Bruce, Dave Chappelle, Sarah Silverman, Chris Rock, Amy Schumer y tantos otros) fueron y son igualmente obscenos. Nota cómo tales cómicos invariablemente empiezan sus rutinas con una avalancha de obscenidades (a menos que los censuren en la televisión en vivo). Su meta es llamar la atención no solo hacia ellos mismos por su comportamiento de «niño malo», sino al proceso creativo, como si dijeran: «Con estas palabras disruptivas deseo invitarte a un nuevo mundo en el que no hay barreras para la expresión completa. Ahora es el momento de decir cosas de las que antes no podíamos hablar».

Los chistes de Mozart y sus despliegues escatológicos ocurrían sobre todo de noche, cuando estaba relajado, haciéndose el tonto y creando nuevas conexiones de manera juguetona e inconscientemente infantil. Su excesiva obscenidad era solo un signo de que se había ido a la «Tierra de la creatividad». Robin Williams, el genio cómico, con sus soldados de juguete, sus mundos simulados y su coprolalia muchas veces viajaba hacia allá. Otro cómico, John Cleese (*Monty Python's Flying Circus y Fawlty Towers*), en 1991 dijo lo siguiente sobre los estallidos creativos «inapropiados»: «Tienes que arriesgarte a decir cosas que son tontas, ilógicas y equivocadas, y saber que mientras estás siendo creativo, no hay nada malo, no existe el error, y cualquier babosada puede conducir al descubrimiento».[27]

De los amigos imaginarios pueden surgir cosas buenas. A los seis años la pintora Frida Kahlo escapaba una y otra vez por la ventana con una niñita «más o menos de mi edad» con la que se reía y bailaba.[28] Charles Dodgson (Lewis Carroll) imaginó a Alicia retozando con un conejo imaginario en *Alicia en el país de las maravillas*. Mozart también tenía un mundo imaginario y amigos imaginarios. Él llamaba a su propio reino de la infancia el Reino de Atrás, que estaba lleno de ciudadanos que procedían de su imaginación.[29] En 1787 él y sus amigos reales iban en camino a Praga para la premier de su ópera *Don Giovanni*. Para pasar el tiempo, Mozart inventó apodos para su esposa, sus amigos, su sirviente e incluso su mascota, que era un perro. Él era Punkitititi, ella, Schaba Pumfa, el sirviente, Sagadarata y el perro, Schamanuzky.[30] Después, Mozart pobló su ópera *La flauta mágica* con personajes imaginarios similares, como Papageno y Papagena. Cuando Mozart creó su mundo imaginario de camino a Praga, no tenía ni cuatro ni seis años, ¡sino 31! Cuando creó el reino infantil de *La flauta mágica* en 1791, solo le quedaban unos cuantos meses de vida.

En la Genius Gala de 2015 que se llevó a cabo en el Liberty Science Center en Nueva Jersey, Jeff Bezos, de Amazon, explicó la creatividad juvenil con estas palabras: «Tienes que tener cierta habilidad infantil para que tu pericia no te atrape; porque cuando eres experto es increíblemente difícil de mantener esa mirada fresca, esa mente de principiante. Pero los grandes inventores siempre están mirando, tienen cierto divino descontento. Pueden haber visto algo mil veces y de todas formas se les ocurre que esa cosa, aunque estén acostumbrados a ella, puede mejorarse».[31] Para alentar «la mente de principiante», las compañías de tecnología, como Amazon, Apple y Google, han construido sus propias «zonas de creatividad». Amazon tiene un nido de aves acondicionado con wifi en una «casa del árbol», Pixar tiene cabañas de madera y cuevas que sirven como salas de juntas, y Google tiene una cancha de volibol de playa y un dinosaurio cubierto de flamencos rosas. De hecho, el Liberty Science Center mismo no es un museo de ciencia y tecnología, sino más bien un espacio de juego gigantesco en el que puedes cavar para buscar huesos de dinosaurios, construir una ciudad de Lego, explorar para encontrar el camino para salir de una selva basada en Disney o diseñar una cueva con bloques de esponja. Los niños también son bienvenidos.

«Todos los niños nacen con la bendición de una imaginación vívida», dijo Walt Disney. «Pero así como un músculo se vuelve flácido por la falta de uso, la brillante imaginación de un niño palidece en años posteriores si deja de ejercitarla». ¿Pero por qué la capacidad imaginativa del espíritu humano palidece cuando se pasa de la niñez a la edad adulta, del mundo de la imaginación al de la realidad adulta, como sugiere Kanye West? Conforme crecemos, tenemos que hacernos responsables de nuestra propia supervivencia en términos reales; de poner comida en la mesa y todo lo demás. Muchos animales despliegan flexibilidad lúdica durante la infancia, pero después, cuando llegan a la edad adulta, siguen los patrones programados con rigidez. Lo que nos salva es la neotenia.

Neotenia es un término acuñado por los biólogos evolutivos para explicar la capacidad humana de perpetuar las características juveniles, como la curiosidad, el juego y la imaginación, en la vida adulta.[32] En un artículo de 1979 publicado en *Natural History* y titulado «A Biological Homage to Mickey Mouse» (Un homenaje biológico a Mickey Mouse), Stephen Jay Gould, de Harvard, observó que «Los humanos somos neoténicos. Hemos evolucionado conservando hasta la edad adulta las características juveniles de nuestros ancestros... Tenemos periodos de gestación muy largos, infancias notoriamente extendidas y el lapso de vida más largo de cualquier mamífero. Las características morfológicas de la eterna juventud nos han funcionado muy bien».[33] Una de las cosas que nos hace humanos es una imaginación infantil que nos hace preguntarnos «qué tal si». Gracias a ella hemos llevado a cabo nuestros descubrimientos e innovaciones en el arte, la ciencia y la organización social. Es ella la que nos permite ver el mundo del futuro. Como el eterno niño, Albert Einstein, dijo en 1929: «Soy suficientemente artista para recurrir con libertad a mi imaginación. La imaginación es más importante que el conocimiento. El conocimiento es limitado. La imaginación rodea el mundo».[34] Aunque le debemos el progreso humano a la neotenia, este término especializado no es familiar para muchos de nosotros y, en definitiva, tampoco para el corrector ortográfico. Neotenia: la retención de rasgos juveniles en los adultos humanos, un hábito de preservación de la especie tan profundamente arraigado que está oculto casi por completo.

En resumen, ¿qué podemos concluir de esta incursión en las mentes de los genios que son como niños a lo largo de los siglos? Que lo menos útil que podemos decirle a nuestros niños, así como a nosotros mismos, es «¡Crece!». Los cuentos que se leen a los niños antes de dormir, en los que hay genios y hadas madrinas, juguetes y títeres, fuertes de árboles y casas de muñecas; las vacaciones, los campamentos fuera de la escuela y de la casa y los amigos imaginarios; y para los adultos los espacios de juego y trabajo, los retiros creativos, las horas de diversión y las órdenes de «ir a jugar con esta idea»: son todas cosas que nos permiten conservar o recuperar nuestra mente creativa. El poeta Charles Baudelaire atinó cuando, en 1863, afirmó: «La genialidad solo es la recuperación voluntaria de la infancia».[35]

Capítulo 5

DESARROLLA CODICIA POR APRENDER

La reina Isabel I (1533-1603) de Inglaterra tenía la educación tradicional más refinada que se podía conseguir con el dinero del rey. Aunque su padre, Enrique VIII, había enviado a Ana Bolena y a sus subsecuentes esposas al patíbulo, asignó a sus seis hijos los mejores tutores privados, a sabiendas de que un día alguno de ellos, incluyendo a una niña, podría gobernar. Isabel, su hija más joven, recibió una educación clásica que era típica de un príncipe humanista del Renacimiento, pero demasiado extraña para una mujer de la época. Isabel no solo estudió historia, filosofía y literatura antigua, sino que también leyó a los primeros padres de la Iglesia, el Nuevo Testamento griego y los escritos latinos de los teólogos de la Reforma. Su tutor, don Roger Ascham, de Oxford, se refirió como sigue a su pupila estrella, Isabel, cuando apenas tenía 17 años: «La constitución de su mente está exenta de la debilidad femenina

[!], y está dotada de un poder masculino de aplicación. Nadie puede captar los nuevos conocimientos más rápido que ella, ni nadie tiene una memoria más retentiva. Habla con fluidez, decencia y juicio francés e italiano, igual que inglés y latín; con frecuencia también habló griego conmigo, por voluntad propia y moderadamente bien».[1]

Pero la educación de Isabel no cesó cuando su tutoría con Ascham terminó; incluso después de convertirse en reina en 1558, Isabel continuó siendo autodidacta durante toda su vida. Como una vez le escribió a su madrastra, la reina Katherine Parr: «El ingenio de un hombre o mujer se apaga y deja de ser apto para hacer o entender cualquier cosa a la perfección, a menos que siempre se mantenga ocupado en alguna forma de estudio».[2] Habiendo establecido tres horas de lectura diaria como estándar, Isabel pudo recordarle al Parlamento el 29 de marzo de 1585: «Debo dar esto por verdadero: que supongo que pocos (que no sean profesores) han leído más».[3] Su contemporáneo, William Camden, dijo: «Informaba la mente con los documentos e instrucciones más acertados, y a diario estudiaba y se aplicaba en buenas cartas, no para la pompa, sino para practicar el amor y la virtud, en tanto que era un milagro del aprendizaje entre los príncipes de su tiempo».[4]

De hecho, Isabel era un milagro del aprendizaje. Pero ¿cuál fue el bien práctico que obtuvo de haber aprendido tanto? El aprendizaje le dio poder. Como se entiende a partir de la famosa declaración que se le atribuye a Francis Bacon, uno de los cortesanos de Isabel, quien tal vez con ella en la mente, dijo: «El conocimiento es poder». La erudita Isabel había obtenido un estatus social igual o superior al del cuerpo diplomático masculino entero de su época. La fluidez con la que hablaba latín, francés e italiano le permitía conversar con los enviados extranjeros (y entenderles cuando hablaban entre sí), así como leer cartas provenientes del extranjero sin tener que recurrir a intérpretes. Cuando, en 1597, un embajador polaco intentó eclipsar a la reina hablando en latín, ella lo calló, emitiendo una arenga improvisada por completo en esa lengua. Después le dio la espalda al desafortunado emisario y les dijo a sus cortesanos con falsa humildad: «Mis señores, este día he sido obligada a buscar en mi oxidado y viejo latín».[5]

Habiendo adquirido poder y autoridad por medio del aprendizaje, Isabel no tenía intenciones de renunciar a él. Como lema personal, eligió la sentencia en latín *Video et taceo* («Veo todo y no digo nada»). La capacidad de Isabel para guardar para sí la mayoría de las cosas que le rondaban en la cabeza y de decir lo menos posible ante el público le dio ventaja en todo lo relacionado con la política. Compara la perspectiva de Isabel con la de Boris Johnson y Donald Trump, el actual jefe del gobierno británico y el expresidente estadounidense, que se pasaba los días disparando a todo volumen sus tuits impulsivos. Gracias a que sabía todo pero se lo callaba, Isabel pudo gobernar durante 44 años, el reinado de más larga duración de cualquier monarca inglés en esa época, y durante el cual sentó las bases del Imperio británico. Su periodo de reinado fue tan relevante que le dio su nombre a una época entera, la época isabelina. Tener un control juicioso sobre todo lo que tenía en la cabeza le permitió a Isabel, la reina genio, mantener unida a su nación y en el curso deseado.

Llámalo codicia por el aprendizaje, pasión por el saber o una curiosidad poderosa: todas estas cosas impulsan a lo mismo y todos las tenemos, aunque en diversos grados. Aunque es invisible e inconmensurable, la curiosidad es una parte esencial de la personalidad de cada persona y está indisolublemente interrelacionada con otros rasgos personales; en particular con la pasión. Para los genios, más que para el resto de las personas, el deseo de entender es equiparable a una comezón. Las grandes mentes se irritan cuando se encuentran con un problema misterioso y desean encontrarle solución. «Sienten un "divino descontento"», como Jeff Bezos lo llamó, entre lo que es y lo que podría ser; y actúan. Marie Curie, como veremos, tuvo el impulso de resolver el misterio de la radiación en la pecblenda. Albert Einstein se sintió impulsado por el misterio de la aguja de la brújula que no se movía. Ignaz Semmelweiss (1818-1865) tenía curiosidad por una discrepancia en las tasas de mortalidad en un hospital de maternidad de Viena y descubrió las virtudes de lavarse las manos. Las personas curiosas quieren convertir una comodidad en una incomodidad; consideran que lo que ven no corresponde con lo que saben y se sienten impulsados a reconciliar esa diferencia.

Con distintos grados de frecuencia e intensidad, todos queremos saber lo que no sabemos. Los expertos de la psicología de la educación y la mercadotecnia intentan capitalizar este profundamente arraigado deseo humano. Sigmund Freud, cuando buscaba hongos con sus hijos, al encontrar un espécimen de primera, no exclamaba: «¡Miren, ahí está!» En lugar de ello lo cubría con su sombrero y dejaba que los niños lo descubrieran por sí mismos. Freud intuía lo que psicólogos más recientes demostraron en un estudio realizado en 2006: «Cuando les pedían que recordaran la información que habían aprendido, los sujetos recordaban mucho mejor los temas acerca de los cuales habían expresado sorpresa». Los niños recuerdan más las cosas que descubren por sí mismos.[6] Tal vez el mejor camino para aprender no es que nos enseñen, sino dejarnos guiar por la curiosidad.

De Leonardo da Vinci suele decirse que es «el hombre más implacablemente curioso de la historia».[7] Esa tal vez es una hipérbole, pero en verdad Leonardo cuestionaba mucho, tanto a otros como a sí mismo. Consideremos, por ejemplo, la siguiente lista de tareas para hacer en un solo día que escribió cuando estaba en Milán, alrededor de 1495.[8]

- Calcular el área de Milán y sus suburbios.
- Buscar un libro que describa a Milán y sus iglesias, que deberían tener en la papelería de camino a Cordusio.

- Descubrir la medida de la Corte Veccia [el viejo patio del palacio del duque].
- Pedirle al maestro de aritmética [Luca Pacioli] que me muestre cómo cuadrar un triángulo.
- Preguntarle a Benedetto Portinari [un mercader florentino que pasaba por Milán] cómo patinan en hielo en Flandes.
- Dibujar Milán.
- Preguntarle al maestro Antonio cómo se colocan los morteros en los bastiones de día o de noche.
- Examinar la ballesta del maestro Gianetto.
- Encontrar un maestro de hidráulica y lograr que me diga cómo reparar un cerrojo, canal y molino a la manera lombarda.
- Pedir al maestro Giovanni Francese que me hable de la medición del sol como me lo prometió.

Las preguntas de Leonardo se extienden a muchos campos: planificación urbana, hidráulica, dibujo, tiro con arco y artes militares, astronomía, matemáticas e incluso patinaje en hielo. ¿Cuántos de estos temas había estudiado en la escuela? Ninguno, porque Leonardo era hijo ilegítimo y, por lo tanto, no se le permitía ingresar al único sistema de educación formal disponible en ese tiempo, el de la Iglesia católica romana. No había recibido instrucción ni en latín ni en griego, las lenguas que se aprendían en esa época, por lo que alguna vez se consideró a sí mismo: «*un uomo senza lettere*»[9] (un hombre iletrado). Así, Leonardo pertenece al primero de dos tipos de individuos curiosos: el de aquellos que aprenden de manera experimental, al contrario de aquellos que aprenden de forma indirecta, leyendo. En otras palabras, al de quienes hacen o descubren, en vez de al de los que leen sobre lo que otros han hecho o descubierto.

Leonardo era un hacedor. Pintaba, por supuesto, pero también se fue a las montañas a examinar las rocas, los fósiles y las marismas, y a ver las alas y los hábitos de vuelo de las libélulas. Desarmó máquinas para descubrir cómo funcionaban y desmembró humanos con el mismo fin. Registró todos sus descubrimientos en aproximadamente 13 000 páginas de notas y dibujos.

¿Qué hacía que Leonardo fuera tan curioso? Entre los intentos más tempranos por explicar su curiosidad había una teoría desarrollada en 1910 por el genio Sigmund Freud. Por extraño que parezca hoy, Freud atribuyó la curiosidad de Leonardo al hecho de que, como al parecer era homosexual, había tenido que «sublimar su libido en la necesidad de conocer».[10] Freud creía haber visto evidencia física de la homosexualidad de Leonardo en las caras andróginas que el artista representaba en algunos de sus dibujos, de modo más notable, en su *San Juan Bautista* (Figura 5.1), así como en su letra.

Muchos genios a lo largo de la historia han sido zurdos[11] y Leonardo puede haber sido el zurdo más famoso de todos, pero además tenía otra rareza en su libreto: escribía casi todo al revés. Por supuesto, hay una explicación simple para ello: las personas zurdas necesitan escribir al revés (de derecha a izquierda) para evitar que su mano embarre la tinta al pasar por encima de ella.

Pero Freud vio más que una explicación práctica: para él el hecho de que Leonardo dibujara al revés era una señal de «comportamiento reservado», un signo de su sexualidad reprimida en una sociedad cerrada. Leonardo usaba esa escritura codificada para mantener su privacidad, para que sus pensamientos y deseos fueran un enigma. La conclusión de Freud fue: «La libido sublimada refuerza la curiosidad y el impulso poderoso de investigación... La investigación se convierte hasta cierto punto en compulsiva y sustitutiva de la actividad sexual».[12] En pocas palabras: la curiosidad se puede manifestar como sustituto del sexo.

Aunque todo esto podría parecer muy descabellado, el mismo Leonardo afirmó en su *Codex Atlanticus*: «La pasión intelectual expulsa a la sensualidad».[13] ¿Es la pasión homosexual realmente un estímulo de la curiosidad y a fin de cuentas de la creatividad, como sugiere Freud? No, de acuerdo con un reporte de 2013 publicado en *The International Journal of Psychological Studies* que resumió las investigaciones recientes sobre el tema en estos términos: «Los hallazgos actuales fueron compatibles con estudios previos acerca de que los homosexuales no son mi más ni menos creativos».[14] Aunque las experiencias de vida de los individuos homosexuales pueden abrir nuevas perspectivas privilegiadas sobre la otredad, al parecer estos no tienen ni más ni menos probabilidades que los heterosexuales de ser curiosos (y de convertirse en genios creadores).

Figura 5.1: La cara de San Juan Bautista (1513-1516), de Leonardo: ¿masculina o femenina? (Museo de Louvre, París).

PARA CREAR SUS FAMOSAS PINTURAS, INCLUYENDO LA *Mona Lisa*, el inquisitivo Leonardo parece haber dado un paso atrás para preguntarse: «¿Qué es lo que estoy pintando y cómo funciona este organismo vivo?» Estas preguntas no las resolvía levantando un pincel para pintar, sino un cuchillo para cortar. Para satisfacer su curiosidad sobre la anatomía Leonardo disecaba cadáveres de cerdos, perros, caballos y bueyes, y también de humanos (entre ellos incluso el de un niño de dos años).

La disección de humanos hoy o en cualquier época requiere valor (una combinación de pasión y tolerancia al riesgo). Y a Leonardo le sobraba valor, como señaló Vasari, su temprano biógrafo, en varios lugares de su libro *La vida de los más excelentes arquitectos, pintores y escultores* (1550).[15] Para empezar, ¿en dónde conseguía los cadáveres de humanos? Cómo hizo las disecciones en una época en la que las autoridades de la Iglesia todavía consideraban que estas eran herejía. Leonardo no reveló explícitamente sus fuentes, aunque sabemos que una por lo menos provino del hospital de Santa Maria Novella, en Florencia.[16]

Una vez que Leonardo había obtenido los cuerpos, las cosas se ponían más difíciles, pues para poder quitarles las capas de piel y levantar los tendones los tejidos debían tener cierto grado de firmeza e integridad, lo que era casi imposible por el clima de Milán y Florencia, que puede ser muy cálido. Sin refrigeración ni aire acondicionado, los tejidos se degeneran y se aproximan a la forma líquida. Las disecciones de Leonardo parecen haber sido hechas bajo el secreto de la noche, como sugiere a sus lectores al decir estas palabras:

> Pero aunque uno esté poseído por un interés en el tema, puede verse disuadido por la repugnancia natural y, si esto no lo disuade, entonces tal vez lo haga el miedo de pasar la noche en compañía de estos cuerpos, descuartizados y despellejados, y horribles a la vista; y si esto tampoco lo disuade, entonces tal

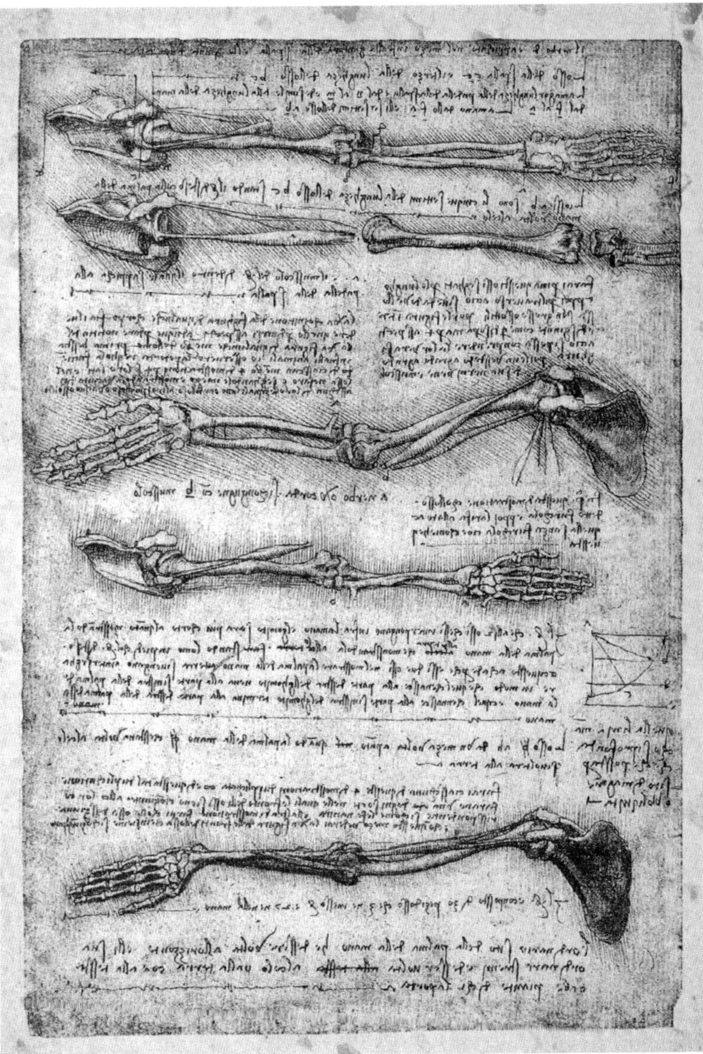

Figura 5.2: El dibujo de Leonardo de los huesos, músculos y tendones de la mano, el brazo y el hombro. El texto está escrito al revés en un italiano hermosamente claro (Royal Collection Trust, Castillo de Windsor).

> vez le falte la destreza para dibujar, esencial para la representación; e incluso si posee esta destreza, puede que no esté combinada con un conocimiento de la perspectiva, pero incluso si lo está, puede que no se esté versado en los métodos de la demostración geométrica o en el método para estimar el vigor y la fortaleza de los músculos, o tal vez le falte a uno paciencia y, por lo tanto, no trabaje con diligencia.[17]

Y luego habría estado el hedor. Pero a Leonardo no lo disuadió la tarea en cuestión. ¿Acaso siquiera se dio cuenta? Posiblemente no, porque Vasari reporta que una vez, como broma, Leonardo pegó a un escudo los cadáveres de varias criaturas feroces cuya pestilencia pronto llegó hasta los altos cielos, fetidez que pasó inadvertida para el creador.

Esto genera la pregunta: Cuando un genio está en las alturas de la investigación apasionada, ¿nota la incomodidad? Miguel Ángel no se quejó de su destino aunque pasó 16 horas al día, durante cuatro años, en «agonía», estirado hacia arriba pintando los frescos del techo de la Capilla Sixtina, en el Vaticano. Isaac Newton no parece haberse quejado cuando se metió, a un lado de uno de sus globos oculares, una aguja grande sin filo, y lo movió para determinar si esto afectaba la forma en que percibía color. Nikola Tesla siguió adelante aunque más de una vez se electrocutó con descargas eléctricas de alto voltaje. ¿El fuego de la curiosidad creativa aleja el dolor?

Leonardo fue perseverante a pesar de las dificultades, ¿y qué aprendió como resultado de sus múltiples disecciones?, nada menos que la estructura de la anatomía humana como se entiende en términos modernos. Fue el primero en identificar la condición que ahora llamamos arteriosclerosis. Fue el primero en darse cuenta de que la visión se debe al proceso de dispersión de la luz en la retina completa, no en un solo punto del ojo. Fue el primero en descubrir que el corazón tiene cuatro cavidades, no dos. Y fue el primero en demostrar que la sangre que se arremolina en vórtices en la base de la aorta obliga a la válvula aórtica a cerrarse (algo que no se verificó en revistas médicas sino hasta 1968).[18] Y así sucede. Con el tiempo, 450 años después de su muerte, la ciencia médica alcanzó al genio de Leonardo con la llegada de máquinas para realizar tomografías axiales computarizadas (TAC) y resonancias magnéticas (RM) que pueden ver dentro del cuerpo sin tener que cortarlo. Pero incluso hoy en día algunos médicos prefieren utilizar copias de los dibujos a mano de Leonardo (Figura 5.2) en lugar de las imágenes generadas por computadora de los libros de texto médicos, pues consideran que el sombreado a rayas de Leonardo revela con mayor claridad el proceso de funcionamiento en el interior del cuerpo.[19] Leonardo pudo pintar los músculos de la cara de la Mona Lisa gracias a la curiosidad,[20] pero esta también lo llevó a hacer descubrimientos mucho más allá del mundo del arte.

Cuando Leonardo exhaló su último aliento, a la edad de 67 años, dejó como legado menos de 25 pinturas terminadas.[21] En contraste, dejó abundantes y voluminosas notas, así como 100 000 bocetos y dibujos preliminares. ¿Por qué el que se podría decir que es el más grande artista de todos los tiempos dejó tan pocas pinturas? Porque en cuanto descifraba cómo hacer algo, su curiosidad lo llevaba a dejar ese proyecto y comenzar el siguiente. Le interesaba más aprender algo nuevo que terminar los proyectos que tenía avanzados.

La mayoría de las personas no disecamos animales ni desviamos corrientes de agua, como hizo Leonardo, para satisfacer nuestra curiosidad. Casi todos aprendemos indirectamente, leyendo, lo cual por lo general hacemos por tres razones: 1) para adquirir información que nos pueda llevar al conocimiento, sabiduría, autoridad y poder; 2) para expandir nuestras experiencias de vida y con ello darnos una idea del comportamiento humano sin tener que arriesgar nuestras emociones en el proceso; y 3) para encontrar modelos que podamos seguir y convertir en la base de nuestra propia brújula moral.

Una mujer genio que cambió la vida de millones de personas es Oprah Winfrey. Como reportera de televisión y anfitriona de programas de entrevistas, su curiosidad y su deseo de aprender quedaron ampliamente demostradas en las 37 000 entrevistas que realizó, así como en su club de lectura Oprah's Book Club, gracias al cual muchas personas que no habían tomado un libro desde la preparatoria volvieron a leer, igual que la audiencia de sus programas de televisión, en quienes tuvo el mismo impacto. De niña, Winfrey tuvo que luchar para aprender. «No eres nada más que un ratón de biblioteca», recuerda que le gritaba su madre mientras le quitaba un libro de las manos. «¡Vete de aquí! Crees que eres mejor que los demás niños. ¡Y no te voy a llevar a ninguna biblioteca!»[22]

Tataranieta de un esclavo, Winfrey fue hija de una joven madre soltera; con su madre, se mudó de casa en casa, fue agredida sexualmente en su niñez y en su temprana adolescencia, y a los catorce años tuvo un hijo fuera del matrimonio. «Regresé a la escuela después de que el bebé murió», recuerda, «pensando que había recibido una segunda oportunidad en la vida. Me lancé sobre los libros, sobre todo a los que trataban de mujeres con problemas, como Helen Keller y Anna Frank. Leí también sobre Eleanor Roosevelt».[23]

Winfrey se elevó de la pobreza para convertirse en una magnate de los medios y en la primera mujer afroestadounidense multimillonaria. ¿Cómo lo hizo? Trabajando continuamente para mejorarse y mejorar a los demás por medio de la lectura. Toni Morrison, la premio Nobel, dijo sobre Winfrey: «Raras veces he visto una casa con tantos libros (toda clase de libros, manipulados y leídos). Es una lectora genuina, los tiene para leerlos, no solo como decoración. Es una lectora carnívora».[24] En 2017, Winfrey habló de la importancia de la lectura y la educación, pero nunca mencionó haber aprendido cosas en el contexto de la escuela o la universidad. «Es importante porque te abre la puerta a la vida real, y no puedes atravesar esta vida sin ella y tener éxito. Porque te abre la puerta al descubrimiento, la maravilla y la fascinación, y te lleva a descubrir quién eres, por qué estás aquí y qué has venido a hacer. Es una invitación a la vida, y te alimenta para siempre».[25]

IGUAL QUE OPRAH WINFREY, BENJAMIN FRANKLIN FUE UN APRENDIZ TODA SU VIDA, tanto lector como hacedor. En su autobiografía (1771), Franklin confesó que nació bibliófilo: «Desde mi infancia me gustaba apasionadamente la lectura, así que el poco dinero que llegaba a mis manos se me iba en comprar libros. Me gustaban mucho los que trataban de viajes. Mi primera adquisición fueron las obras de Bunyan en volúmenes pequeños, separados».[26] En 1727, Franklin formó el Junto Club, un grupo de 12 tenderos que se reunían los viernes para discutir temas de moralidad, filosofía y ciencia. Con el tiempo Franklin acumuló 4 276 libros, una de las bibliotecas más grandes, públicas o privadas que hubo en las colonias americanas.[27]

El progreso del peregrino, de John Bunyan, *Ensayo sobre los proyectos*, de Daniel Defoe y *Vidas paralelas*, de Plutarco, fueron los primeros compañeros de Franklin. Después, «avergonzado por mi ignorancia sobre figuras que no había logrado aprender cuando estaba en la escuela», trabajó toda la aritmética de *Cocker's Arithmetick* (primera edición, Londres, 1677) y aprendió por sí mismo un poco de geometría como ayuda para la navegación astronómica. Para hacerse un hombre del mundo, Franklin aprendió a hablar francés e italiano, y aprendió a leer español y latín. Encontró tiempo para tal mejoramiento personal sobre todo los días domingo, cuando decidió que las horas que dedicaba a la tradicional devoción cristiana «en la común asistencia a la devoción pública», estarían mejor empleadas si las dedicaba al aprendizaje solitario.[28] Un genio de épocas posteriores, Bill Gates, dijo casi lo mismo en 1997: «Solo en términos de distribución de recursos temporales, la religión no es muy eficiente. Hay mucho más que yo podría estar haciendo en una mañana de domingo».[29]

A los 42 años de edad, Ben Franklin se retiró de su profesión de editor de periódicos y revistas en las colonias americanas para perseguir otros intereses. Su meta ahora era satisfacer su insaciable curiosidad científica. ¿Por qué un agudo de violín podía romper un vidrio? ¿Por qué la electricidad atraviesa el agua pero no la madera? Preguntas como esas después cayeron bajo el encabezado de la filosofía natural, lo que hoy llamamos física. (El término «científico» no fue acuñado sino hasta 1833). «Cuando me separé de los negocios privados, me congratulaba yo mismo por haber acumulado una fortuna moderada pero suficiente para poder dedicar el resto de mi vida a mis estudios filosóficos solo por placer y entretenimiento».[30] No importó que solo supiera las matemáticas de un comerciante y no supiera física. Una vez más, el curioso Ben aprendería por sí mismo lo que necesitaba.

Lo que despertó la curiosidad de Franklin en la electricidad fue un evento serendípico. En 1746 un conferenciante viajero llamado Archibald Spencer, de Edimburgo, llegó a Filadelfia y demostró los efectos de la electricidad estática.[31] Intrigado, Franklin le compró los aparatos que producían electricidad y de inmediato empezó a leer sobre esta y a hacer experimentos con ella, más que nada por diversión. Al respecto comentó lo siguiente: «Nunca antes me había involucrado tanto en un estudio como para que absorbiera toda mi atención y mi tiempo como lo ha hecho esto últimamente, pues cuando estoy solo me la paso haciendo experimentos, los cuales repito para mis amigos y conocidos, que constantemente vienen en multitudes a verlos».[32] En uno de estos experimentos frente a una multitud, Franklin pretendía matar (y cocinar) un pavo para Navidad, electrocutándolo. En la emoción del momento olvidó ponerse sus zapatos con aislante y casi se electrocutó él mismo.[33]

Entre 1746 y 1750, Franklin dejó de hacer trucos de salón y empezó a investigar la electricidad. En 1752 tuvo la audacia de volar una cometa en una tormenta eléctrica. Cuando cayó un rayo en la cometa, el cordel condujo la carga hacia abajo, hasta un juego de llaves que tintinearon como lo harían si estuvieran conectadas a una carga que emanaba de una batería de una botella de Leyden en el suelo. Ese fue un asunto peligroso: de hecho, al año siguiente el físico alemán Georg Wilhelm Richmann se electrocutó cuando intentó replicar el experimento de Franklin.[34] Pero Franklin había comprobado que el rayo en el cielo y la electricidad en la tierra en realidad son una misma cosa, que los rayos se mueven de la tierra a la nube con tanta intensidad como del cielo a la tierra, y que la electricidad no es ni un éter ni un fluido, sino una fuerza que, como la gravedad, permea toda la naturaleza. Como reconocimiento a sus trabajos de investigación, Yale y Harvard no solo le otorgaron doctorados *honoris causa*, sino el equivalente en el siglo XVIII al Premio Nobel de Física: la Medalla Copley de la Real Sociedad (de Londres). Inquisitivo hasta el final y todavía más, Franklin le escribió a un amigo en 1786 que había tenido bastantes experiencias sobre su mundo, pero que ahora «sentía una creciente curiosidad por ver el otro».[35] Cuatro años después su deseo se cumplió.

El científico inventor Nikola Tesla (1856-1943) también estaba ávido de aprender sobre electricidad. Los resultados de sus búsquedas lo llevaron a la adopción universal de la corriente alterna, el sistema en uso hasta hoy en día, así como el motor de inducción, un aparato que se sigue utilizando para dar energía a una gran parte del mundo. Epónimo honorario del productor de autos Tesla, fue un visionario que previó la calefacción solar, los rayos X, la radio y la máquina de resonancia magnética, los robots y drones, los teléfonos celulares e internet. Tesla escribió en su autobiografía que él, como Franklin, desde sus días más tempranos fue un apasionado bibliófilo.

> Mi padre tenía una gran biblioteca y yo, cada vez que podía, trataba de satisfacer mi pasión por leer. Él no me lo permitía y montaba en cólera cuando

Figura 5.3: Nikola Tesla en su laboratorio en Colorado Springs, 1899 (Francesco Bianchetti, Corbis).

> me sorprendía en el acto. Cuando descubrió que yo estaba leyendo en secreto, escondió las velas: no quería que arruinara mis ojos. Pero conseguí sebo, hice el pabilo y lo puse en una lata que usé como molde, allí fundí las barras para darles forma de velas, de esa manera, después de tapar la cerradura y todas las rendijas de la puerta, podía leer todas las noches, muchas veces hasta el amanecer.[36]

Además de estudiar física, matemáticas e ingeniería eléctrica, básicamente por sí mismo, Tesla se deleitaba estudiando filosofía y literatura. Decía haber leído todos los volúmenes de

Voltaire, así como haberse aprendido de memoria el *Fausto* de Goethe y varias épicas serbias, proezas posibles gracias a su memoria fotográfica.

Si una imagen vale más que mil palabras, por lo menos todas esas podrían escribirse sobre la fotografía que aparece aquí (Figura 5.3). En esta se ve a Nikola Tesla en su laboratorio en 1899, vestido impecablemente, con cuello almidonado y zapatos boleados. En sus manos sostiene un libro, un ejemplar de la *Theoria philosophiae naturalis* (1758) de Rogerio Boscovich.[37] Tesla lee sin prestar atención a los remolinos de electricidad que se disparan a su alrededor. Creó estas «descargas electrostáticas», como les llamó, con las «bobinas de Tesla» armadas en un laboratorio especialmente construido en Colorado Springs, EE. UU.[38]

La meta última de Tesla era crear un nuevo «sistema mundial» eléctrico que además de transportar electricidad también pudiera transmitir información y entretenimiento de todo tipo alrededor del globo (noticias, cotizaciones bursátiles, música y llamadas telefónicas), de manera instantánea e inalámbrica. No es necesario decir que los experimentos que hizo con explosiones de electricidad de alto voltaje en su laboratorio eran peligrosos.[39] La fotografía que vemos aquí en realidad fue «modificada con Photoshop» por Tesla, que superpuso una imagen de ondas eléctricas a una fotografía simple en la que él estaba sentado. Lo que hizo fue un acto de promoción personal con la intención de impresionar a posibles inversionistas y al público en general. En medio de la tormenta está la imagen que Tesla deseaba proyectar de sí mismo: la de un genio leyendo tranquilamente.

ELON MUSK, EL GENIO MODERNO Y ACTUAL DIRECTOR GENERAL DE TESLA (el nombre no lo eligió Musk sino el fundador de la compañía), también ha sido un lector voraz desde la infancia. El joven Musk, la fuerza que impulsa a una empresa de automóviles eléctricos, así como a SolarCity, Hyperloop y SpaceX, siempre ha tenido un libro en la mano. Su hermano Kimbal dijo: «No era extraño que leyera 10 horas al día. Los fines de semana podía leer dos libros en un día». El mismo Musk cuenta que, cuando tenía alrededor de 10 años de edad «ya había leído todos los libros de la biblioteca de la escuela [en Pretoria, Sudáfrica] y de la biblioteca del vecindario. Esto fue como en tercero o cuarto año de primaria. Intenté convencer al bibliotecario de que pidiera libros para mí. Mientras tanto empecé a leer la *Encyclopaedia Britannica*. Fue muy útil. Antes de eso no sabía qué era lo que ignoraba. Te das cuenta de todas esas cosas que hay allá afuera».[40]

Así que Musk en su infancia leía «desde que me despertaba hasta que me iba a dormir». Al final, leyó tanto que parecía que sabía todo. La madre de Musk recuerda que cuando su hija Tosca le preguntaba algo, ella le decía: «Bueno, ve a preguntarle al niño genio».[41] Cuando le preguntaron cómo había aprendido la suficiente «ciencia de cohetes» como para ayudar a esbozar los diseños de los propulsores para su compañía aeroespacial (SpaceX), respondió en voz muy baja: «leí muchos libros».[42] El siguiente objetivo de Musk es llegar a Marte.

¿ELON MUSK NACIÓ CURIOSO, SU CURIOSIDAD FUE UN RASGO ADQUIRIDO O TUVO UN POCO DE AMBAS COSAS? La psicóloga Susan Engel, autora de *The Hungry Mind: The Origins of Curiosity in Childhood* (2015) (La mente hambrienta. Los orígenes de la curiosidad en la infancia), afirmó que la curiosidad, como la inteligencia, es básicamente innata y una parte estable de nuestra personalidad: «Algunos niños pueden tener más probabilidades de explorar espacios, objetos e incluso personas novedosos desde el nacimiento».[43] Pero en una encuesta aplicada en 2010 a lo largo de los 50 estados de Estados Unidos, los investigadores que buscaban identificar el catalizador del talento entre niños encontraron que los psicólogos habían hecho pruebas de CI en 45 de los estados, pero solo tres hicieron pruebas para buscar qué es lo que motiva la curiosidad.[44] ¿Qué es más esencial para la grandeza, la inteligencia o la curiosidad?

Eleanor Roosevelt habría dicho que la curiosidad. Como declaró en 1934: «Creo que si, cuando nace un bebé, una madre pudiera pedir a un hada madrina que lo dotara con el don más útil, ese don sería la curiosidad».[45] De hecho, investigaciones recientes han vinculado la curiosidad con la felicidad, relaciones satisfactorias, mayor crecimiento personal, mayor significado en la vida y mayor creatividad.[46] Más aún, la curiosidad podría desempeñar un papel en la supervivencia misma de nuestra especie, como sugirió Jeff Bezos en una entrevista que *Business Insider* le hizo en 2014:

> Creo que la curiosidad y el gusto por explorar probablemente sean habilidades de supervivencia. Puede ser que aquellos de nuestros ancestros que no fueron curiosos y no salieron a explorar no hayan vivido tanto tiempo como los que se atrevieron a ir al otro lado de la cordillera para ver si había más fuentes de alimento y mejor clima, y así sucesivamente.[47]

Como Musk con su programa de SpaceX, Bezos mira con ojos curiosos el siguiente planeta con Blue Origin, su empresa del espacio privada.

En cuanto a los no curiosos de este mundo: cabe mencionar que tal vez no empezaron la vida siendo así. Muchos psicólogos evolucionistas creen que los humanos nacen curiosos pero con el tiempo pierden su curiosidad innata.[48] Pero un genio parece siempre estar acompañado por una curiosidad infantil. Como Albert Einstein dijo de sí mismo en sus últimos años: «No tengo talentos especiales. Solo soy apasionadamente curioso».[49]

De niño, a Albert Einstein le intrigaban los aditamentos mecánicos, las máquinas de vapor de juguete y, en particular, los rompecabezas. También jugaba con pequeños bloques de piedra (los predecesores de los Legos de hoy) y los acomodaba para conformar un concepto visual en su mente. (El juego de Einstein sobrevive y se vendió en 2017 en Seth Kaller, Inc. por 160 000 dólares). Einstein después recordó que, cuando tenía alrededor de cuatro o cinco años, le llamó la atención una brújula y se quedó atónito al ver que la aguja continuaba apuntando al norte en lugar de moverse cuando él la giraba. «Todavía recuerdo (o creo recordar) que esta experiencia provocó en mí una profunda y duradera impresión. Pensé que detrás de las cosas tenía que estar algo profundamente oculto».[50] Todos nos hemos maravillado con la aguja inmóvil de la brújula, pero solo uno hizo caso a su curiosidad para llegar a la Teoría de la Relatividad Especial.

Cuando Einstein tenía 10 años, cayó en sus manos una serie de ejemplares breves de «divulgación de la ciencia» titulados *Libros de la gente sobre las ciencias naturales* (*Naturwissenschaftliche Volksbücher*, 1880), escritos por Aaron Bernstein, los que leyó «con una atención imperturbable».[51] En ellos se planteaban preguntas para las que el curioso Albert quería encontrar respuesta: ¿Qué es el tiempo? ¿Cuál es la velocidad a la que viaja la luz? ¿Hay algo que viaje más rápido? Bernstein le pedía al lector que imaginara un tren a toda velocidad y una bala que se disparaba en un lado de un vagón; el trayecto de la bala parecería curvo dentro del tren al acelerarse hacia adelante. Einstein, cuando tiempo después estaba trabajando en su Teoría de la Relatividad General y el espacio-tiempo curvilíneo, le pidió a su lector que imaginara que un elevador con un agujero en uno de sus lados, por el cual entra un rayo de luz, estaba ascendiendo con rapidez, y que, por lo tanto, cuando el rayo de luz llegara al otro lado del elevador, se vería como un arco descendente. Max Talmey, un amigo de la familia en la juventud de Einstein, dijo: «En todos esos años nunca lo vi leyendo libros fáciles. Tampoco lo vi en compañía de sus compañeros de clase ni de otros niños de su edad».[52]

Einstein se educó a sí mismo. A los 12 años aprendió por su cuenta álgebra y geometría euclidiana, y poco después cálculo integral y diferencial. Después de ingresar a la universidad continuó el aprendizaje por su cuenta. El Instituto Politécnico de Zúrich no le enseñaba lo que él deseaba apasionadamente aprender: física de vanguardia. Así que Einstein estudió por su cuenta las ecuaciones electromagnéticas de James Clerk Maxwell, la estructura molecular de los gases planteada por Ludwig Boltzmann y las cargas eléctricas de los átomos descritas por Hendrik Lorentz. Después de la universidad, Einstein y dos colegas formaron un club, la Academia Olimpia, para educarse a ellos mismos de manera colectiva, como Franklin había hecho 170 años antes con su Junto Club. El grupo de Einstein leía y discutía en conjunto, entre otras obras, el *Quijote*, de Miguel de Cervantes, el *Tratado de la naturaleza humana*, de David Hume y la *Ética* de Baruch Spinoza. La decepcionante experiencia de Einstein en la universidad provocó que después dijera: «De hecho, no es nada menos que un milagro que los métodos modernos de instrucción no hayan estrangulado por completo la santa curiosidad de la duda».[53] Se cree que Mark Twain dijo alguna vez: «Nunca permití que mi asistencia a la escuela interfiera con mi educación». Einstein parece haberse regodeado en esa idea cuando señaló con ironía: «La educación es lo que permanece después de que uno olvida todo lo que aprendió en la escuela».[54]

EINSTEIN NO DEBERÍA HABER ESPERADO ALGO DISTINTO. La mayoría de las escuelas, incluso las universidades más prestigiosas, no enseñan de manera explícita lo más importante que se puede aprender en la vida: cómo convertirse en un aprendiz de por vida. Así, estas palabras deberían estar grabadas en el arco de la puerta principal de toda institución académica: *Discipule: disce te ipse docere* («Estudiante: aprende a enseñarte a ti mismo»).[55] Los alumnos pueden recibir información y aprender metodologías en la escuela, pero las personas que pueden cambiar las cosas de este mundo adquieren casi todos sus conocimientos con el tiempo y por su cuenta. Tal vez Isaac Asimov, el escritor de ciencia ficción, se acercó a la verdad cuando dijo en 1974: «Creo firmemente que la educación autodidacta es la única clase de educación que existe».[56]

Shakespeare fue una vez castigado por su contemporáneo Ben Johnson por saber «poco latín y menos griego», pero por lo menos el Bardo había aprendido *algo* de latín y griego. Mozart y Michael Faraday nunca tuvieron educación formal. Abraham Lincoln la recibió menos de 12 meses. Leonardo se convirtió en el más destacado científico médico de su época sin haber recibido capacitación en ciencia médica. Miguel Ángel, Franklin, Beethoven, Edison y Picasso nunca fueron más allá de algo de primaria. Isabel I y Virginia Woolf fueron educadas en casa. Einstein dejó la preparatoria pero un año después regresó para prepararse para la universidad. Tesla abandonó la universidad después de un año y medio y nunca regresó.

Para estar seguros, la mayoría de los que abandonan la escuela no se convierten en genios ni tienen historias de éxito. Pero entre los titanes del abandono escolar de la historia reciente destacan Bill Gates (Harvard), Steve Jobs (Reed College), Mark Zuckerberg (Harvard), Elon Musk (Stanford), Bob Dylan (Universidad de Minnesota), Lady Gaga (Universidad de Nueva York) y Oprah Winfrey (Universidad Estatal de Tennessee). Jack Ma nunca fue a la universidad y tampoco lo hizo Richard Branson, que abandonó la preparatoria a los 15 años. El creativo Kanye West abandonó la Universidad Estatal de Chicago a los 20 para seguir una carrera musical; seis años después lanzó su primer álbum, que tuvo un gran éxito comercial y fue muy bien recibido por la crítica: *The College Dropout* (2004). La cuestión no es alentar el abandono de los estudios, sino señalar que estas figuras transformadoras de alguna manera aprendieron solas lo que necesitaban saber. Aquí las personas exitosas y los genios comparten un rasgo común: la mayoría son adictos a pasarse la vida aprendiendo. Un hábito que es bueno tener.

Finalmente, ¿cómo podríamos los que no somos genios cultivar la codicia por el aprendizaje más allá de los obvios actos de lectura y la asistencia a conferencias, o encontrar un lugar desafiante para vacacionar el siguiente año? Aquí presento algunas ideas para todos los días:

- Ten la disposición para recibir las experiencias nuevas y no familiares. Impúlsate a hacer algo que te asuste. Date la oportunidad de deambular en una ciudad desconocida y perderte; verás muchos lugares que no sabías que existían.
- Sé intrépido. Cuando estés en un pueblo nuevo, no llames a un Uber, camina o toma el transporte público; aprenderás la geografía, la historia y la cultura local.
- Haz preguntas. Cuando estés en «modo presentador» (como maestro, padre de familia o líder corporativo), utiliza el método socrático. Y cuando estés en el papel de alumno o empleado, no temas revelar que ignoras algo: en lugar de ello, ¡pregunta!
- Una vez que preguntes, *escucha* con cuidado la respuesta; aprenderás algo. Aquí todos podríamos aprender de un ejemplo negativo: los genios por lo general *no* son buenos escuchas porque por lo general están demasiado obsesionados con su propia visión del mundo. Pero las personas exitosas y sagaces saben cómo escuchar.

UNA PERSONA SABIA UNA VEZ OBSERVÓ: «LA EDUCACIÓN SE DESPERDICIA EN LOS JÓVENES». Pero la educación no solo se tiene que dirigir a los jóvenes. Hoy, jóvenes y viejos por igual pueden aprender de manera independiente, como el mundo ha aprendido durante el encierro por el COVID-19 de 2020. Las plataformas de educación tecnológica en línea, como Coursera (Yale y otras universidades), edX (Harvard y MIT) y Stanford Online, ofrecen casi mil cursos de alta calidad/al público general y la mayoría son gratuitos. Mi propio curso en línea de Yale, Introducción a la música clásica, ahora tiene más de 150 000 aprendices, y la edad promedio de los participantes es de 44 años. Los clubes de lectura de adultos tienen un éxito similar, en parte porque nunca ha sido más fácil tener acceso a casi cualquier libro que pudieras querer leer, el cual se te entrega en un día o incluso de forma instantánea cuando se trata de un libro electrónico que puedes descargar en tu Kindle, Nook o iPad. «Ningún profesor ha leído más», dijo la reina Isabel; «Se me acabaron los libros en la biblioteca escolar», dijo Musk; «Es una invitación a la vida, y te alimenta para siempre», dijo Winfrey, refiriéndose a la lectura y la educación. Con la tecnología moderna que hoy en día tenemos a la mano, la oportunidad de ser autodidactas, en cualquier lugar y en cualquier momento, es más sólida y más diversa que nunca. En comparación con los genios de antes, nosotros la tenemos fácil.

Capítulo 6

ENCUENTRA LA PIEZA FALTANTE

«Sean apasionados. Hagan lo que aman», les dijo Katie Couric a los alumnos el día de su graduación de Williams College en 2007. «Si realmente quieren volar, encaucen su poder hacia su pasión», recomendó Oprah Winfrey en la Universidad Stanford en 2008. «Sigan su pasión, sean siempre fieles a ustedes mismos», dijo Ellen DeGeneres en la Universidad Tulane en 2009. «¿Se dejarán guiar por la inercia o seguirán su pasión?», preguntó Jeff Bezos en la Universidad de Princeton en 2010. Año con año oímos este mensaje a los graduados, que lo escuchan asombrados. ¿Te parecen disparates idealistas?, pues entonces considera esto: ya en el año 380 a. C. Platón enfatizó el poder de la pasión cuando dijo: «el verdadero amante del conocimiento... se eleva con una creciente e incansable pasión hasta que comprende la naturaleza esencial de las cosas» (*República*, 490A), como dijo Shakespeare en 1595 en *Romeo y Julieta* y Van Gogh en una carta del 2 de octubre de 1884 («Preferiría morir de pasión que de aburrimiento»), así que tal vez hay algo en el imperativo del discurso «Persigue tu pasión».

Antes de que podamos perseguir nuestra pasión, por supuesto, tenemos que encontrarla, un proceso que puede ocurrir rápidamente o tomar casi toda la vida. Picasso, Einstein y Mozart supieron desde que tenían cinco años que la pasión de su vida sería dibujar, la ciencia y la música, respectivamente. Pero Vincent van Gogh le escribió a su hermano Theo en 1800 que «[Un hombre] no siempre sabe qué puede hacer pero de todas formas siente instintivamente, ¡soy bueno para algo!... Hay algo dentro de mí, pero ¿qué podría ser?»[1] Van Gogh intentó varias cosas antes de encontrar su pasión. Solo después de dedicarse a profesiones como concesionario de una galería, maestro, librero y evangelizador recurrió al arte, a los 29 años. Su colega pintor Paul Gaugin pasó seis años como marinero y después once como corredor de bolsa antes de darse cuenta, a los 34 años, de que su única pasión era pintar. La abuela Moses (1860-1961) no empezó a pintar sino hasta que tenía 76 años.

Una vez un paciente le preguntó a Sigmund Freud: «¿Cuáles son las cosas más importantes en la vida?», a lo que él respondió: «*Lieben und arbeiten*» («Amar y trabajar»).[2] Puede haber combinado las dos en una «labor de amor», porque ahí es donde la mayoría de las personas, incluyendo a los grandes atletas, encuentran su pasión. En una entrevista para explicar su documental titulado *En busca de la grandeza*, de 2018, el cineasta Gabe Polsky concluyó que la motivación más importante de los grandes atletas es el júbilo que sienten al desempeñar su papel. «Si encuentras aquello que te da la mayor cantidad de diversión en el deporte que practicas, tienes probabilidades de volverte muy bueno en él porque entonces deja de ser trabajo y se convierte en una actividad jubilosa. Puedes obsesionarte por ese júbilo».[3] Se dice que hace unos 2500 años Confucio dijo esta sentencia: «Encuentra un trabajo que ames y no trabajarás un solo día de tu vida».

A MÍ ME ENCANTABA LEERLES A MIS HIJOS LOS CUENTOS DE SHEL SILVERSTEIN. Este autor ya era un rudo veterano de la guerra con Corea, quien dibujaba cartones para *Playboy* y escribía cuentos cortos, guiones para películas, novelas y letras de canciones de música country, cuando comenzó a escribir poemas y cuentos para niños que tuvieron un éxito fenomenal, con ventas de más de 20 millones de libros. El genio Silverstein se tardó en encontrar su pasión. Como le dijo a *Publishers Weekly* en 1975:

> Cuando era niño (con una edad entre los 12 y los 14), pensaba que nada me gustaría más que ser un buen jugador de beisbol o tener éxito con las niñas. Pero no era bueno para jugar a la pelota ni para bailar. Por suerte las niñas no me querían y no había mucho que yo pudiera hacer con eso. Así que empecé a dibujar y escribir. También tuve suerte de no conocer a alguien que me impresionara porque así no tuve a nadie a quien copiar. Así que desarrollé mi propio estilo, tuve la posibilidad de crear antes de saber que había un Thurber, un Benchley, un Price y un Steinberg. No vi su trabajo hasta que yo ya tenía más o menos 30 años. Para cuando empecé a ser atractivo para las chicas, ya estaba muy metido en mi trabajo y eso era más importante para mí. No es que no quiera mejor hacer el amor, pero el trabajo se ha vuelto un hábito.[4]

En el libro para niños titulado *La parte que falta*, Silverstein habla de su hábito apasionado de trabajo. La historia se centra en un humanoide circular al que le falta un pedazo con forma de rebanada. El círculo se siente insatisfecho e inicia una gran aventura para encontrar la parte que le falta. Va rodando y cantando felizmente: «Ah, estoy buscando la parte que me falta/Estoy buscando la parte que me falta/La-ra-la, aquí voy/ buscando la parte que me falta». Al final el círculo encuentra la parte que le falta y concuerda a la perfección, pero entonces se da cuenta de que la felicidad estaba en la búsqueda, no en el logro. Así que el círculo deja la parte con cuidado y vuelve a comenzar a buscar.

La fábula de Silverstein nos lleva a otra historia de pasión, felicidad y la búsqueda de una parte faltante: Marie Curie y el descubrimiento del radio.

¿CUÁLES ERAN LAS PROBABILIDADES DE QUE UNA JOVEN MUJER QUE TRABAJABA COMO NIÑERA LLEGARA A GANAR EL PREMIO NOBEL DE FÍSICA? De mínimas a ninguna. Pero María Skłodowska (1867-1934), mejor conocida como Marie Curie, como se llamó después de su matrimonio con Pierre Curie, fue la genio que surgió de la nada. Solo su pasión (y su perseverancia) explican lo que de otra forma es inexplicable.

Curie tenía alrededor de 20 años de edad cuando la literatura y la sociología dejaron de interesarle y encontró que le apasionaban las matemáticas y la física. En 1891 emigró a Francia para asistir a la Faculté des Sciences de la Sorbona para estudiar un posgrado en física, después de estudiar como autodidacta hasta que pudo pasar el examen de admisión de la escuela. No tenía diploma universitario, era extranjera y fue la única de las 23 mujeres que solicitaron el ingreso que logró ser admitida en una generación de 1825 personas.[5]

Y Curie casi no tenía dinero. De todas formas, fue feliz durante sus días como alumna a pesar de las carencias.

> El cuarto en el que vivía estaba en un desván, por lo que era muy frío en invierno, pues no se calentaba bien con una pequeña estufa a la que con frecuencia le faltaba carbón… En el mismo cuarto preparaba mi comida en unos cuantos utensilios de cocina y alumbrada con una lámpara de alcohol. Estas comidas muchas veces se reducían a pan con una taza de

> chocolate, huevos o fruta. No tenía ayuda para la limpieza y yo misma cargaba el poco carbón que usaba por las escaleras de los seis pisos que tenía que subir.
>
> Esta vida, triste desde ciertos puntos de vista por todo aquello, para mí tenía un encanto real. Me daba una muy preciada sensación de libertad e independencia. Nadie me conocía en París, estaba perdida en la gran ciudad, pero el sentimiento de vivir ahí sola, cuidándome sin ayuda de nadie, no me deprimía para nada. Algunas veces sí me sentía sola, pero por lo común mi estado mental era de calma y gran satisfacción moral.[6]

Pero los años de satisfactoria carencia de Curie no habían terminado. Pasó 10 años más haciendo su triste trabajo de investigación en el que ella llegaría a llamar el «miserable y viejo cobertizo».[7] En 1897, habiendo terminado maestrías tanto en física como en matemáticas, Curie empezó a investigar para hacer un doctorado bajo la dirección de su nuevo esposo, el físico Pierre Curie. El tema de su disertación eran los rayos de bequerelio, las ondas de alta energía emitidas por las sales de uranio descubiertas por Henri Becquerel en 1896. En una coyuntura crítica en su investigación, Curie no solo tuvo un momento «eureka», sino más bien un sorpresivo descubrimiento que la hizo exclamar, «ah, qué extraño es esto»: se dio cuenta de que aunque ya había sustraído la energía del mineral de uranio, este inexplicablemente seguía emitiendo una poderosa radiación. Después de eso le dijo a su hermana: «Sabes Bronya, creo que la radiación inexplicable proviene de un nuevo elemento químico que está en el uranio y el cual tengo que encontrar».[8] Así que se dedicó a buscar la pieza que faltaba hasta que finalmente la encontró en lo más profundo de la pecblenda, la cual quedaba después de extraer el uranio del mineral de uranio.

A lo largo de los años, Curie procesó aproximadamente ocho toneladas de pecblenda en el cobertizo que servía como laboratorio improvisado. Ubicado en París justo al sur del Panteón donde ahora tiene su sepulcro, el cobertizo alguna vez había sido utilizado como sala de disección por la Faculté de Médecine (Facultad de Medicina), pero en ese entonces hasta los cadáveres lo habían abandonado. En ese cobertizo, al que le faltaba calefacción y electricidad adecuadas, y en un patio adjunto, Curie hirvió por primera vez la pecblenda en grandes tinajas, separó sus componentes por medio de cristalización fraccionada y finalmente midió las minúsculas cantidades de material radiactivo hasta llegar a una milésima de miligramo. Haciendo pruebas de forma asidua y eliminando cada elemento dentro del mineral, uno por uno, se abrió camino hasta que quedó con dos elementos de los que sospechaba que eran los productores de la radioactividad. Al primero lo llamó «polonio» por su país natal. Pero el polonio tampoco fue la respuesta; la pieza faltante era mucho más radiactiva. Para 1902, Curie lo tenía y podía sostenerlo en su mano, o por lo menos en su tubo de ensayo. Al final destiló ocho toneladas de pecblenda para obtener solo un pequeño gramo del mortal radio puro.

Muchos de nosotros guardamos nuestras pasiones (leer, pintar o viajar) para nosotros mismos y estas no impactan al mundo entero. Si nos apasiona hacer cosas que para los demás resultan de interés y somos excepcionalmente talentosos en ellas, como cantar en la televisión o lanzar un balón de futbol, el resultado puede ser que nos volvamos una celebridad instantánea. Si nuestras pasiones nos mueven en formas que al final cambiarán a la sociedad, ese cambio es una marca de genio. Lo que siguió al descubrimiento del radio de Marie Curie fue el reconocimiento público de su genio, en este caso con dos Premios Nobel, uno de Física (1903) por el descubrimiento de la radioactividad, y otro de Química (1911) por aislar el radio. Curie había descubierto dos nuevos elementos (el polonio y el radio), había acuñado el término «radioactividad» y había demostrado que el radio podía utilizarse para destruir tumores mortales (lo que hasta el día de hoy continúa siendo la base de la radiación en oncología).

Irónicamente, y por la ley de las consecuencias imprevistas, su descubrimiento del radio también llevó a que en 1939 se comenzara a construir la bomba atómica.

Es de suponer que extraer el radio de la pecblenda no era divertido, pero eso depende de lo que tú definas como diversión. Marie Curie trabajó en su cobertizo con goteras en el cual, como dijo, «en el verano el calor era sofocante y en el invierno la estufa de hierro solo reducía un poco el crudo frío».[9] Allí soportó «gases irritantes» y quemaduras de radio en sus manos y dedos, que después le dolían al tocar objetos. «Algunas veces tenía que pasar todo el día», dijo, «revolviendo una masa hirviendo [de pecblenda] con una pesada vara de hierro casi tan grande como yo». El aislamiento del radio tomó años y Pierre, el esposo de Marie, estaba listo para renunciar.[10] Pero Marie solo continuaba agitando, ignorando el dolor y el sufrimiento. ¿Su pasión por la investigación anestesiaba el dolor? Como dijo después, «Fue en este miserable y viejo cobertizo que pasamos los mejores y más felices años de nuestra vida, dedicando nuestros días enteros a nuestro trabajo».[11] La experiencia de Curie recuerda la raíz latina de la palabra «pasión»: *passio*, que significa dolor. «La pasión es el puente que te lleva del dolor al cambio», nos recuerda Frida Kahlo.[12]

Al final, la pasión de Curie la mató. Cargaba trocitos de radio en sus bolsillos. Los elementos y los gases radiactivos permearon su cobertizo y sus trabajos de investigación; los documentos se preservan hoy en la Bibliothèque Nationale de París, guardados en cajas de plomo para proteger a futuras generaciones de la exposición al radio. Como diversión, a ella y a Pierre les gustaba sentarse expuestos al radio en la oscuridad, en trance con sus efectos lumínicos como de lámpara de lava. Solo ahora sabemos que nos ayudó a descubrir que la radiación atómica puede matar *tanto* a células malignas *como* a células sanas. Curie entendía algunos de los efectos perniciosos de ese «mal», como lo llamó, pero prácticamente no pensó en su seguridad y no empezó a protegerse sino hasta la década de 1920. Murió a la edad de 66 años de anemia aplástica, una rara enfermedad en la que se dañan la médula ósea y las células generadoras de sangre. Su hija, Irène Joliot-Curie, también ganó un Premio Nobel por su trabajo con el radio y, como ella, murió de leucemia a la edad de 58 años. Su pasión era mortal, definitivamente.

El filósofo John Stuart Mill señaló en su autobiografía que la felicidad es algo que nos ocurre mientras perseguimos algún otro propósito; nos llega sigilosa y oblicuamente, «como un cangrejo».[13] Marie Curie se dio cuenta de que sus momentos de mayor felicidad fueron los que pasó hirviendo pecblenda en un cobertizo. En *El mundo como voluntad y representación* (1818), el filósofo Arthur Schopenhauer vinculó la distracción apasionada con la genialidad: «La genialidad es el poder de dejar de lado los intereses, deseos y objetivos propios, con lo que uno por un tiempo renuncia completamente a la propia personalidad».[14] En su libro *Fluir (Flow): Una psicología de la felicidad*, Mihaly Csikszentmihalyi llamó a este estado trascendental simplemente así: «fluir». Todos los individuos creativos (compositores, pintores, escritores, programadores, arquitectos, abogados y chefs) tienen la experiencia del estado al que fluyen cuando buscan la parte que les falta. La felicidad se nos acerca lentamente como cangrejo. El tiempo vuela: nos olvidamos de revisar nuestro correo electrónico, incluso de comer.

Louisa May Alcott llamó a su estado trascendente no como fluir ni como una zona, sino como un vórtice. Alcott escribió los dos volúmenes de su novela *Mujercitas* (1868) en una explosión de poco más de cuatro meses, en los que se puso como objetivo escribir un capítulo al día.[15] Los académicos coinciden en clasificar a *Mujercitas* como una novela autobiográfica. Cuando leemos lo que dice «Jo» o «ella» en los párrafos siguientes, en realidad es la misma Alcott la que está revelando cómo se ve la pasión.

> Cada cuatro semanas ella se encerraba en su cuarto, se ponía el traje de escribir y «caía en un vórtice», como ella lo expresaba, escribiendo su novela con todo su corazón y su alma, porque no encontraba paz hasta no haber terminado... [Su familia ocasionalmente asomaba la cabeza para preguntar] «¿Qué tal, Jo, el genio arde?»...
>
> Ella no se consideraba genio, de ninguna manera, pero cuando le llegaba el acceso de escribir, se entregaba a él con entero abandono y vivía feliz ese momento, olvidada de todo deseo, necesidad o mal clima, sintiéndose segura y feliz en un mundo imaginario lleno de amigos casi tan reales y queridos para ella como los de carne y hueso. El sueño abandonaba sus ojos, los platos de comida permanecían intactos, el día y la noche eran demasiado breves para disfrutar la felicidad que la bendecía únicamente en esos momentos y hacía que esas horas fueran dignas de ser vividas aunque no sacara de ellas ningún otro fruto. El arrebato divino duraba una o dos semanas, y cuando salía de su «vórtice», reaparecía hambrienta, soñolienta, enojada o descorazonada.[16]
>
> «La felicidad que la bendecía solo en esos momentos» era totalmente absorbente.

Mientras trabajaba en *Mujercitas*, Alcott dijo: «Estoy tan llena con mi trabajo que no puedo detenerme para comer ni dormir, ni para nada, excepto mi carrera diaria.[17]

PASIÓN, DETERMINACIÓN, VALOR, COMPULSIÓN U OBSESIÓN: cada palabra tiene un significado matizado. Juntas abarcan la gama de positivo a negativo. En el espectro, ¿cuál es el punto en el que una pasión positiva se puede considerar algo negativo? La respuesta es cuando se convierte en una obsesión, porque la pasión impulsa y puede ser autorregulada, en tanto que la segunda obliga y no puede ser regulada. Una se considera sana, la otra no. Marie Curie jugó con el radio a sabiendas de que era peligroso. En 1962 Andy Warhol creó 13 distintos retratos del símbolo sexual Marilyn Monroe, luego reprodujo 250 litografías de cada una. En 1964 hizo aún más imágenes, más grandes, de ella. ¿Era por pasión o era obsesión?

«Los genios son muy peculiares», dijo el conocido economista John Maynard Keynes en 1946 en un ensayo en homenaje a Isaac Newton.[18] Newton era muy peculiar. Como alumno y después como miembro de Trinity College, Cambridge, permanecía en sus habitaciones días y días, obsesionado con un problema, comía poco e incluso entonces por lo general lo hacía de pie para no romper «el fluir».[19] En las ocasiones en que Newton cenaba en el comedor, casi siempre se sentaba solo, los demás miembros sabían que tenían que dejarlo solo con sus pensamientos. En el camino de regreso a sus habitaciones, Newton podría detenerse y dibujar diagramas con un palo en el camino de grava. Tal concentración obsesiva era parte de su personalidad y al final lo llevó a una nueva perspectiva del funcionamiento mecánico del universo y a ganarse la reputación de ser el más grande físico que el mundo haya conocido de la que goza hoy en día.[20]

Pero, oculto a la vista, por lo menos hasta que sus textos completos vieron la luz en 1936, está Newton, el alquimista.[21] Resulta que la parte faltante de Newton estaba compuesta de oro. Durante toda su vida, Newton escribió el doble de cuadernos acerca de pensamientos sobre alquimia y lo oculto, de los que escribió sobre matemáticas y física. De los 1752 volúmenes que contenía su biblioteca personal, 170 trataban de lo que hoy llamaríamos ocultismo.[22] Es cierto que en tiempos de Newton se sabía poco del proceso por el cual un metal podía transmutarse en otro y, por lo tanto, la línea entre la química verdadera y la pseudociencia de la alquimia no estaba marcada con claridad.[23] Se podría decir que las observaciones de Newton sobre lo que hace que una sustancia conserve su cohesión o se desparrame prefiguran, aunque de modo muy distante, el campo de la física cuántica. Pero la mayoría de las lecturas de Newton sobre la transmutación química se enfocaba en «la piedra filosofal», un material secreto que se creía que curaba enfermedades y convertía el plomo en oro. En sus propias palabras, pretendía descubrir «si sé lo suficiente para hacer un mercurio que se caliente con oro».[24] Durante 20 años, Newton, como Curie, trabajó duro en un horno dentro de un cobertizo que hacía las veces de laboratorio, cerca de sus habitaciones en la Universidad de Trinity, Cambridge.

La liberación llegó en 1700, cuando la pasión de Newton por los metales, así como su reputación como físico, hizo que el rey Guillermo III lo nombrara guardián de Mint, la casa de moneda. Ahora guardián de la moneda real, Newton abandonó casi todas sus investigaciones científicas y se mudó a una casa grande en Londres. Ahí persiguió implacablemente a quienes pudieran degradar el dinero del rey, causando que varios hombres fueran ahorcados por falsificación.[25] En cuanto a su propia pieza milagrosa de oro, Newton nunca la encontró.

Entonces Newton comenzó una última búsqueda: quería determinar la fecha en que se acabaría el mundo. John Conduitt, el esposo de Catherine, la sobrina y protegida de Newton, dijo que «lo vio [a Newton] en sus últimos días trabajando casi a oscuras en una historia obsesiva del mundo (escribió por lo menos 12 borradores), *The Chronology of Ancient Kingdoms Amended* (La cronología de los reinos antiguos enmendada). Midió los reinos de reyes y las generaciones de Noé, utilizó cálculos astronómicos para datar la partida de los argonautas y declaró que los reinos antiguos eran cientos de años más jóvenes de lo que generalmente se suponía».[26] Al final, Newton identificó que el año de la segunda llegada de Cristo y el del final del mundo como lo conocemos es el 2060.

COMO SUGIEREN LAS HISTORIAS DEL ORO DE NEWTON Y LA PREDICCIÓN DEL DÍA FINAL, algunas veces la pasión puede llevar al genio a extraviarse. Beethoven tenía un gran interés en escribir sus obras populistas «La victoria de Wellington» o «La batalla de Vitoria» (1813) porque creía que tendrían buena acogida, pero hoy esas piezas suenan banales y rara vez se ejecutan; sin embargo, Beethoven no se dejó intimidar y compuso su magistral Novena Sinfonía con su amada «Oda a la alegría». Steve Jobs tenía tanto entusiasmo en 1983 por la nueva computadora que estaba desarrollando que le dio el mismo nombre que a su hija, Lisa; al final fue un fracaso, pero continuó trabajando hasta crear la computadora Mac, el iPad y el iPhone. En la década de 1920, George Herman, «Babe» Ruth, cambió la forma en que se juega el beisbol estadounidense con sus sorprendentes jonrones. El 30 de septiembre de 1927 estableció un récord en el Major League Baseball cuando logró su sexagésimo jonrón en una temporada, el cual se sostendría durante 34 años; en el curso de su carrera hizo 714 jonrones en total, por mucho tiempo un récord de Estados Unidos. Ruth también fue ponchado 1330 veces, lo que prueba que ni un genio atina siempre al blanco. Pero, con o sin jonrón, Babe seguía lanzando a las vallas.

A CHARLES DARWIN LO GUIO UNA PASIÓN POR EL MUNDO NATURAL. Inicialmente, como beneficiario de una herencia, parecía que lo único que le apasionaba al bien hecho Darwin era dispararles a las aves y coleccionar insectos. En la búsqueda de estos últimos hizo cosas que al principio parecían extrañas, pero que en retrospectiva, para un naturalista, podrían tomarse como los primeros signos de genialidad.

De joven, Darwin desarrolló una obsesión por los escarabajos. «Empleé a un trabajador», dijo, «para raspar el musgo de los árboles viejos durante el invierno y colocarlo en una bolsa grande, y de la misma manera recolecté la basura del fondo de las barcazas en las que se transportan los juncos desde los pantanos y así conseguí algunas especies muy raras».[27] Si eso no produjo suficientes partes faltantes, Darwin tomaría el asunto en sus manos. Una vez enterró una serpiente para desenterrarla unas semanas después, esperando encontrar algunos insectos carnívoros ahí dentro.[28] Algunas veces tuvo demasiado éxito, como narró en su autobiografía: «Daré una prueba de mi entusiasmo: un día, al arrancar corteza vieja, vi dos escarabajos raros y tomé uno en cada mano; luego vi un tercero de una nueva clase, que no podía soportar perder, así que puse en mi boca al que tenía en la mano derecha para poder agarrar al otro».[29] Entonces, ¿qué es lo que motivaba a Darwin? La curiosidad, por supuesto, pero al final fue algo más: la necesidad de elevar su autoestima.

Un alumno menos que estelar, Darwin abandonó el programa médico de la Universidad de Edimburgo en 1827 antes de cambiarse, al siguiente año, a la Universidad de Cambridge, donde al parecer se especializó en la bebida, las apuestas, la caza y el tiro.[30] Robert, el padre de Darwin, exasperado por el mal expediente académico de su hijo y por sus costumbres poco metódicas, le espetó una vez: «Lo único que te importa es el tiro, los perros y atrapar ratas, si sigues así te vas a convertir en una desgracia para ti mismo y para toda tu familia».[31] Con el tiempo, Robert pagó para que Charles se embarcara en el barco HMS *Beagle* en la que resultaría ser una expedición de cinco años alrededor del mundo. El viaje del *Beagle* le brindó a Darwin el contexto en el que la parte verdaderamente grande que le faltaba y estaba buscando tomó forma: una explicación científica rigurosa de por qué y cómo las especies sobreviven y evolucionan con el tiempo.

Cuando Darwin regresó a Inglaterra en 1936, se enfocó en temas de evolución con una intensidad que lo hizo adicto al trabajo hasta el día en que murió. Al hacer en su autobiografía una lista de sus fortalezas y sus debilidades, Darwin dijo lo siguiente de su pasión: «Lo más importante para mí [más que la capacidad de observación] es el constante y ardiente amor que siento por las ciencias naturales. No obstante, a este amor puro se ha sumado mi gran ambición por ganarme la estimación de mis colegas naturalistas».[32] Estas palabras llevan a concluir que si bien Darwin había nacido con un gran amor por la naturaleza, también había desarrollado un deseo de demostrarles a los científicos superiores a los que no había logrado impresionar en Edimburgo y Cambridge, y posiblemente también a su padre, que era tan bueno como todos ellos. Llámesele resentimiento o necesidad de recuperar el tiempo perdido, pero lo dicho por Darwin suena como lo que alguna vez dijo el cineasta Orson Welles: «He pasado la mayor parte de mi vida madura tratando de probar que no soy irresponsable».[33]

Cuando en 1903 le preguntaron sobre el origen de su genialidad, Thomas Edison respondió: «La genialidad es uno por ciento inspiración y 99 por ciento transpiración».[34] Con el tiempo la relación cambió: «Dos por ciento es genialidad y 98 por ciento es trabajo duro», había dicho en 1898, pero el mensaje es consistente: Thomas Edison trabajaba duro. De acuerdo con Edward Johnson, su asistente de laboratorio, Edison se pasaba 18 horas al día, en promedio, trabajando en su escritorio: «No se va a casa durante días, ni a comer ni a dormir», aunque su casa estaba a solo unos pasos de distancia.[35] En 1912, a los 65 años de edad, Edison inventó e instaló en su oficina un reloj marcador para que él, el jefe, pudiera calcular el número de horas que trabajaba cada semana. Para Edison, como para Elon Musk, era una insignia de honor superar, incluso humillar, a sus trabajadores. Al final de la semana llamaba a los reporteros y les informaba, para su propio ensalzamiento: que había trabajado el doble de horas que sus empleados.[36]

¿Qué fue lo que impulsó la pasión de Edison? Un ego competitivo mucho más grande que el de Darwin. «Más que hacer fortuna», dijo en 1878, «lo que me importa es aventajar a los demás colegas»;[37] y en 1898, volvió a decir algo similar: «Si quieres tener éxito, búscate unos enemigos».[38] A Edison le importaba el dinero y también tenía abundantes enemigos, entre los cuales estaban George Westinghouse y J. P. Morgan. Aunque Edison dirigía a un equipo científico en su laboratorio de investigación, cuando solicitaba una patente el único nombre que aparecía en la solicitud era el suyo. Otros grandes inventores, como Nikola Tesla y Frank Sprague, dejaron de trabajar con Edison después de menos de un año, tenían sus propias pasiones y egos. Pero Edison perseveró con implacable independencia. En el curso de su vida, varias veces y de distintas maneras, dijo: «No he fallado. Solo he encontrado 10 000 maneras en que eso no funciona».[39] Pero Edison encontró 1 093 maneras en que sí funcionó: 1 093 partes faltantes. Ese es el número de patentes que registró con éxito, lo cual sigue constituyendo un récord en Estados Unidos.

«La gente debería perseguir lo que le apasiona. Eso los hará más felices que casi cualquier otra cosa», dijo Elon Musk en 2014.[40] Algunas pasiones surgen del amor por otras personas y otras de la simple búsqueda de diversión o un juego, como jugar golf o seguir a un equipo favorito de deportes. Algunas pasiones son guiadas por la envidia (tener la casa más grande que otros) o la avaricia (querer producir los siguientes mil millones). A algunas personas les apasiona emplear sus dones al máximo y hacer un buen trabajo en cualquier actividad que realicen, pero rara vez tales pasiones llevan a la genialidad. Las pasiones cotidianas pueden dar como resultado algo que es único, pero no transformador.

La genialidad surge de un ímpetu diferente. Una revisión de los genios de este libro revela un rasgo común en todos: ellos no pueden aceptar el mundo como se les describe. Cada uno ve un mundo hecho trizas y no puede descansar hasta que logra acomodar las cosas de forma correcta. Entonces, piensa en la respuesta a esta pregunta: ¿Ves algo que no es visible para el resto del mundo, o de lo que no es consciente? ¿Te molesta este punto ciego? ¿Crees que eres el único en el planeta que tal vez podría corregir el problema y sientes que no vas a poder descansar hasta que lo hagas? Si tu respuesta a estas preguntas es afirmativa, has encontrado tu pasión y posiblemente lo que puede hacer de ti un genio.

Pero una vez que hayas encontrado tu pasión, ten cuidado. «El secreto de la vida», dijo el escultor Henry Moore, «es tener una tarea, algo a lo cual dedicarte toda tu vida, hacia lo cual llevarás todo, cada minuto de cada día por el resto de tu vida. Y lo más importante es que debe ser algo que posiblemente no puedas hacer».[41] Moore y Shel Silverstein acertaron: la pasión en estado puro es esencial para la felicidad y el progreso humano. La parte faltante, sin embargo, es solo oro de alquimista.

Capítulo 7

APROVECHA ESO QUE TE HACE DIFERENTE

La noche del 23 de diciembre de 1888, en Arles, Francia, Vincent van Gogh, furioso porque Paul Gauguin, su colega y posible pareja romántica, estaba a punto de dejarlo, tomó una navaja de afeitar y se cortó la oreja izquierda, no solo una parte, sino toda.[1] Con la oreja amputada en la mano, Van Gogh se dirigió a un burdel cercano y le presentó el trofeo a una joven prostituta, Gabrielle Berlatier, por lo cual las autoridades de inmediato lo aprehendieron y lo llevaron a un hospital psiquiátrico.

La historia de Van Gogh mutilándose la oreja es muy conocida, y fue inmortalizada en el famoso *Autorretrato con oreja vendada y pipa* (1889) del autor. Debido a esto asociamos a Van Gogh con la inestabilidad mental y el comportamiento salvaje, y proyectamos esas cualidades a su arte. ¿Es verdad que Van Gogh pintó sus alucinaciones? Pasa lo mismo cuando nos preguntamos: ¿será verdad que el excéntrico y medio loco Beethoven compuso sonidos que no podía escuchar? Estas simples anécdotas podrían ayudarnos a entender asuntos complejos, pero ¿estos cuentos de «genios locos» los representan de manera fidedigna? ¿Son exageraciones para que las historias sean más interesantes? ¿Hay mayor incidencia de locura y suicidio entre los genios, o algunos creadores notoriamente perturbados distorsionan nuestra visión?

DESDE LOS ANTIGUOS GRIEGOS SE VEÍA BORROSA LA LÍNEA QUE SEPARA LA DEMENCIA DE LA GENIALIDAD. Platón se refirió a ella como una «manía divina».[2] Su pupilo Aristóteles vinculó la creatividad a la demencia cuando dijo: «No existe un gran genio sin un toque de locura».[3] El poema del siglo XVII de John Dryden dio voz a este mismo sentimiento: «El gran ingenio es aliado cercano de la locura/Y delgadas líneas separan sus límites».[4] Cuando lo llamaron loco, Edgar Allan Poe respondió: «Los hombres me han llamado loco, pero aún no se sabe si la locura es o no la más elevada inteligencia; si mucho de lo glorioso, si todo aquello que es profundo, no surge de la enfermedad del pensamiento».[5] «Estás loco como una cabra, completamente desquiciado», dijo Alicia en *Alicia en el país de las maravillas* de Charles Dodgson, «Pero te diré un secreto. Las mejores personas lo están».[6] Y el comediante Robin Williams trajo este antiguo tropo del genio loco a la era moderna cuando dijo con tristeza: «Solo recibes un pequeño granito de locura y si lo pierdes, no eres nada».[7]

Aunque los psicólogos han debatido la relación entre la genialidad y la enfermedad mental durante más de un siglo, todavía no hay unanimidad de opiniones. Desde 1891 el criminólogo italiano Cesare Lombroso, en su libro *The Man of Genius* (El hombre de genio), postulaba que había un vínculo entre la herencia, el trastorno mental, la degeneración y el comportamiento criminal, y lo asociaba con la genialidad.[8] «La genialidad es solo una de las muchas formas de la locura», dijo.

Más recientemente, los psiquiatras Kay Redfield Jamison y otros han asociado trastornos mentales identificables con creadores ilustres, según los clasifica el acreditado *Manual diagnóstico y estadístico de los trastornos mentales* (DSM).[9] Según parece, las proporciones de desequilibrio pueden cuantificarse de forma minuciosa. Las conclusiones de Jamison en cuanto a poetas, según el estudio que llevó a cabo en 1989 de 47 «escritores y artistas británicos eminentes», son comunes en el enfoque estadístico: «Una comparación entre las proporciones de la enfermedad maniacodepresiva en la población general (1%), ciclotímica (1% a 2%) y trastorno depresivo mayor (5%) muestra que estos poetas británicos tenían 30 veces más probabilidades de sufrir de enfermedad maniacodepresiva, 10 a 20 veces más probabilidades de ser ciclotímicos o de tener otras formas más leves de enfermedad maniacodepresiva, más de cinco veces más probabilidades de suicidarse y por lo menos 20 veces más probabilidades de haber sido ingresados a un hospital psiquiátrico o manicomio».[10] De acuerdo con un estudio, los científicos tenían la incidencia más baja de psicopatología (apenas 17.8% más que el público general), y la tasa aumentaba de forma constante en compositores, políticos y artistas, con la incidencia más alta presente en escritores (46%) y, una vez más, en poetas (80%).[11] La mayor incidencia entre artistas puede confirmar el dicho atribuido al rapero Kanye West: «El gran arte proviene del profundo dolor».[12]

Sin embargo, el dolor no es garantía de buen arte. Muchos individuos tienen un dolor psíquico muy grande pero no tienen arte (ni ciencia) para demostrarlo. Por el contrario, muchos individuos generan gran arte o ciencia sin sufrir dolor. Entre los compositores bien integrados podemos nombrar a Bach, Brahms, Stravinsky y McCartney; y entre los científicos están Faraday, James Maxwell y Einstein. Por cada demente certificable, un Bobby Fischer, hay un aparentemente normal Magnus Carlsen; para cada Van Gogh hay un Matisse.

Echando un vistazo muy poco científico a la genialidad y el trastorno mental, ¿qué nos dicen las casi 100 luminarias consideradas en este libro? Por lo menos una tercera parte del grupo (un alto porcentaje) estuvieron o están afectados por trastornos del estado de ánimo. Hildegard de Bingen, Newton, Beethoven, Tesla, Yayoi Kusama, Van Gogh, Woolf, Hemingway, Dickens, Rowling, Plath y Picasso, entre otros, mostraron alguna forma de trastorno afectivo. Los genios no tienen el hábito de estar desequilibrados, pero tienen una proclividad a estarlo. Los matemáticos y los científicos, de acuerdo con los expertos, sufren menos de trastornos psíquicos que los artistas, posiblemente porque lidian con preceptos lógicos y los límites racionales, y no con las expresiones ilimitadamente emotivas.[13] En el método científico por lo general se manifiesta un protocolo ordenado paso a paso, y lo mismo pasa cuando se resuelve una ecuación matemática.

El economista y matemático John Nash, ganador de un Premio Nobel, y personaje principal de la película *Una mente brillante*, fue una excepción a la regla del «científico sano». Esquizofrénico desde sus últimos años de adolescencia, Nash comentó a *Yale Economic Review*, en 2008: «[La percepción creativa] es una suerte de misterio. Es un área especial en la que pensar de manera inteligente y pensar de manera desquiciada pueden estar relacionadas. Si vas a desarrollar ideas excepcionales, requieres un tipo de pensamiento que no es solo pensamiento práctico».[14] Y en otro medio afirmó: «Las ideas que tengo sobre lo sobrenatural me llegaron de la misma manera que mis ideas matemáticas, así que las tomé en serio».[15]

Cuando Nash dijo: «estas ideas me llegaron de la misma manera», de modo implícito planteó otra pregunta. ¿La creatividad surge del cerebro desequilibrado por coincidencia o es este el que la genera? En otras palabras, ¿es la psicosis la que genera la capacidad para crear o esta se presenta al mismo tiempo pero de forma independiente de la psicosis? Vincent van Gogh nos proporciona un caso de prueba que no nos brinda una respuesta clara.

Los médicos han propuesto más de 100 teorías de la causa del estado trastornado de Van Gogh; entre ellas el trastorno bipolar, la esquizofrenia, la neurosífilis, el trastorno disfórico interdictal, insolación, porfiria aguda intermitente, epilepsia del lóbulo temporal precipitada por el uso de ajenjo, glaucoma de ángulo cerrado subagudo, xantopsia y enfermedad de Ménière.[16] Además, se sabe que en el desequilibrio mental del pintor hubo un fuerte componente genético. Vincent se suicidó a los 37; Theo, su hermano menor, se trastornó y murió en un hospital psiquiátrico a los 33, seis meses después de la muerte de Vincent; Cornelius, su hermano menor, al parecer murió por su propia mano, también a los 33; y Wilhelmina, una de sus hermanas, pasó 40 años de su vida en una institución mental, en donde murió en 1941 a los 79 años de edad.[17]

Van Gogh estaba consciente de que enloquecía a menudo y dijo: «Enciérrenme en un manicomio de inmediato si me equivoco, no me resistiré, o déjenme trabajar con todas mis fuerzas», le escribió a Theo el 28 de enero de 1889.[18] Ambas situaciones ocurrieron. En mayo de ese año, Van Gogh ingresó a un hospital psiquiátrico en Saint-Rémy, Francia, y se le asignaron dos habitaciones con barrotes en las ventanas, una de las cuales utilizó como estudio. Durante el siguiente año produjo algunas de sus creaciones más amadas, entre ellas *Lirios*, que pintó como los veía en el patio de Saint-Rémy, y *La noche estrellada*, esta como se veía desde la ventana del sanatorio. Su obra final, *Raíces de árboles*, que pintó después de que lo dieron de alta, «Es una de aquellas pinturas», dijo el historiador de arte Nienke Bakker, «en la que puedes sentir el estado mental a veces torturado de Van Gogh».[19]

Pero la duda persiste: ¿Vincent van Gogh fue un genio porque estaba loco (la locura le dio forma a su arte visionario) o fue un genio que resultó que además también estaba loco? Van Gogh explicó cuidadosamente todas las peculiaridades de su estilo (su teoría sobre la pintura, el color y la perspectiva, sus texturas que giran y sus luces brillantes) en sus cartas a su hermano Theo mucho antes de ejecutarlas por completo más tarde en su vida.[20] El uso exclusivo del amarillo, los intensos rojos y verdes juntos, el trenzado de pinceladas bicolores estriadas fueron parte de una estética por completo racional, radicalmente nueva.[21] En el caso de Van Gogh, la desintegración mental y la producción artística pueden haber sido dos partes separadas, aunque colaterales, de su experiencia de vida. Cuando estaba sano, Van Gogh sabía exactamente qué hacía.

Lo más importante es que también sabía cuándo estaba sano y cuándo no. Cuando estaba incapacitado, no pintaba, como dijo el 6 de julio de 1882: «Como paciente no tienes la libertad para trabajar como se debe, y tampoco estás dispuesto a hacerlo».[22] Las alucinaciones pueden o no haber sido una fuente de material artístico para él, pero en definitiva, eran una experiencia atemorizante que prefería evitar. Para hacerlo, y para mantenerse vivo, Van Gogh pintaba. Como dijo en 1882: «Sí, puedo entender por qué hay gente que salta al agua… [pero yo] pensé que era mucho mejor recobrar la compostura y buscar una medicina en marcha»,[23] y en 1883: «El trabajo es el único remedio. Si eso no ayuda, uno se viene abajo».[24] Van Gogh clamó por sobrevivir, como tantas veces y de muchas formas enfatizó en sus cartas: «Tengo que pintar».

Y pintó, durante su último año produjo como loco casi 150 obras. Al final, saltando de la manía a la depresión, de la locura a la lucidez y del hospital psiquiátrico al mundo exterior, ya ni pintar era suficiente. En la mañana del 27 de julio de 1890, Van Gogh caminó sin rumbo por un campo cerca del río Oise al norte de París y se disparó un tiro en el estómago.

En la mañana del 28 de marzo de 1941, Virginia Woolf, de 59 años de edad, se llenó los bolsillos de piedras y caminó al río Ouse al norte de Londres, y tuvo el mismo final mortal. El desequilibrio mental de Woolf cumplió con los criterios clínicos de esquizofrenia y trastorno bipolar.[25] Como escribió su sobrino Quentin Bell, «Esta era una de las dificultades de vivir con Virginia, su imaginación estaba provista de un acelerador y no tenía frenos, volaba con rapidez hacia adelante y se separaba de la realidad».[26] Leonard Woolf, el esposo de Virginia, y quien siempre la apoyaba, coincidió: «En el estado maniaco se la pasaba muy excitada; su mente volaba, saltaba de un tema a otro y, en el punto álgido del ataque, decía cosas incoherentes; deliraba y oía voces. Cuando tuvo el segundo ataque, por ejemplo, me dijo que oyó hablar en griego a los pájaros que estaban afuera de su ventana, en el jardín, y se comportó violenta con las enfermeras. En su tercer ataque, que empezó en 1914, este escenario duró varios meses y terminó hasta que cayó en coma dos días».[27] Antes, en 1904, Woolf había saltado por una ventana pero había sobrevivido.

¿De dónde obtuvo Woolf las ideas para sus novelas introspectivas? Herman Melville adquirió «profundos antecedentes» para *Moby Dick* cuando navegó en un bote ballenero en los Mares del Sur, y Ernest Hemingway, por su parte, obtuvo un «contexto» periodístico para sus obras trabajando como reportero en el frente durante la Primera y la Segunda Guerras Mundiales. Algunos escritores son agudos observadores de la vida cotidiana. Otros se apoyan firmemente en su propia imaginación, vívida pero racional: Al parecer Shakespeare era de esa clase, tenía un ojo penetrante y, además, una imaginación expansiva. Otras veces un escritor se sumerge en su propia mente psicótica.

En *La señora Dalloway*, la novela en la que más revela de sí misma, Woolf transfiere a sus personajes sus propias experiencias, tanto las reales como las que son producto de alucinaciones. La señora Dalloway es la Virginia sana, convencional; Peter Walsh actúa como su alter ego hipomaniaco; y Septimus Warren Smith representa a su contraparte fantasmal que oye pájaros cantando en griego y llega a pensar que el personal desea hacerle daño, por lo que escapa rumbo a su muerte saltando por una ventana. «Como experiencia», dijo Woolf, «la locura es genial, te lo puedo asegurar, y no hay que desdeñarla; en su lava todavía encuentro inspiración para la mayor parte de las cosas que escribo».[28]

Escribiendo es como Woolf exorcizaba sus demonios, los cuales guiaban su genialidad. La mayoría de los pacientes hablan con sus psiquiatras como parte de la «curación por el habla», pero Woolf, actuando como su propia psiquiatra, simplemente escribía. En un ensayo de 1931 demostró con su escritura la conexión entre una experiencia psicótica y la terapia dirigida a uno mismo, y con ello eliminó un alter ego amenazante. «Descubrí que si iba a reseñar libros, necesitaba enfrentar a cierto fantasma femenino... Era ella la que solía interponerse entre el papel y yo cuando estaba escribiendo reseñas. La que me molestaba, me hacía perder el tiempo y me atormentaba de tal modo que al final la maté... Me giré para enfrentarla y la tomé de la garganta. Hice mi mejor esfuerzo por matarla... Levanté la botella de tinta y le asesté un golpe. Murió lentamente».[29]

Como les pasa a muchos maniacodepresivos, Woolf fluctuaba entre altas y bajas y el estado equilibrado (eutímico) entre ambas. Como alguna vez escribió sobre regresar de la manía a la normalidad: «Me vi a mí misma, vi mi brillantez, genialidad, encanto [y] belleza disminuir y desaparecer. Una es en verdad una mujer más bien vieja, anticuada quisquillosa, fea, incompetente, vana, parlanchina y fútil».[30] Pero solo en este estado posterior, normal, cuando su discordancia podía sintetizarse en una corriente narrativa coherente, Woolf estaba suficientemente estable como para escribir. Esto fue algo de lo que se dio cuenta una noche, en junio de 1933, mientras manejaba por el suburbio londinense en el que vivía: «al estar conduciendo por Richmond anoche, pensé algo muy profundo sobre la síntesis de mi ser: cómo lo constituye solo la escritura, cómo nada se hace un todo a menos que esté escribiendo».[31] Uno de los hábitos ocultos de algunos genios es la capacidad para meterse a un mundo imaginario y después regresar. Woolf lo hacía, hasta que un día ya no pudo hacerlo.

La artista contemporánea Yayoi Kusama (n. 1929) todavía entra y sale del Hospital Psiquiátrico Seiwa, en Tokyo, Japón, donde ha vivido desde 1977. La revista *Time* la puso en la lista de las 100 personas más influyentes en 2016 y cabe señalar que también está entre los artistas vivos mejor conocidos del mundo, pero Kusama todavía tiene el mismo régimen obsesivo compulsivo: «Del otro lado de la calle, frente al hospital, construí un estudio, en donde trabajo cada día, yendo y viniendo de los dos edificios. La vida en el hospital tiene un horario fijo. Me retiro a las nueve de la noche y despierto a la mañana siguiente a las siete, a tiempo para un examen de sangre. Todas las mañanas, a las diez, voy a mi estudio y trabajo hasta las seis o siete de la tarde».[32] En otro lugar de su autobiografía, agregó: «Fluctúo entre los dos extremos: la sensación de logro que experimenta un artista al crear, y la feroz tensión interna que estimula la creatividad... entre sensaciones producidas por cosas reales y sensaciones que surgen cuando me escapo a la irrealidad».[33]

Kusama ha estado viviendo en la irrealidad desde que era niña. Cuando describió la clase de suceso psicótico que llegó a marcar su estancia en Nueva York (1957-1973) como joven adulta, dijo:

> Muchas veces sufría episodios de neurosis severa. Cubría un lienzo con redes y continuaba pintándolas en la mesa, en el piso y al final en mi propio cuerpo, y repetía este proceso una y otra vez, tanto que las redes empezaban a expandirse hasta el infinito. Cuando me rodeaban, colgadas de mis brazos y piernas, y de mi ropa, y llenaban toda la habitación me olvidaba de mí misma. Una mañana me desperté para encontrar que las redes que había pintado el día anterior estaban pegadas en las ventanas. Maravillada ante esto, fui a tocarlas y entonces se arrastraron hasta la piel de mis manos y entraron en ellas. Mi corazón empezó a acelerarse. En la agonía de un

Figura 7.1: Yayoi Kusama, fotografiada en su habitación con su obra titulada *With All My Love for the Tulips, I Pray Forever* (Con todo mi amor por los tulipanes, rezo para siempre) (Museo de Arte de la Ciudad, Matsumoto Nagano, Japón).

> completo ataque de pánico, llamé a una ambulancia que me llevó a toda prisa al Hospital Bellevue. Desafortunadamente esta clase de cosas empezó a ocurrir con cierta regularidad... Pero lo único que hice fue continuar pintando como loca.[34]

Superando las redes del infinito, Kusama pintó de modo obsesivo cantidades infinitas de puntos (Figura 7.1) o alguna otra fijación reproducible con rapidez. Los críticos la han llamado «La alta sacerdotisa de los puntos» y «La primera artista obsesiva». Ella misma ha llamado a su trabajo «arte psicosomático»: el arte que surge de la psicosis. ¿Su objetivo? Eliminar el trastorno obsesivo del que sufre y con ello permitir que su espíritu (y el del espectador) trascienda hasta un «vértigo de la nada», infinito y no diferenciado. «Mi arte», dice: «se origina en alucinaciones que solo yo puedo ver. Yo las traduzco en esculturas y pinturas, igual que lo hago con las imágenes obsesivas que me plagan. Todas mis obras en pastel son producto de mi neurosis obsesiva y, por lo tanto, están conectadas de manera inseparable a mi enfermedad... Al traducir las alucinaciones y el miedo a estas en pinturas, lo que he hecho es intentar curar mi enfermedad».[35] Y en su autobiografía, escribió: «Por lo tanto, podrías decir que mi pintura se originó de una manera original e intuitiva que tuvo poca relación con la noción de "arte"».[36]

COMO MUESTRAN LOS EJEMPLOS DE VINCENT VAN GOGH, VIRGINIA WOOLF Y YAYOI KUSAMA con creciente certeza, el «trastorno» mental no solo puede inhabilitar, también puede hacer lo contrario. La expresión creativa puede proteger y sanar la psique, y de ese proceso de supervivencia personal emerge una obra de arte. Un creador puede imponer en un lector, espectador o escucha sus experiencias de vida. El artista dice: «Yo lo veo, lo siento, y quiero que también lo veas y lo sientas, y cuando lo hagas, tú y yo estaremos más en infinita armonía dentro de nosotros mismos, de manera individual y uno con el otro». A continuación aparecen las declaraciones de unas cuantas personas excepcionales que produjeron arte impulsadas por un «desequilibrio» mental.

Vincent van Gogh: «Debo pintar».

Virginia Woolf: «Escribo para estabilizarme».

Yayoi Kusama: «El arte es una liberación y un tratamiento».

Pablo Picasso: «[*Las señoritas de Aviñón*] fue mi primer cuadro de exorcismo».

Anne Sexton: «La poesía me llevó de la mano para salir de la locura».

Winston Churchill. «El pintar llegó a mi rescate en un momento muy difícil».

Martha Graham: «Cuando dejé de bailar perdí mi voluntad de vivir».

Robert Lowell: «[Yo] usaba la escritura como escape para escribir y sanar».

Chuck Close: «Pintar me salvó».

Amy Winehouse: «Escribo canciones porque estoy mal de la cabeza y necesito sacar algo bueno de algo malo».[37]

Todos los humanos necesitan una actividad que los haga salir adelante, avanzar por una trayectoria saludable. Aunque para los demás las cosas que creas sean insignificantes, que tú pienses que tu obra es importante puede salvarte la vida.

En una descorazonadora carta escrita en 1803, titulada «Testamento Heiligenstadt» por el suburbio de Viena en el que fue escrita, el entonces suicida Ludwig van Beethoven (1770-1827) explicó por qué decidió no terminar su vida: «Lo único que me detenía en este mundo era *mi arte*, y me parecía imposible dejarlo sin haber traído a él todo lo que sentía que aún había dentro de mí. Así que soporté esta miserable existencia».[38] Esa no fue la única vez que Beethoven contempló la posibilidad de quitarse la vida. En 1811, por ejemplo, estuvo perdido durante tres días en el bosque, hasta que la esposa de otro músico lo encontró en una zanja. Beethoven le confesó que tenía la intención de «dejarse morir de hambre».[39] El músico padecía varios trastornos, era bipolar y paranoico, y por mucho tiempo sufrió una enfermedad gastrointestinal causada por envenenamiento por plomo, además de eso era un alcohólico funcional.[40] Pero la discapacidad que tenemos presente es la sordera.

Beethoven empezó a tener un zumbido en los oídos (tinnitus) y eso aumentó su dificultad para oír tonos agudos durante la década de 1790, cuando tenía 20 años. En 1801 le escribió a un amigo: «Mis oídos continúan zumbando día y noche... En el teatro tengo que pararme muy cerca de la orquesta y apoyarme en los barandales para entender a los actores... Incluso algunas veces apenas si oigo a los que están hablando con voz baja, oigo los tonos, pero no las palabras».[41] En 1814 Beethoven dejó de aparecer en público como ejecutante. Pero fue hasta 1817, cuando tenía 47, que su sordera se volvió tan extrema que ya no podía escuchar nada de música. Cuando murió, una autopsia reveló que sus nervios auditivos estaban secos y desprovistos de neurina; las arterias acompañantes estaban tan cartilaginosas y dilatadas que habían alcanzado el tamaño de un cañón de «pluma de cuervo».[42]

Dos cuestiones brindan contexto: una es que Beethoven continuó escuchando, si bien con menos capacidad, a lo largo de la década de 1803 a 1813, durante la cual escribió la música que es más amada por quienes van a sus conciertos hoy en día; sus sinfonías más populares, conciertos y sonatas de piano; la idea de que «Beethoven estaba sordo», por lo tanto, no es totalmente precisa, depende de la época de su vida de la que se trate. La otra es que muchos compositores talentosos tienen la habilidad para crear música sin necesidad de escuchar sonidos exteriores, pues componen por medio de un «oído interno», el mejor ejemplo de esto es Mozart; Beethoven también tenía la capacidad de oír música dentro de su cabeza, hacer bocetos musicales a mano y terminar la pieza final sentado en un escritorio sin la asistencia de un instrumento musical.

Pero una discapacidad puede marcar la diferencia. Lo que volvió inmortal la música de Beethoven en parte fue la forma en que respondió a su «déficit». Es irónico que la contribución de Beethoven el «sordo» a la historia musical haya sido su descubrimiento del sonido musical. Esto significa que, más que la idea musical, lo que su música privilegia es el sonido de esa idea repetido una y otra vez. Beethoven creó su música singular fijando un acorde, frase melódica o ritmo en un lugar, el cual simplemente repetía una y otra vez, aumentando el volumen y muchas veces aumentando el tono con cada reiteración. Reducir la música a sus elementos básicos y luego empujarlos hacia adelante de forma insistente, en una creciente marea de sonido, le dio a la música de Beethoven un poder nunca antes visto. Parecía decir: «no puedo oír, no puedo oír, no puedo oír. ¡MÁS FUERTE!».

Cuando tienen la experiencia de la música, las personas con discapacidad auditiva muchas veces «oyen» solo vibraciones (palpitaciones de la Tierra). ¿Será por eso que tantas de las composiciones de Beethoven son danzas estilizadas (música reducida a pulsaciones básicas)? Tal vez la mejor forma de experimentar la danza de Beethoven y la Tierra vibrando es escuchar el primer movimiento de su Sinfonía número 7, en la que el compositor repite el mismo tema 57 veces en forma sucesiva. Lo más revelador son las hermosas y extrañas texturas y dislocaciones abstractas (llamémoslo interioridad extrema) que se encuentran en los últimos cuartetos y sonatas para piano del ahora completamente sordo Beethoven.[43] «La sordera no dañó sus habilidades como compositor, incluso puede haberlas acentuado», concluyó Maynard Solomon, el experto en Beethoven.[44] De hecho, la genialidad de Beethoven radica hasta cierto punto en los sonidos que su discapacidad lo obligó a oír de modo interno y después transmitir al papel.

¿QUÉ ARTISTA ENFRENTA UN RETO MAYOR, EL COMPOSITOR QUE NO PUEDE OÍR O EL PINTOR QUE NO PUEDE VER? El pintor Chuck Close (n. 1940) es incapaz de reconocer a amigos, miembros de su familia o conocidos sin importar cuántas veces se encuentren. Además de la dislexia y otras discapacidades cognitivas, Close sufre de «ceguera de rostros», una discapacidad a la que los neurólogos han nombrado prosopagnosia.[45] La ceguera de rostros resulta de un trastorno en el área fusiforme de la cara, dentro del giro fusiforme del lóbulo temporal, el cual vincula las rutas neurales relacionadas con el reconocimiento visual.[46] El neurólogo Eric Kandel, ganador del Premio Nobel, le dijo a Close en una entrevista: «Usted es el único artista con ceguera de rostros en la historia del arte Occidental que ha decidido hacer retratos».[47]

Chuck Close no puede reconocer las caras en parte porque no puede conceptualizar imágenes en tres dimensiones, pero puede hacerlo si el sujeto es de dos dimensiones. Para crear un retrato, Close toma una fotografía de una cara y después divide la imagen de dos dimensiones en una miríada de pequeñas unidades incrementales, cada una de las cuales pinta separadamente de una forma distintiva. Para un retrato de su amigo Bill Clinton (2006; Figura 7.2), Close creó una composición con 676 diamantes individuales. Lo que resultó fue algo cercano a una atomización de la cara, una descomposición que nos hace darnos cuenta de que una persona (y cada genio en potencia) es un compuesto de incontables y minúsculos elementos que pueden o no unirse. Close señala en especial los dientes descompuestos de Clinton: «Cada diente estaba separado y tuve que juntarlos para que parecieran dientes».[48] Obligado a ver el mundo de forma diferente, Chuck Close, que padece de prosopagnosia, improvisó una solución. El retrato de Close de Clinton hoy se exhibe en la National Portrait Gallery en Washington, D. C., y conmemora tanto a un presidente como a una discapacidad.

Figura 7.2: El retrato de Bill Clinton que hizo Chuck Close en 2006 es un conjunto de 676 diamantes individuales que refleja la manera en que este responde a su discapacidad, conocida como prosopagnosia (obsequio de Ian y Annette Cumming, Galería Nacional, Washington, D. C.).

Si el retratista Chuck Close no puede recordar las caras, el artista Stephen Wiltshire ve todo y nada se le olvida. Wiltshire tiene una memoria eidética, o fotográfica. Puede ver un paisaje citadino o una escena en Londres, Nueva York, Roma, Dubái o Tokio solo una vez, durante alrededor de 20 minutos y después replicar con gran meticulosidad lo que vio, con lujo de detalles. Sus dibujos, cuya realización le puede tomar horas, se venden en su galería en Londres por decenas de miles de libras.

¿Se puede decir que Stephen Wiltshire es un genio? Aunque las hazañas de su memoria son impresionantes, no lo es. Como el autista erudito que es, Wiltshire tiene la capacidad de procesar información visual a velocidad de computadora, pero posee el desarrollo general cognitivo de un niño de cinco años.[49] Wiltshire pinta exactamente lo que ve; ni más ni menos. ¿Y qué hay de los demás llamados genios eruditos: se puede calificar como tal a Kim Peek, el portento calculador, quien inspiró la película ganadora de Óscares, *Cuando los hermanos se encuentran* (1988), o a Derek Paravicini, el prodigio musical que puede tocar una pieza después de escucharla solo una vez, de atrás hacia adelante, nota por nota? Tener la capacidad para procesar algo a la velocidad de un rayo es una cosa, ser original es otra. Al pintar a mano cada una de sus unidades incrementales y unirlas de modo único, Chuck Close agrega valor a sus retratos, Stephen Wiltshire y Derek Palavicini solo replican cosas existentes. Sin embargo, como el neurólogo Oliver Sacks ha señalado refiriéndose a Wiltshire y otros autistas eruditos, el arte verdadero implica un proceso personal en el que el creador toma el material prestado, «lo sitúa en relación consigo mismo y lo expresa de una nueva forma, una propia».[50]

«Para el éxito en la ciencia y el arte es esencial una pizca de autismo», dijo Hans Asperger, de quien tomó su nombre el síndrome de Asperger.[51] Una pizca de autismo puede ser necesaria, pero también lo es una gran cucharada de imaginación, así como la habilidad para visualizar y hacer nuevas conexiones. De Isaac Newton, que vio relaciones a lo largo de la galaxia, Srinivasa Ramanujan (1887-1920), que resolvió problemas matemáticos que antes se consideraban irresolubles, y Alan Turing (1912-1954), que desempeñó un papel clave para el desarrollo de la informática moderna, así como para decodificar la máquina Enigma nazi: se dijo que manifestaban síntomas del trastorno del espectro autista, pero todos ellos poseían además una poderosa imaginación. Los dos genios de los que hablamos a continuación han sido popularizados en películas recientes: uno es Ramanujan, en *The Man Who Knew Infinity* (2015) (El hombre que conocía el infinito) y el otro, Turing, en *El código Enigma* (2014). Pero entre las más recientes figuras públicas que exhiben habilidad y discapacidad extremas, nadie tuvo una imaginación más loca, más cósmica, que el fallecido comediante Robin Williams.

Decir que el marco de referencia de Robin Williams era de un rango amplio le hace un flaco favor a su mente. Una vez, después de hablar de las maneras de desactivar a los terroristas de Medio Oriente, rápidamente dio un giro hacia Estados Unidos y agregó: «Si alguna vez estás en un país amish y ves a un hombre que está con un caballo que tiene una pistola enterrada en el culo, lo que estás viendo es a un mecánico, no a un terrorista».[52] Williams tenía una mente que se movía a la velocidad del rayo. Su amigo Billy Crystal una vez dijo de él: «Si yo fui hoy veloz, él sería más veloz». Y James Lipton, cuando lo presentó en el programa televisivo *Inside the Actors Studio*, le preguntó: «¿Cómo explicas la velocidad tan asombrosa a la que puedes desplegar tus reflejos mentales? ¿Piensas más rápido que la mayoría o qué demonios te pasa?».[53] Quizá la respuesta era que tenía trastorno de déficit de atención (TDA).[54]

«Yo trataba de tener una conversación con Robin», dijo Joel Blum, su compañero de clase, «y todo iba bien durante unos 10 segundos, pero luego él empezaba a imitar la voz de un personaje y a actuar un poco. Literalmente casi rebotaba en las paredes de pura locura. Y luego se iba».[55] Aunque nunca lo diagnosticaron de manera oficial con trastorno de déficit de atención, muchos observadores de la salud mental sospechaban que ese era su caso.[56] Se sabe que muchas personas con TDA también tienen una imaginación muy activa, lo que da paso a dones creativos especiales.[57] También tienden a desarrollar la demencia con cuerpos de Lewy (DCL),[58] una enfermedad que se manifiesta en la acumulación anormal de proteínas neuroquímicas en el cerebro. Williams sufría de DCL y es probable que esta precipitara su muerte por suicido a la edad de 63 años. En muchos casos la depresión acompaña tanto al TDA como a la DCL. No obstante, el pesimismo puede ser la fuente del humor negro que da lugar, de modo irónico, a un buen chiste terapéutico. «Muchas veces debí haberme volado los sesos», dijo Lord Byron, «la única razón por la que no lo hice fue porque tenía la impresión de que a mi suegra eso le habría dado mucho placer».[59]

El humor de la horca, un sentido trágico de ironía, es algo que numerosas mentes de genios han poseído. Mientras más profundo es el abismo, más humor se necesita para salir de él. El depresivo comediante Jonathan Winters, mentor de Williams, dijo una vez: «Necesito ese dolor (sea lo que sea) para acudir a él de vez en vez, sin importar lo fuerte que haya sido».[60] «No es gracioso», observó el mismo Williams, «que pueda traer felicidad a toda esta gente pero no a mí mismo».[61] Los pensamientos oscuros de Williams dieron pie a que las personas se rieran a carcajadas cuando contó: «En Texas hay tantas sillas eléctricas que hasta Santa Claus tiene una. Y antes de administrarte una inyección letal te limpian el brazo con un algodón remojado en alcohol, no vaya a ser que adquieras una infección».[62] Williams lo vio venir: «Eso es lo excitante: la idea de la actividad exploratoria. Esto es con lo que lidiamos los artistas, comediantes y actores. Vas a llegar a la orilla y te vas a asomar, y algunas veces vas a dar un paso al otro lado, y luego, con suerte, vas a regresar».[63]

¿El TDA dio poder a las conexiones que hizo Robin Williams a la velocidad del rayo al servicio de la comedia? Chuck Close tenía prosonopagnosia, una condición para la que necesitaba una «solución alternativa», la encontró y esta abrió una nueva dirección para el arte moderno. Stephen Hawking tenía esclerosis lateral amiotrófica (ELA) y, de acuerdo con su amigo premio Nobel Kip Thorne, «tuvo que aprender una manera completamente nueva» para seguir su desarrollo como físico.[64] Los científicos británicos atribuyeron al síndrome de Asperger la extraordinaria capacidad de Isaac Newton para concentrarse, así como la propensión de Andy Warhol para reproducir imágenes repetitivas.[65] El síndrome de Asperger se agregó al *DSM* en 1995, pero luego, en 2013, lo eliminaron y lo volvieron a clasificar dentro de la categoría diagnóstica del trastorno del espectro autista. Los tiempos y las culturas cambian. También lo hacen nuestras actitudes hacia la genialidad y las discapacidades percibidas.

En abril de 2015, Joseph Straus, distinguido profesor del Centro de Graduados de la Universidad de Nueva York, vino a mi «curso de genios» de Yale a hablar sobre el autismo. Straus escribió un libro sobre el tema de la discapacidad (*Extraordinary Measures: Disability in Music*, 2011), al cual lo atrajo el hecho de que su hijo mayor es autista. Al final de su lúcida presentación, Straus y el grupo de más o menos 80 alumnos tuvieron una acalorada discusión que fue subiendo de tono. Muchos de los asistentes se estaban especializando en psicología o neurobiología, varios habían realizado sus internados de verano en laboratorios en los que la investigación sobre autismo era financiada con el dinero de los Institutos Nacionales de Salud (NIH, por sus siglas en inglés) de Estados Unidos. Todos estaban deseosos de aprender sobre los recientes avances para encontrar una «cura» para el autismo.

Straus se rehusaba a aceptar que era necesario curar el autismo. Él y su esposa habían pasado gran parte de su vida adaptándose e incorporando a su vida el potencial humano de su hijo en toda su diversidad y plenitud. «Una persona autista», dijo Straus, «puede tener intereses o habilidades especiales que no surgen a pesar del autismo, sino precisamente por él: el autismo es el que hace posible que surja la habilidad. Esta discapacidad es una diferencia, no un déficit que necesita ser remediado, normalizado o curado por los profesionales médicos». Cuando la hora de clase se terminó, ambos lados coincidieron al concluir que aquí había un dilema ético urgente y relevante para millones de personas. ¿Querríamos eliminar el autismo o cualquier discapacidad si pudiéramos? ¿No son estos «otros» perfiles psicológicos solo diferentes formas de inteligencia que podrían derivar en la genialidad?[66]

Martin Luther King valoró lo desequilibrado cuando dijo: «La salvación humana está en las manos de los creativos inadaptados».[67] Los genios necesitan crear y nosotros necesitamos que lo hagan. Lo mismo ocurre con muchas diferencias neurológicas que han demostrado ser posibilitadoras de la genialidad. Más que pensar en ellas como barreras insuperables o discapacidades, podríamos verlas como oportunidades de donde puede surgir el pensamiento original.

Si Beethoven estuviera vivo hoy, la cirugía podría mejorar, si no es que eliminar, la otosclerosis que sufría. El psicoanálisis y los antidepresivos podrían haber ayudado a Woolf a continuar escribiendo, pero ¿a qué costo? Kusama intentó la «curación por el habla» del psicoanálisis durante seis años, pero a expensas de su arte. «Las ideas dejaron de surgir, sin importar qué pintara o dibujara», dijo, «porque todo salía por mi boca».[68] Robin Williams sabía que nunca estaría equilibrado y no estaba seguro de querer estarlo por temor a perder su genialidad para la comedia. «Y luego estás jodidamente muerto, ¡okey!», dijo.[69] Los científicos podrían un día descubrir una manera de eliminar o reducir de forma radical las «discapacidades», como la sordera, el autismo, el síndrome de Asperger, el trastorno obsesivo compulsivo (TOC) y el TDA. Pero ¿podría en realidad considerarse progreso si esto significa que no haya más «Odas a la alegría», no más teorías de la gravedad, no más *La noche estrellada en mi taza de café*, no más chistes que nos hagan reír hasta las lágrimas? Tú decides.

Un argumento final: muchas veces pensamos en la genialidad como una estrella que se enciende de manera brillante pero se quema rápido. Tomando a Van Gogh como arquetipo, imaginamos a un hombre loco con tendencias suicidas que muere joven, en su caso, a los 37 años de edad. Pero Van Gogh era atípico. Aunque su vida única, original, es material para una historia conmovedora, ensombrece el hecho de que los genios tienen un hábito de tener vidas largas.

Podríamos debatir quiénes son los mayores genios entre los pintores, científicos o músicos clásicos (depende, una vez más, de tus valores y tu perspectiva cultural). Pero para decir algo sobre la longevidad, les comento que llevé a cabo un estudio para nada científico. Fui a Google y busqué «los 10 más grandes compositores clásicos», lo que me dio una lista de nombres que incluía a Beethoven, Mozart, Bach, Richard Wagner y Piotr Ilich Tchaikovsky. Para aquellos 10 genios musicales calculé que vivieron en promedio 51.4 años. Pasando a los pintores, mi búsqueda de Google identificó a Picasso, Leonardo, Van Gogh, Miguel Ángel, Warhol, Kahlo y otros, y su vida tuvo una duración promedio de 67.2 años. Esos famosos pintores vivieron, en promedio, 30 años más que Van Gogh. Cuando hice el mismo cálculo para los científicos (Newton, Galileo, Einstein, Curie, Hawking, Tesla y sus colegas), descubrí que vivieron un promedio de 75.3 años. Para poner estos números en contexto, casi todos estos genios nacieron antes de que se generalizara el uso de antibióticos (1940), cuando el ciclo de vida era mucho más corto; haciendo un ajuste por la mortalidad infantil, en 1750 el tiempo de vida de la población general para los hombres blancos era de aproximadamente 35 años, en 1830 de 40 años y en 1900 de 47 años. Así, de acuerdo con estos cálculos aproximados, muchos genios parecen vivir casi una década más que la población general. Estos nombres ponen en duda un viejo proverbio latino: *Dum spiro, spero* («mientras respiro, tengo esperanza»). Nuestros genios sugieren que la realidad es al revés: *Dum spero, spiro* («Mientras tengo esperanza, respiro»). ¿A qué se debe esto?

¿Es porque los optimistas viven en promedio una década más que los pesimistas? Esto de acuerdo con un estudio realizado en 2019 por la Universidad de Harvard y de Boston, el cual fue publicado en *Proceedings of the National Academy of Sciences*.[70] Al comparar a los individuos con base en sus niveles iniciales de optimismo, los investigadores encontraron que los hombres y mujeres más optimistas, en comparación con los grupos menos optimistas, demostraron tener, en promedio, un lapso de vida de 11% a 15% más largo, y de 50% a 70% más probabilidades de llegar a los 85 años de edad».[71] Aunque la psicología del «por qué» sigue siendo desconocida, el hecho importante se aclara: los optimistas, como los genios, viven más tiempo.

Pero los genios (los creativos inadaptados) son básicamente optimistas. Como dijo Mark Zuckerberg, de Facebook, en 2017: «Los optimistas tienden a ser exitosos y los pesimistas tienden a tener razón... Si piensas que algo va a salir muy mal y va a fracasar, entonces vas a buscar los datos que comprueben que tienes razón. Y los vas a encontrar. Eso es lo que hacen los pesimistas... Pero si piensas que algo es posible, entonces vas a encontrar la manera de hacer que funcione».[72] Encontrar esa «manera de hacer que funcione» es la misión, la pasión y tal vez la obsesión compulsiva de los genios. Genios o apáticos, todos necesitamos tener una misión que consideremos que es posible lograr. Sin importar cuán «loco» o «inadaptado» parezca lo que nos propongamos, solo tener esa misión nos ayuda a mantenernos vivos.

Capítulo 8

REBELDES, INADAPTADOS Y ALBOROTADORES

> Por los locos, los inadaptados, los rebeldes, los alborotadores, las tachuelas redondas en los agujeros cuadrados... los que ven las cosas de otra manera (a los que no les gustan las reglas)... Puedes citarlos, contradecirlos, glorificarlos o calumniarlos, pero lo que no puedes hacer es ignorarlos porque ellos cambian las cosas... impulsan a la raza humana a avanzar, y mientras que algunos los ven como los locos, nosotros vemos el genio, porque los que están suficientemente locos para pensar que pueden cambiar el mundo son los que lo hacen.

El discurso de este comercial de televisión de 1997, «Think Different» (Piensa diferente), se debe al genio Steve Jobs y marcó el inicio de lo que resultaría ser el cambio de rumbo de su

Apple Computer Inc., entonces tambaleante. Millones de personas vieron este comercial, que se transmitió de 1997 a 2002, con la voz en off del actor Richard Dreyfus (en un principio se planeó que fuera el mismo Jobs) y las fotografías de muchos de los genios icónicos del siglo XX apareciendo en pantalla: Albert Einstein, Bob Dylan, Martin Luther King, John Lennon, Thomas Edison, Muhammad Ali, Mahatma Gandhi, Amelia Eckhart, Martha Graham, Jim Henson, Pablo Picasso y Frank Lloyd Wright. Acompañado de música lenta, cuasirreligiosa, el mensaje suena menos como un discurso de venta y más como un himno a una de nuestras creencias más queridas: que el genio rebelde hace que nuestro mundo sea un mejor lugar. En este contexto, «loco», «alborotador» e «inadaptado» suenan como halagos. Estos genios son nuestros amigos, nuestros héroes, nuestras deidades contemporáneas.

Como cultura, rendimos homenaje al genio rebelde porque él o ella tienen la capacidad de hacernos ver el mundo de otra manera. ¿A qué conformistas recordamos? Sin una rebelión contra el *statu quo*, no hay genio. No todos los rebeldes son genios, por supuesto, porque no todas las ideas disruptivas resultan ser brillantes. El rebelde Ícaro voló muy cerca del sol, ¿y qué buen resultado tuvo? Sin embargo, el genio tiene el hábito no solo de rebelarse, sino también de tener buenos resultados.

Pero el genio no siempre es universalmente amado. Sócrates era un hombre tan peligroso que los ciudadanos de Atenas lo obligaron a tomar veneno. Martín Lutero y Galileo Galilei fueron sujetos al arresto domiciliario. Nelson Mandela, Martin Luther King y Mahatma Gandhi fueron encarcelados. Juana de Arco fue quemada en la hoguera. Incluso los benignos pintores impresionistas fueron en un principio denigrados y exiliados a un *salon de refusés* (salón de rechazados). De acuerdo con el historiador John Waller, Vincent van Gogh, Albert Einstein, Winston Churchill y Jesucristo fueron solo unos cuantos visionarios que atravesaron periodos de exilio público, real o figurado.[1] El cambio social requiere tiempo y voluntad para aceptar la modificación. Solo con el tiempo una idea loca se puede convertir en la nueva norma.

Algunas veces la aceptación tarda en llegar. Durante milenios unos cuantos científicos en diferentes momentos argumentaron que era el Sol, y no la Tierra, el centro de la galaxia; pero fue hasta 1820 cuando la Iglesia de Roma aceptó oficialmente esa creencia.[2] Alrededor del año 1796, Edward Jenner tomó pus de vacas infectadas con el virus de la viruela bovina y la inyectó en humanos; algunas familias, incluyendo la de los Mozart, se rehusaron a ser vacunadas y sufrieron las consecuencias, pero para 1980 la vacuna había erradicado la viruela. En 1919 se comprobó la Teoría de la Relatividad General, pero pasó exactamente un siglo para que se ofreciera la colaboración visual de un corolario de esa teoría: la existencia de los agujeros negros.[3] Por contraste, para la ascensión de Martin Luther King de prisionero a icono de los derechos civiles en la Explanada Nacional en Washington, D. C., se requirieron solo décadas. ¿Por qué toma tanto tiempo aceptar lo nuevo? Porque a la mayoría no nos gustan las ideas disruptivas ni los rebeldes que las traen.

«Cuando un verdadero genio aparece en el mundo», dijo Jonathan Swift en 1728, «se le puede reconocer por este signo: todos los estúpidos se unen contra él».[4] Entonces, ¿por qué la mayoría de nosotros, los estúpidos, nos alineamos contra el genio, por lo menos al principio? Es porque los genios son alborotadores y la gente así hace difíciles las cosas para los demás. Nos incomodan porque quieren obligarnos a cambiar y los cambios requieren trabajo. Cuando a la mayoría de la gente le dan a elegir entre una nueva idea creativa y una que es práctica y vieja, casi siempre elige esta última, a juzgar por los resultados de una prueba publicada en 2011 en *Psychological Science*.[5] Preferimos mantener el *statu quo*. Hasta a los profesores, que ejercen una responsabilidad profesional de animar a los alumnos a ser creativos, les fastidia tener alumnos disruptivos en el salón de clases.[6] «Digan lo que digan», escribió Amanda Ripley, la autora de *The Smartest Kids in the World: And How They Got That Way*, «la mayoría de los profesores realmente no aprecian la creatividad y el pensamiento crítico en sus alumnos. [Hay montones de] historias de pequeños genios que fueron expulsados de lugares de aprendizaje».[7]

En 1632, Galileo Galilei castigó al papa Urbano viii refiriéndose a él en repetidas ocasiones como «el Simplicio»[8]. Urbano no podía soportar la revolucionaria idea de Galileo de que la Tierra giraba alrededor del Sol, y Galileo no podía soportar la ignorancia de Urbano. Pero pongámonos en los zapatos rojos de Urbano. Toda la evidencia empírica sugiere que el Sol se eleva en el este, atraviesa el cielo y se pone en el oeste; de hecho, la Biblia afirma esto en 67 lugares.[9] No me parece que vaya por el espacio a 800 000 kilómetros por hora, y tampoco le parecía al papa Urbano. Pero Galileo, utilizando el nuevo telescopio con una capacidad de aumento de 30x que él había inventado, podía ver el planeta Júpiter, así como las cuatro lunas que orbitan a su alrededor. Entonces, pensó de manera análoga: si Júpiter gira alrededor del Sol con sus cuatro lunas, ¿no podría la Tierra estar haciendo lo mismo con su luna?

Nicolás Copérnico (1473-1543) había sugerido lo mismo, pero protegió su apuesta (y salvó su vida) afirmando que su visión heliocéntrica del mundo era solo un modelo conceptual. Tenía razones para ser precavido: la Inquisición estaba en pleno y empleaba la tortura y la ejecución para combatir la herejía. Uno de sus discípulos, el filósofo Giordano Bruno, fue quemado en la hoguera en 1600 por enseñar la heterodoxia copernicana. Pero Galileo fue más lejos que Copérnico tanto en su discurso como en sus publicaciones: la teoría copernicana, dijo, es más que una mera hipótesis, es cierta. Al comparecer ante la Inquisición en Roma en 1616, Galileo se retractó (por un tiempo). Después, en 1632, publicó sus *Diálogos sobre los sistemas del mundo*, en los que ofrecía un completo respaldo al modelo de Copérnico, esta vez apoyado por más evidencias. Así que de nuevo, en enero de 1633, tuvo que ir a Roma para hacerse entender ante la Inquisición.

A nosotros este aspecto de la astrofísica podría parecernos distante de la vida diaria, pero para la Iglesia de Roma el asunto era enormemente grave. En la visión premoderna cristiana la Tierra era el centro del cosmos y Roma era su epicentro espiritual. Por arriba del límite terrestre estaba el Cielo, con los santos y los ángeles; abajo estaba el Infierno, con los pecadores y diablos. El alegato de Galileo de que la Tierra volaba por el espacio y que de hecho era solo uno de muchos planetas, y el Sol solo una entre muchas estrellas, era blasfemia. Aceptar eso implicaba que en lugar de ocupar una posición central e inamovible en el cosmos, la Tierra, la Iglesia y toda la escatología cristiana quedaría relegada a una atracción secundaria. En lugar de resultado de un plan divino, la realidad estaría más cerca de ser algo así como un misterioso accidente. ¡Lo que sería verdaderamente revolucionario!

Ante la posibilidad de ser quemado en la hoguera por predicar una doctrina falsa, Galileo negoció la condena con la Inquisición.[10] Aceptó declararse culpable de haber dado la impresión, de manera involuntaria, de que sus escritos apoyaban la teoría de un sistema solar heliocéntrico, con lo cual consiguió que las autoridades de la Iglesia solo lo condenaran a arresto domiciliario por el resto de su vida, lo que resultó ser ocho años. Pero se dice que al final de su juicio, cuando iba saliendo, murmuró. «*E pur si muove*» («Y, sin embargo, [la Tierra] se mueve»).

En la actualidad suena más que obvio: la Tierra gira alrededor del Sol. Pero incluso hoy en día hay quienes parecen no estar dispuestos a ceder ante la arrolladora evidencia científica. En 1953 el investigador Jonas Salk anunció el desarrollo de una vacuna contra la polio, pero algunos países de África todavía se rehúsan a distribuirla. En 1961 John Enders descubrió una vacuna contra el sarampión, pero algunas personas todavía se rehúsan a aceptarla, así como se rehúsan a permitir que se vacune a sus hijos contra difteria, tétanos y tos ferina, o el virus del papiloma humano. Predominan los científicos que argumentan que tanto los incendios forestales como las cada vez más intensas tormentas marinas están ligadas al calentamiento global, pero no faltan los que niegan la existencia de una conexión causal entre estos fenómenos y el cambio climático. Algunos líderes mundiales al principio negaron que hubiera evidencia científica que apuntaba a una pandemia por COVID-19. ¿Qué es lo que *todos* creemos hoy que algún genio refutará mañana?

HOY UTILIZAMOS LA PALABRA «PROTESTANTE» SIN PENSARLO MUCHO: «Un protestante es un cristiano que no es católico», podría uno decir a la ligera. Pero hablando en sentido estricto, los protestantes originales eran aquellos que, apoyados en las escrituras, ofrecían atestiguar (*pro + testamentum*) en apoyo de una idea rebelde: la de que la religión se podía estructurar según un nuevo sistema, uno diferente al de la Iglesia de Roma. De modo similar, por lo general asumimos que un «manifestante» es un antagonista, alguien que marcha y grita consignas por el cambio del *statu quo*, como hicieron los manifestantes que protestaron contra la guerra de Vietnam en la década de 1960, o como aquellos que se manifestaron o protestaron contra el muro que proponía el presidente Trump y sus políticas contra los inmigrantes. Martín Lutero (1483-1546) fue protestante y a la vez manifestante, ya que profesaba una nueva religión y protestaba contra la vieja; y si hubo alguna vez un genio que forjó el cambio, ese fue Lutero.

Hacia el final de su vida, Martín Lutero había creado una nueva religión que tenía su propia teología y liturgia, instituyó el matrimonio clerical, disolvió las órdenes monásticas, dio al norte de Europa la independencia financiera respecto del sur y propició un ambiente en el que el capitalismo individualista y las semillas de la democracia pudieran echar raíces. La estructura jerárquica de poder de arriba abajo (del papa al prelado [episcopal] al presbítero [sacerdote] al párroco) se revirtió, y ahora subía de los párrocos a los líderes que estos eligieran. Es probable que Martín Lutero haya contribuido más que cualquier otro individuo solo a abrir la puerta de la teocracia a la democracia y del mundo medieval al moderno.

Todo comenzó en la puerta principal de la iglesia del humilde castillo en Wittenberg, Alemania. Ahí, el 31 de octubre de 1517, Martín Lutero dio en el clavo con sus famosas 95 tesis (95 quejas sobre las acciones del papa en general y en específico sobre la práctica papal de vender indulgencias).[11] «Tan pronto como la moneda en el cofre suena/El alma desde el purgatorio salta»,[12] era el *jingle* de ventas utilizado por los agentes de coleta enviados de Roma para ofrecer la gracia espiritual eterna a cambio del dinero alemán. Por lo tanto, la rebelión de Lutero fue tanto económica como religiosa, y de no ser porque contaba con el apoyo de algunos príncipes alemanes que coincidían con sus creencias, no hubiera podido escapar de ser juzgado por una corte eclesiástica en 1518 y después por una secular en 1521.[13] Un emisario papal había declarado: «¡En tres semanas lanzaré al fuego al hereje!».[14] El emperador del Sacro Imperio Romano Germánico, Carlos V, ordenó que Lutero fuera arrestado pero este se escabulló. Sin embargo, pasó los años que le quedaban de vida en pueblos y fortalezas en donde tenía seguidores que lo protegían. Lutero actuó guiado por su conciencia y una voluntad de arriesgarse a morir por profesar lo que él creía. Casi al final del relato de su defensa en Worms, emitió su famosa declaración: «No puedo y no me voy a retractar de nada, puesto que no es seguro ni correcto ir contra la conciencia. No puedo actuar de otra manera. Aquí estoy. Dios me ayude. Amén».[15]

¿Cuáles otros disruptores tuvieron la valentía de defender sus convicciones? Cuando los demás lo dudaban, Cristóbal Colón navegaba hacia el oeste para llegar al lejano Oriente, Karl Marx y Friedrich Engels escribían *El manifiesto comunista* y Gustave Eiffel construía su torre. Charles Darwin se dio cuenta de que el hombre no había sido creado el sexto día por Dios sino que había descendido de forma gradual de primates menos desarrollados, concluyó que el Libro del Génesis era a lo sumo una metáfora.[16] Nikola Tesla llegó a Estados Unidos en 1884 para trabajar con Thomas Edison, pero no tardó en alejarse de él porque creía que su sistema, de corriente alterna, y no el de Edison, de corriente directa, sería el que iluminaría al mundo. En una transmisión de radio en 1953, Albert Einstein agradeció a aquellos que le habían dado un premio por «no ser alguien conformista en cuestiones científicas» con estas palabras: «Me da un gran placer ver que la necedad de un inconforme incorregible sea aclamada».[17] Cada uno de estos genios se rebelaron contra la sabiduría convencional. ¿Pero qué es lo que los impulsó a rebelarse?

En pocas palabras: fue el descontento. Como ya hemos observado, el genio ve lo que los demás no ven y esto le provoca emoción o alarma, o ambas cosas. Louis Pasteur se alarmó cuando vio la gran cantidad de personas que morían por el consumo de leche contaminada y desarrolló el proceso de la pasteurización para exterminar los gérmenes. Tim Berners-Lee vio que las redes locales necesitaban estar interconectadas y creó la red informática mundial World Wide Web. Jeff Bezos vio el tráfico de datos de los usuarios en esa red y se emocionó con la posibilidad de trastocar de forma rentable el comercio tradicional. A Steve Jobs le molestaba que todos los servidores y las computadoras caseras tuvieran estructuras metálicas: «Se me metió el gusanillo de que quería que la computadora tuviera un gabinete plástico», recordaba en 1997.[18] Elon Musk se alarmó por los peligros que representa el uso de combustibles fósiles y por el calentamiento global, lo que dio lugar al nacimiento de Tesla, SolarCity y SpaceX.

Andy Warhol parecía estar descontento con casi todo. Rechazó su nombre (y lo cambió de Warhola a Warhol), la preferencia sexual que sus padres esperaban de él, su cabello real (usaba peluca) y su nariz (se hizo una rinoplastia). Dejó su nativo Pittsburgh en 1949, se mudó a Nueva York para trabajar como artista gráfico comercial. Ahí vivió la experiencia de desconectarse del arte de los «viejos maestros» que dominaba los museos y galerías establecidos de Manhattan y de los valores descaradamente comerciales que dirigían el mundo empresarial.

¿Por qué las artes visuales tienen que tratar de un contexto, simbolismo, significado y técnica pictórica? preguntaba Warhol. Todas esas cosas eran cuestiones que estaban implícitas en el arte de tiempos pasados. Warhol cambió el mundo del arte señalando las obsesiones de la sociedad moderna: su narcisismo, su exhibicionismo, comercialismo y superficialidad. Él transformó aquellas formas de pensar en imágenes visuales que podían reconocerse de inmediato y disfrutarse en el momento. Los objetos comerciales cotidianos, como una botella de Coca Cola, una lata de sopa Campbell's y una caja de jabón Brillo, así como celebridades rentables como Marilyn Monroe, Marlon Brando, Mao Tse-Tung y Elvis Presley, podrían recordarnos el dinamismo del aquí y el ahora. En el espíritu de la industria comercial, Warhol construyó un estudio artístico al que llamó «The Factory» (La fábrica). Conforme The Factory se convertía en la meca de la élite cultural durante la década de 1960, Warhol impulsó su carrera con agresividad para poder ver a toda celebridad de vanguardia en Nueva York y ser visto con ellas, con lo que se ganó apodos como «el papa del pop» y «Drella», contracción de Drácula y Cinderella (Cenicienta).[19]

Pero como suele ocurrir con muchos innovadores alborotadores, la visión creativa de Warhol no fue apreciada de inmediato. En la Feria Mundial de Nueva York de 1964, provocó un escándalo cuando, por encargo, instaló una exposición en el pabellón del estado de Nueva York, la cual constaba de 13 fotografías de los malhechores más buscados de Estados Unidos organizadas con esmero. El gobernador Nelson Rockefeller se puso furioso y le ordenó a Warhol que las retirara de inmediato, de modo que a los pocos días los rostros de los criminales desaparecieron bajo una capa de pintura plateada. En 1962 Warhol montó su primera exposición en la Galería Ferus en

Los Ángeles y puso a la venta las imágenes de 32 *latas de sopa Campbell's* (cada una de un sabor diferente) con un precio de 300 dólares cada una. Ninguna se vendió, por lo que el dueño de la galería, Irving Blum, las compró todas por 1000 dólares y después las montó todas juntas. En 1996 Blum vendió las 32 latas de sopa Campbell's de Warhol al Museo de Arte Moderno de Nueva York por 15 millones de dólares.[20] En poco más de 30 años, el hijo de un metalúrgico inmigrante había pasado de ser un rebelde iconoclasta a ser un icono del sistema, reconocido en segundo lugar, después de Picasso, entre los artistas más influyentes del siglo XX.[21]

EN UN ENSAYO TITULADO «WHY INDIVIDUALS REJECT CREATIVITY» (Por qué los individuos rechazan la creatividad), el psicólogo Barry Staw, de Berkeley, brindó una breve lista de rasgos de personalidad comunes en los innovadores rebeldes. De acuerdo con Staw, «Los creativos no son conformistas. Están dispuestos a desafiar los convencionalismos e incluso a la autoridad para explorar nuevas ideas y llegar a la verdad. Los creativos son persistentes. No se dan por vencidos cuando se ven frustrados o desairados por un problema, siguen trabajando. Los creativos son flexibles. Son capaces de reformular un problema cuando enfrentan el fracaso en lugar de solo darse por vencidos o continuar por el mismo camino». Pero, sobre todo, enfatizó Staw, las personas del tipo creativo toman riesgos. «Están dispuestas a arriesgarse a probar una nueva solución en lugar de elegir la ensayada y comprobada».[22]

TODOS LOS GENIOS TOMAN RIESGOS. En 1891, Marie Curie dejó Polonia en un vagón de cuarta clase con poco dinero y menos prospectos. Entre 1927 y 1947 el revolucionario Mao Tse-Tung peleó contra el mejor equipado ejército del general nacionalista Chiang Kai-shek antes de conseguir la victoria y establecer la

República Popular de China. En 1988 el autor Salman Rushdie publicó *Los versos satánicos* a sabiendas de que podrían ser interpretados como blasfemias contra Alá; el líder máximo de Irán dictó una *fatwa* o edicto religioso por la cabeza de Rushdie, con lo que alentó a los musulmanes de todo el mundo a asesinarlo. En 1994, Jeff Bezos renunció a su trabajo, cobró todo su dinero y pidió prestado a sus amigos y su familia para establecer Amazon. Steve Jobs dijo alguna vez: «Tienes que estar dispuesto a chocar y quemarte».[23]

Si en 1870 le hubieras preguntado a alguien del pueblo sureño de Cambridge, Maryland, en Estados Unidos: «¿Consideras que Harriet Tubman es una genio?», lo más probable es que te respondiera: «No, es alborotadora y rebelde». Tubman nació como esclava en el condado de Dorchester, Maryland, se escapó a Filadelfia y se rebeló contra el sistema legal de los rebeldes de la Confederación durante la Guerra Civil.[24] Reitero una vez más que la mayoría de los rebeldes no son genios, porque al final sus ideas resultan inútiles para la sociedad. Si le preguntaras lo mismo a alguien del norte en 1870, la mayoría probablemente te hubiera respondido «¿Quién es ella?» En ese entonces pocos sabían que la diminuta Tubman había ayudado a construir el tren subterráneo, que condujo a 13 misiones de rescate desde Filadelfia hasta el territorio enemigo en Maryland y que propició la liberación de 70 esclavos. También dio servicio, pistola en mano, como líder de un asalto militar exitoso en Carolina del Sur que liberó a 750 esclavos más. Cuando en 1913 Tubman falleció, a la edad de 91 años, una de las pocas menciones de su muerte fue una esquela en el *New York Times* con una extensión de apenas cuatro oraciones.[25]

Los tiempos han cambiado. Desde 1913 los cambios en los valores de la sociedad elevaron a la rebelde Tubman a la estatura de genio y heroína estadounidense, y en fecha reciente su vida fue objeto de una película aclamada (*Harriet*, 2019). En 2016 la administración del presidente Barack Obama consideró reemplazar la imagen de Alexander Hamilton en el billete de 10 dólares con la de Tubman.[26] Pero no fue posible porque la fama de *Hamilton*, de Lin-Manuel Miranda, había aumentado el reconocimiento del padre del Sistema de la Reserva Federal, entonces se empezó a considerar que la imagen de Tubman reemplazara a la de Andrew Jackson, el presidente esclavista «populista», en el billete de 20 dólares. Pero entonces los votantes estadounidenses eligieron al «populista» Donald Trump como presidente y este de inmediato puso un retrato de Jackson junto a la de él en la oficina oval y dejó en espera el plan de poner la imagen de Tubman en el billete de 20 dólares. Conforme los vientos políticos cambian y los valores de la sociedad cambian, también cambia quién amerita ser designado como «genio». La rebelde Tubman lanzó sus flechas hace 160 años, pero hace poco tiempo que el público empezó a mover de manera gradual el objetivo (hacia la justicia racial y la igualdad de género) a una posición que le permitiría al final atinarle al blanco; la mayoría de los estadounidenses apenas está empezando a percibirla como un modelo de valentía frente a probabilidades abrumadoras.

ALGUNOS GENIOS TOMAN PEQUEÑOS RIESGOS PARA PROVOCARNOS. El domingo 13 de marzo de 2005 una figura encapuchada que cargaba una bolsa de compras entró al Museo de Arte Moderno en Nueva York, pasó a los guardias adormilados y llegó al tercer piso, donde está exhibido el icónico *32 latas de sopa Campbell's* de Andy Warhol. Sacó de la bolsa una imagen de tres colores del mismo tamaño y forma que una de las latas de Warhol y colocó en la pared con rapidez su propia pintura, *Soup Can* (una crema de tomate de Tesco Value). Tres horas después llegaron los guardias de seguridad, pero para entonces el vándalo se había fugado, y aparentemente había salido por la tienda de regalos.[27] Resultó que la instalación exprés había sido perpetrada por el conocido artista callejero Bansky, que había llevado a cabo travesuras similares en otros sitios. En 2004 lo había hecho en el Museo de Historia Natural en Nueva York, al que entró disfrazado como trabajador del museo para poner en exhibición una rata disecada con el título *Banksus Militus Ratus*; y ese mismo año lo volvió a hacer en el Louvre, en donde instaló su propia reproducción de la *Mona Lisa*, cuya cara había sido reemplazada por una misteriosa sonrisa de Mickey Mouse.[28] No conocemos el nombre real de Bansky y tampoco sabemos gran cosa de su identidad, aunque abundan las teorías. El artista anónimo, que se ha construido la reputación de «vándalo» involucrado en el arte callejero, consiguió que en 2010 la revista *Time* lo clasificara entre las 100 personas más influyentes del mundo.

El 5 de octubre de 2018, 13 años después de la broma, un subastador en Sotheby's, en Londres, golpeó con el martillo para señalar la oferta final por una reproducción de la obra más famosa de Bansky, *Niña con globo*; el precio, 1.04 millones de dólares. El arte callejero rebelde había sido incorporado y tomado por el sistema, o así lo parecía. Después de la venta, cuando estaban desmontando el cuadro de la pared, este se autodestruyó. Bansky había manipulado el marco para destruir el trabajo con una señal remota. Los 1.04 millones se redujeron a cero, un verdadero descuento. Andy Warhol hizo algo no convencional para convertir al arte en algo equivalente al comercio. Bansky toma riesgos para revelar la verdad como él la percibe: gran parte del arte moderno no tiene valor, o no debería tener precio.

La tolerancia al riesgo es hábito de genios y también la resiliencia. Consideremos el cuadro de 1944 *La columna rota*, de Frida Kahlo (Figura 8.1). En él se ve a una mujer (la misma Kahlo) con un corsé ortopédico de los que se utilizan para sostener una columna vertebral. En la pintura, una columna jónica rota representa una médula espinal rota, y un paisaje desolado con fisuras que sugieren un mundo fragmentado, solitario. A lo largo del cuerpo de la mujer hay clavos fijos de los que se utilizan para simbolizar la pasión y el dolor de Jesús; se extienden hasta su pierna derecha, pero no a la izquierda. Se ven lágrimas saliendo de sus ojos, pero su cara expresa determinación, incluso se muestra desafiante.

A los seis años de edad, Frida Kahlo contrajo polio, enfermedad que la dejó con la pierna derecha más corta y una posterior escoliosis. A los 18, un tranvía embistió el camión en el que viajaba. En el accidente varias personas murieron y ella quedó con las costillas, las dos piernas y una clavícula rotas, y un pasamanos de hierro saliendo por su pelvis.[29] Pasó tres meses en cama recuperándose y por el resto de su vida tuvo que usar un corsé médico de varios tipos: de yeso, de metal y de piel. En su cuadro titulado *La columna rota* está representado este último. Durante su forzada inmovilidad, Kahlo pasó de ser una artista ocasional de bocetos a ser una pintora seria, para lo cual utilizó un caballete que su padre construyó arriba de su cama. Para la década de 1940, no podía estar de pie ni sentada sin dolor, así que en hospitales de Nueva York y de la Ciudad de México le hicieron una serie de fusiones espinales e injertos que tuvieron un éxito limitado. En agosto de 1953 el dolor de su pierna derecha se había vuelto tan insoportable que fue necesario amputarle la pierna abajo de la rodilla.[30] Pero siguió resistiendo, algunas veces en silla de ruedas y otras en una cama de hospital.[31] «El dolor no es parte de la vida pero se puede convertir en la vida misma», dijo.[32] Otros genios también perseveraron frente a obstáculos físicos (por ejemplo Chuck Close, quien enfrentó el colapso de la arteria vertebral; John Milton, la ceguera; Beethoven, la sordera y Stephen Hawking, ELA), pero es posible que ninguno mostrara una resiliencia de esta magnitud. Kahlo dijo: «No estoy enferma. Estoy rota. Pero estaré feliz de estar viva siempre y cuando pueda pintar».[33]

La adversidad puede fortalecer la determinación y el fracaso se puede convertir en oportunidad. Como Oprah Winfrey dijo en un discurso de inauguración en Harvard en 2013, «No existe

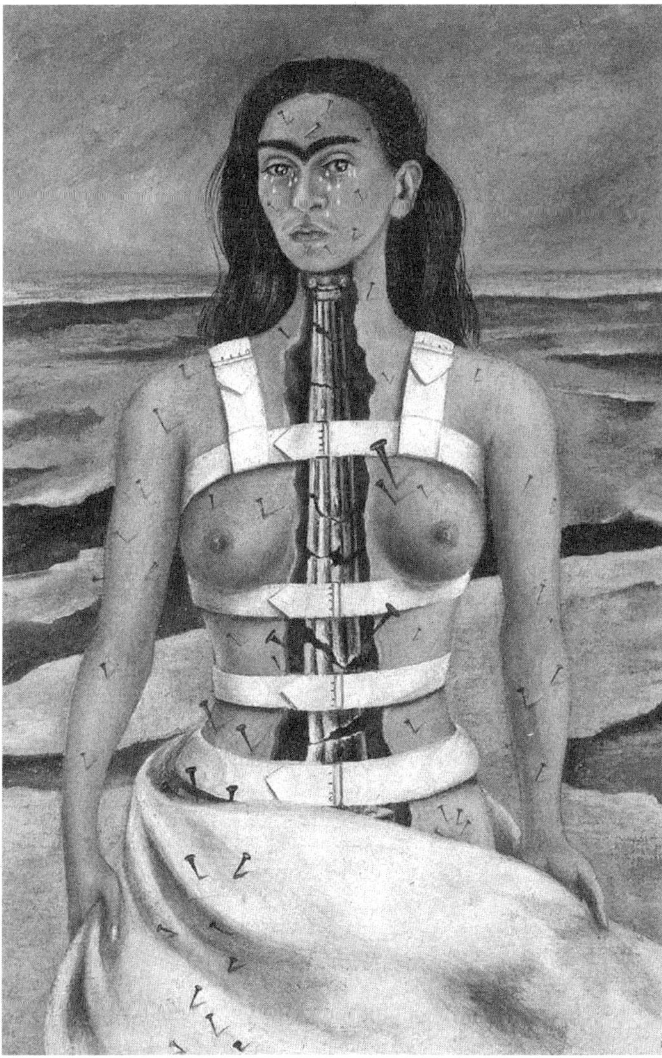

Figura 8.1: La imagen de *La columna rota* (1944) describe el constante dolor físico y psicológico que padeció la pintora mexicana Frida Kahlo, y a pesar del cual perseveró (Museo Dolores Olmedo, Ciudad de México).

eso que llaman fracaso. El fracaso solo es la vida que intenta llevarnos en otra dirección».[34] Los genios no se proponen fracasar, pero la mayoría lo hace en algún momento, y algunos lo hacen de manera espectacular. En 1891, Thomas Edison intentó minar y procesar el mineral de hierro de alto grado en Nueva Jersey y para ello construyó una planta procesadora; cuando se descubrió el mineral barato en Minnesota, demolió la planta. Cuando estaba trabajando en la construcción de un transmisor telefónico mejorado, necesitaba encontrar el material correcto para que las ondas sonoras se convirtieran en impulsos eléctricos en el diafragma. La lista de posibilidades con que probó incluían vidrio, mica, caucho endurecido, hoja de aluminio, pergamino, alquitrán, piel, gamuza, tela, seda, gelatina, marfil, corteza de abedul, cuero sin curtir, vejiga de cerdo, vísceras de pescado y un billete de cinco dólares.[35] «Resultados negativos son justo lo que quiero», dijo. «Son tan valiosos para mí como los resultados positivos».[36] En 1901, Nikola Tesla pensó que podía irradiar electricidad pura desde su torre de transmisiones en Wardenclyffe, Nueva York; no pudo y en 1917 tuvo que vender la torre como chatarra. George Balanchine necesitó hacer cuatro intentos para lanzar una compañía de ballet exitosa en Nueva York, y Elon Musk necesitó hacer cinco antes de lograr lanzar un cohete desde la Tierra y regresarlo a ella a salvo. «Si las cosas no están fallando, no estás siendo suficientemente innovador», dijo en 2015.[37] Jeff Bezos parece invitar al fracaso a Amazon, como escribió a los accionistas en 2019, «Amazon experimentará si, en la debida escala para una empresa de nuestro tamaño, en ocasiones tenemos fracasos multimillonarios».[38] Steve Jobs fracasó de modo colosal en 2004. «Soy la única persona que conozco», dijo, «que ha perdido 250 millones de dólares en un año... Es algo muy edificante para la personalidad».[39]

La escritora J. K. Rowling conoce el fracaso de primera mano. «Solo siete años después del día de mi graduación», escribió en 2008, «había fracasado a escala épica. Un matrimonio excepcionalmente breve se había desmoronado y yo estaba sin trabajo, era madre sola y era tan pobre como es posible serlo en la moderna Gran Bretaña sin estar en situación de calle. Los temores que mis padres habían tenido por mí y los que yo había tenido por mí misma, se habían hecho realidad, y para todos los estándares comunes, yo era la persona más fracasada que conocía».[40] Irónicamente, Rowling cree que si hubiera tenido una pizca de éxito, esta habría obrado contra su genio. Según sus propias palabras «Si hubiera tenido éxito en cualquier otra cosa, quizá nunca habría encontrado la determinación para tener éxito en el único ámbito al que en verdad creía pertenecer. Fui libre porque mi mayor temor se había hecho realidad y todavía estaba viva... Así que el fondo se convirtió en el sólido cimiento sobre el que reconstruí mi vida... El conocimiento de que has surgido más sabio y más fuerte por los fracasos significa que después de todo tienes habilidades para sobrevivir. Nunca te conocerás en verdad, ni conocerás la fortaleza de tus relaciones, si la adversidad no las pone a prueba».[41]

La novela de Stephen King, *Carrie*, la primera de sus obras que fue publicada, fue rechazada por 30 editoriales antes de que por fin la adquiriera Doubleday con un anticipo por regalías de 2500 dólares. Para 2018, King había publicado 83 novelas con un total de 350 millones de ejemplares vendidos, y por ellas gana más o menos 40 millones de dólares en regalías al año. Lo mismo le pasó a Theodor Seuss Geisel, quien recibió cerca de 30 «no» cuando intentó publicar *Y pensar que lo vi en la calle Porvenir*, su primer libro para niños. Un encuentro fortuito con un compañero de escuela de Darthmouth facilitó su publicación en 1937 y desde ese momento le siguieron ventas de cerca de 600 millones de ejemplares del «Dr. Seuss». La primera novela de Rowling de Harry Potter fue rechazada por 12 editoriales antes de ser elegida por Bloomsbury en Londres por un anticipo de 1500 libras esterlinas (2200 dólares) en 1996. Los libros de Rowling han vendido más de 500 millones de ejemplares. Pero hasta Barry Cunningham, el editor de Bloomsbury, tuvo sus dudas y le dijo a

Rowling cuando le mostró su obra: «Nunca vas a ganar nada con libros para niños, Jo».[42]

Agrega a eso los extractos de cartas de rechazo que se listan a continuación enviadas a escritores estadounidenses que ahora son famosos.[43]

A Herman Melville, con respecto a *Moby Dick* (1851): «Primero debemos preguntar: ¿tiene que tratar de una ballena?»

A Louisa May Alcott, con respecto a *Mujercitas* (1868-1869): «Dedíquese a dar clases».

A Joseph Heller, que después de recibir 22 rechazos tituló su libro *Trampa 22* (*Catch 22*) (1961): «Aparentemente el autor tiene la intención de que sea graciosa».

A Ernest Hemingway, con respecto a su libro *Ahora brilla el sol* (1926): «No me sorprendería oír que todo el tiempo que le tomó escribir esta historia lo pasó encerrado en el club, con la tinta en una mano y el brandy en la otra. Sus personajes grandilocuentes, dipsómanos, ahora-qué-sigue me hicieron buscar mi propia copa de brandy».

Y finalmente, a Scott Fitzgerald, con respecto a *El gran Gatsby* (1925): «Tendría un libro decente si se deshiciera de ese personaje Gatsby».

Como se puede ver por las subsiguientes fechas de publicación de cada una de estas obras, aquellos autores brillantes fueron resilientes y tuvieron confianza. Sigue su ejemplo. Si eres del tipo creativo o un emprendedor inclinado al cambio, desarrolla una coraza, entiende que el rechazo es parte del proceso y prepárate para ser incomprendido durante un largo tiempo. Aprecia la condición de forastero que visita el pensamiento contrario, como hicieron Galileo, Warhol y Bansky. Finalmente, recuerda la feroz determinación de Vincent van Gogh: en enero de 1886 el director de la Academia de Arte Antwerp, Karel Verlat, vio el trabajo no convencional de Van Gogh y lo juzgó como «putrefacción», así que mandó al pupilo de regreso a la clase de principiantes.[44] Van Gogh ignoró las reglas del director Verlat y continuó pintando esas obras que ahora son icónicas porque cambiaron los paradigmas, como *Girasoles* y *La noche estrellada*. El genio enfrenta cualquier revés con incredulidad: pensando que de seguro el juez, el crítico o la evidencia están equivocados, que de seguro la solución está a la vuelta de la esquina.

De niño, creciendo en Estados Unidos, recién terminada la Segunda Guerra Mundial, pasaba mis días construyendo casitas en los árboles, explorado alcantarillas y aprendiendo yo solo a andar en la bicicleta que otro niño había dejado en la calle. Y todo sin supervisión. Hoy las cosas son diferentes. Abundan los términos modernos para describir la actual tendencia de los padres hacia la sobreprotección, como la «mamá helicóptero», el «papá aplanacaminos» y el «niño envuelto en burbuja».[45] El ambiente social ha cambiado de la crianza de dejar hacer al excesivo control de los padres. En 2019 el escándalo del departamento de admisiones de la universidad, conocido como «Operación Varsity Blues» ya antes mencionado, reveló que a 33 padres de familia, incluyendo a empresarios eminentes y actores muy conocidos, les habían levantado cargos por sobornar a oficiales universitarios, a menudo para que inflaran las calificaciones de los exámenes de admisión de sus hijos y para que les ayudaran a ser admitidos en universidades prestigiosas. No fue cosa de genios. Esos padres consideraban que debían evitar exponer a sus hijos al riesgo y el fracaso, ya que veían esto como una dificultad en vez de como una oportunidad de vivir experiencias de las que se puede aprender mucho y de las que puede nacer la resiliencia.

¿Cómo reconciliar las imágenes de los héroes intrépidos, de pensamiento independiente, arriesgados, resilientes de este capítulo con la forma en la que estamos criando a nuestros niños hoy? No podemos hacerlo. Las estadísticas muestran que los niños y los alumnos universitarios se están volviendo cada vez más ansiosos, temerosos y reacios a enfrentar riesgos[46] a pesar de que, de acuerdo con las estadísticas del Bureau of Justice Statistics, las calles de nuestras ciudades son mucho más seguras de lo que eran hace 30 años.[47] Los padres y los «ciudadanos preocupados» se inclinan más a revolotear y ahora arrestan a los padres que dejan que sus hijos vayan solos al parque.[48] Un estudio publicado en 2019 en la revista *Nature Human Behaviour* sugirió las desventajas de esa regulación exagerada: si se coloca a una rata en un laberinto y se le da un choque eléctrico cuando pasa por uno de los caminos, con el tiempo la rata encontrará el camino seguro en el laberinto pero una vez que lo haga usará siempre ese y no volverá a intentar explorar en el otro, por lo que nunca sabrá si el riesgo sigue existiendo ni aprenderá a enfrentar situaciones riesgosas.[49] Por fortuna algunos maestros y padres están trabajando para revertir eso con áreas de juego «peligrosas» que fomentan la creatividad y el riesgo, y con el movimiento «crianza en libertad».[50] ¿Quieres criar a un pensador original, audaz y brillante? Permite a tus hijos que exploren solos, que tomen riesgos y que experimenten el fracaso. Déjalos divertirse y romper las reglas de vez en cuando. Implica más trabajo, preocupación y dolor para los padres, sí, pero el resultado final será mejor. Como Steve Jobs alguna vez se preguntó: «¿Por qué unirse a la marina cuando puedes ser pirata?».

Capítulo 9

SÉ EL ZORRO

Todos conocemos la fábula de Esopo de «La tortuga y la liebre», en la que una liebre empieza con una ventaja natural pero no logra aprovechar todo su potencial. Pero Esopo tiene otra parábola menos conocida llamada «El zorro y el erizo», cuyo argumento es este: «El zorro sabe muchas cosas intrascendentes, mientras que el erizo sabe una cosa importante». Mientras el inquieto zorro busca y explora una multitud de posibilidades, el estático erizo se centra en una sola gran idea. La historia sugiere dos estilos cognitivos contrastantes. Los zorros tienen diferentes estrategias para diferentes problemas; son curiosos, están cómodos con los matices y pueden vivir con contradicciones. Por el otro lado, los erizos se enfocan en un gran problema y lo reducen a una búsqueda de una sola solución global.

En 1779 un hombre de letras inglés, Samuel Johnson, formuló la cuestión de esta forma: «El verdadero genio es una mente de grandes poderes generales determinada por accidente en una dirección particular».[1] De hecho, el pensamiento amplio y el estrecho no son mutuamente excluyentes. Pero ¿cuál te conducirá a un descubrimiento, ese en el que avanzas abarcando mil kilómetros de extensión a lo ancho, o el otro, en el que avanzas abarcando mil kilómetros de profundidad? El objetivo de este capítulo es sugerir que si quieres adoptar un hábito oculto de genio, elijas ser el zorro.

Como el zorro, los genios divagan extendiéndose con amplitud y son curiosos de maneras azarosas y algunas veces no controladas. Muchas veces su curiosidad natural es más fuerte que su disciplina con ellos mismos y los empuja más allá de los límites de su principal área de interés. El hombre del Renacimiento, Leonardo da Vinci, dijo: «Es fácil hacerse a uno mismo universal» (*Facile cosa è farsi universale*).[2] Eso es si tienes el amplio rango de genialidad que tiene un erudito. «¡Mi curiosidad interfiere con mi trabajo!», se lamentaba Einstein en 1915 mientras intentaba terminar su Teoría de la Relatividad General.[3] Lo mismo le pasa a Elon Musk, quien algunas veces tiene dificultades para mantenerse enfocado porque su interés constantemente está cambiando, va de los autos eléctricos a los cohetes, a su Hyperloop, a los paneles de energía solar y a la inteligencia artificial. Pero es precisamente esta clase de búsqueda inquieta la que cambia el mundo.

Para ilustrar los beneficios del pensamiento transfronterizo, yo empiezo con dos zorros muy distintos, uno en apariencia escandaloso, y el otro formal: Lady Gaga y Benjamin Franklin.

> Mi nombre es Stefani Joanne Angelina Germanotta. Soy italo-estadounidense. No nací siendo atractiva, como mi madre te haría creer. Yo, con el tiempo leí tantos libros, vi tantas películas, produje tanto arte, conocí a tantos escultores, cineastas, poetas, músicos, artistas callejeros, que inventé algo que fue mucho más fuerte de lo que yo jamás hubiera [podido] ser por mi cuenta.[4]

Esas fueron las reflexiones iniciales de Lady Gaga en un banquete de Americans for the Arts, una asociación sin fines de lucro dedicada a la educación artística. Como Mozart, Stefani Germanotta empezó tomando clases de teclado a los cuatro años de edad y practicó duro para convertirse en una experta pianista clásica. En la preparatoria actuó en obras de teatro y cantó con un grupo de jazz y en el coro de la escuela. Fue una excelente alumna, pero no era popular. «Por un tiempo breve», ha dicho, «pensé que las niñas solo estaban celosas, y que por eso eran tan malas conmigo. Tal vez estaban celosas de mi arrojo».[5] «Audaz» es la palabra que se usa con frecuencia para describir a las personas como ella y a otros aventureros transfronterizos.

A los 17, Stefani Germanotta consiguió una admisión temprana a la prestigiosa Tisch School of the Arts en la Universidad de Nueva York. Ahí, además de música, estudió historia del arte y escritura dramática, pero un año después decidió dedicarse solo a la profesión de compositora y artista. Para ganar dinero tuvo múltiples empleos, uno de ellos fue de bailarina gogó en los bares de la zona este de Nueva York. Más o menos en esa época Stefani Germanotta se convirtió en Lady Gaga, el nombre artístico que le dio una nueva identidad y el cual, según se dice, está inspirado en la canción de Queen, «Radio Ga Ga». A diferencia de los artistas pop de *covers*, Lady Gaga es una creadora original que además integra muchas artes. «Se trata de todo junto: arte performance, arte performance pop y moda», ha dicho.[6] Su innovador espectáculo de medio tiempo en el Supertazón de 2017 tuvo 150 millones de espectadores, el público en vivo más grande en la historia de la televisión. Ha ganado nueve premios Grammy. En 2019 fue nominada al Óscar como mejor actriz y por mejor canción original, y lo ganó por esto último: esta fue la primera vez que alguien fue reconocido en dos categorías tan dispares. Compositora, coreógrafa, creadora de cosméticos (Haus of Gaga), diseñadora de moda, actriz, productora de discos, filántropa y activista social, Lady Gaga es una artista de pop transformadora cuya capacidad para cambiar de forma hace eco de la de Andy Warhol. Como ella dice: «No soy un icono. Soy todos los iconos. Soy un icono que está hecho de todos los colores de la paleta a cada momento. No tengo restricciones. Ni una restricción».[7]

¿QUIÉN PODRÍA SER MÁS DIFERENTE DE LA ANTIGUA ARTISTA DE BURLESQUE NOCTURNO Lady Gaga que el Benjamín Franklin de «acostarse temprano, levantarse temprano»? Pero Franklin también era un polímata con una extraordinaria gama de conocimientos. Cada cosa rara que Franklin experimentó se convirtió en un objeto de investigación: ¿Por qué gira un torbellino? ¿Por qué navegar de regreso de Londres a Filadelfia toma el doble de tiempo que el viaje de ida? ¿Por qué el sonido de un violín de tono agudo provoca que un vidrio se rompa? Para el curioso Franklin siempre había una explicación acechando bajo la superficie. ¡Pero no en un lugar demasiado profundo! Típico zorro, Franklin no veía el sentido de escarbar profundo solo por profundizar. Aunque exploró una serie diversa de intereses (física, astronomía, botánica, meteorología, oceanografía y política), quería que sus búsquedas tuvieran aplicación práctica y al final lograba comprender cosas que podían ser útiles para algo. La lista que sigue contiene solo algunas de las cosas que su mente itinerante concibió:

La estufa Franklin: Una chimenea forrada de metal que producía más calor y menos humo que una chimenea ordinaria.

Anteojos bifocales: ¿Para qué cargar dos pares de anteojos si con uno es suficiente?

El pararrayos: Protege un edificio (y a sus ocupantes) canalizando la electricidad a su alrededor.

La harmónica de cristal: Tanto Mozart como Beethoven escribieron música para este instrumento novedoso de tres octavas.

Aletas de natación: Sin duda, uno de sus inventos más divertidos y duraderos.

El brazo largo (o agarrador): Diseñado para las personas que necesitan alcanzar lugares altos o que no se pueden flexionar.

Catéter médico: El primer catéter urinario flexible que fue utilizado en Estados Unidos.

El tipo Franklin Gothic: Un estilo tipográfico creado por Franklin en 1726 al que en 1902 se le dio ese nombre para conmemorarlo.

Horario de verano: Se atrasa el reloj en los «días largos» para hacer que el atardecer ocurra más tarde y con esto ahorrar en velas o electricidad.

Alfabeto fonético de Franklin: Un alfabeto alternativo que eliminó las letras c, j, q, w, x, e, y, pero agregó cuatro nuevas consonantes y dos vocales para dar consistencia a la ortografía en lengua inglesa.

La corriente del golfo: La cual explica por qué el viaje de regreso a Inglaterra, saliendo de Filadelfia, toma menos tiempo que el inverso y por qué cuando uno se dirige al oeste tiene que navegar hacia el sur, así como por qué los vientos europeos son más suaves que los del hemisferio occidental.

La biblioteca pública: Franklin estableció la primera biblioteca de Estados Unidos, ubicada en Filadelfia, que hacía préstamos de libros.

¡Una extraordinaria gama de intereses! Y consideremos el currículum que Franklin estableció en 1749 para la nueva Universidad de Pensilvania. Mientras que Harvard y Yale buscaban graduar a clérigos y exigían el estudio de latín, griego y hebreo, Franklin pensó en términos de emprendedores mundanos. Él quería que sus alumnos fueran expuestos a «toda cosa que sea útil» porque «El arte es largo y el tiempo de ellos es breve».[8] La selección de las facultades se hizo asegurándose de dar prioridad a la física, la ingeniería y la economía, así como a contabilidad y agricultura. El francés, español y alemán también eran requisitos porque sería necesario hablarlos en el mundo empresarial. Lo que Franklin promovía en 1749 era un currículum educativo con un conocimiento ligeramente superficial de cursos preprofesionales. El modelo educativo de Franklin ha sido adoptado desde entonces por muchas escuelas y universidades estadounidenses y fijó el precedente para lo que hoy llamamos la educación en las artes liberales, en la que «liberal» significa un currículum de amplio rango que libera al alumno de una especialización profesional demasiado temprana.

Los actores más influyentes de este mundo parecen tener una gama diversa de habilidades, perspectivas y hábitos mentales. El fundador de Alibaba, Jack Ma, recuerda haberle dicho a su hijo en 2015: «No necesitas estar en los tres primeros lugares de tu clase, está bien ser un alumno promedio, siempre y cuando no saques tan malas calificaciones. Solo esta clase de persona [un alumno promedio] tiene suficiente tiempo libre para aprender otras habilidades».[9] El emprendedor en tecnología Mark Cuban dijo en una entrevista en 2017 para *Business Insider*: «Yo personalmente creo que en 10 años va a haber una mayor demanda de carreras de artes liberales de lo que había de programación y tal vez incluso ingeniería, porque cuando los datos se te presentan por todos lados, también lo hacen las opciones, y necesitas una perspectiva distinta para poder tener una visión distinta de los datos».[10] Lin-Manuel Miranda obtuvo una licenciatura en artes liberales, con una especialización en estudios teatrales por la Universidad Wesleyan, y luego empezó a trabajar como maestro de inglés de primero de secundaria. Mientras estaba de vacaciones en 2008 leyó la biografía exhaustiva de Alexander Hamilton, escrita por Ron Chernow. La combinación de su interés en el teatro con su interés en la historia política lo llevó a crear *Hamilton*, y mientras lo escribía, dijo: «Ahora mismo tengo muchas apps abiertas en mi cerebro».[11] Cuanto más amplia sea la información que se tiene en la mente, también se tienen más probabilidades de que se combinen ideas dispares.

DURANTE MILENIOS LOS POLÍMATAS HAN ESTADO COMBINANDO COSAS DISPARES PARA CREAR OTRAS COSAS NUEVAS Y TRANSFORMADORAS. Los antiguos egipcios combinaron la cabeza de un humano y el cuerpo de un león para diseñar la esfinge. Arquímedes combinó un tornillo con una pipa para producir el tornillo de Arquímedes, una máquina que puede elevar agua hacia un piso de un nivel superior, lo que permite tanto la irrigación como el desagüe. Johannes Gutenberg vio los sellos de letras en los bloques que se utilizaban en la impresión y en una prensa vinícola, y creó la imprenta, de la cual se podría decir que es la invención más importante entre la rueda y la computadora. Cyrus McCormick vio una guadaña y un peine e inventó la segadora para la cosecha de los cultivos. Samuel F. B. Morse sabía cómo enviar señales eléctricas a corta distancia, pero cuando vio equipos de caballos corriendo carreras de relevos se le ocurrió la idea de los repetidores periódicos de señal y un sistema eficaz de telegrafía. Vincent van Gogh creció en Holanda entre tejedores de textiles y siempre llevaba consigo una caja llena de madejas de lana de dos colores; alrededor de 1885, se le ocurrió combinar en sus cuadros los pares estriados con las pinceladas y el resultado fueron los remolinos de dos tonos con forma de bola que vemos en obras como *La noche estrellada* (1889).

Los simples mortales también combinan cosas. George de Mestral (1907-1990), por ejemplo, inventó el velcro cuando se dio cuenta de que las semillas alargadas que se habían quedado adheridas en su ropa en un viaje de cacería podían combinarse con una nueva fibra sintética y formar el material de ganchos y ojos que hoy llamamos velcro. Art Fry (n. 1931), un empleado de 3M, se fijó en la capacidad adhesiva de la cinta adhesiva y en la utilidad de los separadores en su himnario; un día los puso juntos y *¡voilà!*: nacieron los Post-it. Lonnie Johnson (n. 1949), que trabajaba en Jet Propulsion Laboratory, en Pasadena, necesitaba diseñar una nueva bomba de calor que utilizara agua en lugar de freón; vio una pistola de agua en una alberca en su nativa Alabama y la juntó con la bomba de calor, el resultado: el Super Soaker, que hoy es uno de los juguetes más vendidos en el mundo. Mantén los ojos abiertos.

¿Qué hace posible que ideas diversas se incorporen para formar algo original? En 2019, Jeff Bezos, de Amazon, comentó que «en el mundo de los negocios es altamente probable que los grandes descubrimientos (los «no lineales») requieran andar deambulando.[12] Tim Berners-Lee (n. 1955), el genio que se desaparece a sí mismo detrás de la red informática mundial World Wide Web, describe el proceso creativo con estas palabras: «Las ideas a medio formar andan flotando por ahí. Provienen de diferentes lugares y la mente tiene esta maravillosa capacidad para, de alguna manera, revolverlas hasta que un día embonan».[13] La mente creativa no corre por un carril recto, sino que salta frenética en un juego de avión conceptual. Mientras más cuadrados hay en el juego y mayores son las distancias, es mayor la posibilidad de darse cuenta de que dos o más ideas se pueden combinar y a partir de eso generar una idea excepcionalmente original. Como Albert Einstein le dijo a un amigo en 1901: «Descubrir la unidad de un conjunto de fenómenos que al principio parecen estar separados por completo te produce un sentimiento glorioso.[14] El escritor Vladimir Nabokov vio esto como un acto de genialidad y en 1974 escribió que esta consiste en «ver cosas que los demás no ven. O, más bien, en ver el vínculo invisible entre las cosas».[15] Combina las cosas.

En una entrevista en *Wired* en 1996, Steve Jobs dijo: «La creatividad solo consiste en conectar cosas. Cuando les preguntas a las personas creativas cómo hicieron algo, se sienten un poco culpables porque en realidad no lo *hicieron*, solo lo *vieron*. Les pareció obvio después de un tiempo. Eso es porque pudieron conectar experiencias que habían tenido y sintetizar cosas nuevas».[16] Aunque Jobs abandonó Reed College, permaneció el tiempo suficiente para revisar cursos en los que tenía interés especial, incluyendo uno de caligrafía que enseñaba un monje trapense. Esa experiencia lo llevaría a poner mucha atención en las fuentes utilizadas en las primeras computadoras Macintosh, que después se convirtieron en las fuentes clásicas de todas las computadoras Apple.[17] En 2007, Jobs puso en práctica su idea más transformadora (y rentable) cuando combinó el reproductor móvil de música (iPod) con su nuevo teléfono (iPhone). Hasta ese momento las dos funciones habían habitado en cuerpos diferentes. Con el tiempo Apple creó un aparato que combinaba cámara, calculadora, grabadora de voz, despertador, correo electrónico, noticias, navegación GPS, música y (ah, claro), un teléfono.

Apple Inc. fue fundada en una cochera en California en 1976 por dos tipos llamados Steve: Jobs y Wozniak. Este último diseñó los interiores de las primeras computadoras Apple: el hardware, la tarjeta de circuitos y el sistema operativo (cosas técnicas que Jobs no entendía del todo). Jobs se enfocó en lo exterior: la funcionalidad, la experiencia del usuario y la interconectividad con otros aparatos. Fue Jobs quien vio el panorama global más amplio: que el futuro en el mundo de la computación permanecería con la empresa que pudiera combinar el diseño de software con la producción de hardware de computadoras. Wozniak era el erizo, Jobs era el zorro.[18] Durante años los dos hicieron un gran equipo. Pero ¿a qué genio recordamos hoy?

Como sugirió Jobs, la mayor parte de la invención proviene de observar cosas dispares y ver una inesperada relación entre ellas. Hacemos esto en la ciencia cuando utilizamos ecuaciones como $E = MC^2$, por ejemplo; y en la poesía y en el lenguaje cotidiano cuando usamos una metáfora y sonreímos. Aristóteles consideraba que una metáfora era algo extraordinario: «Esto es lo único que nadie te puede enseñar; es la marca de la genialidad, porque hacer buenas metáforas implica tener ojo para las semejanzas».[19] La profesora Dedre Gentner, de la Universidad Northwestern, experta en el pensamiento analógico, dice lo siguiente sobre las analogías: «Nuestra habilidad para pensar de manera relacional es una de las razones por las que dirigimos el planeta».[20]

Algunas veces existen relaciones benéficas que no vemos o no comprendemos del todo. Por ejemplo, los expertos han observado que una educación sobre arte y música de bases amplias previa a la universidad resultará en más altas calificaciones en las pruebas estandarizadas de matemáticas y habilidades verbales.[21] Pero ¿a qué se debe esto? En el caso de las matemáticas y la música, por lo menos, hay una conexión oculta. Las matemáticas consisten en patrones de números y, si observamos con atención, podremos ver que la música también consiste en eso. La música tiene dos elementos primarios: el sonido y la duración. Los tonos y las armonías se miden con vibraciones precisas (ondas sonoras) por segundo y los ritmos se fijan en duraciones proporcionales escritas con características temporales como 4/4. Cuando disfrutamos una melodía agradable, todos respondemos a los patrones de tono organizados matemáticamente, y cuando bailamos con un ritmo consistente en una clase de ejercicio, a los patrones de duración. La música y las matemáticas son procesos basados en la lógica que producen satisfacción estética,[22] y muchas grandes mentes las han vinculado. Leonardo da Vinci fue un músico profesional en la *viola da braccio*, y Galileo, el hijo de un teórico de la música famoso en el mundo entero, tocaba el difícil laúd. Edward Teller, el «padre de la bomba de hidrógeno», era un excelente violinista; y Werner Heisenberg, el premio Nobel que nos dio la primera fórmula de la mecánica cuántica, era un hábil pianista. Asimismo, Max Planck, el premio Nobel de Física, escribió canciones y óperas. Albert Einstein, la personificación de la genialidad, dijo que si no hubiera sido físico, habría sido músico.[23] Su compositor favorito era Wolfgang Amadeus Mozart.

¿Quién sabía que Mozart era matemático? Mozart empezó a estudiar matemáticas cuando tenía alrededor de los cuatro años de edad, cerca de la época en la que se acercó a la música.[24] Su hermana Nannerl recuerda: «En esos años estaba deseoso de aprender, por lo que, escribiera lo que escribiera su padre para él, se dedicaba a ello de inmediato con toda su energía, hasta el punto de olvidar todo lo demás, incluso la música. Por ejemplo, cuando aprendió aritmética, llenaba de números la mesa, las sillas, las paredes, de hecho todo el piso».[25] En sus primeros años de juventud, Mozart vivía fascinado con la teoría de los números, los acertijos numéricos y las apuestas. Cuando tenía unos 24 años de edad adquirió un ejemplar de *Anfangsgründe der Rechenkunst und Algebra* (*Fundamentos de la aritmética y el álgebra*, tercera edición, 1779) y empezó a estudiar en forma autodidacta, enfocándose sobre todo en la sección de «Relaciones y proporciones».

La Figura 9.1 es solo uno de los numerosos bocetos musicales de Mozart en los que su deseo de trabajar con patrones numéricos eclipsaba su deseo de componer música. Observa con cuidado y ten paciencia por un momento. Mozart seleccionó cinco números: 2, 3, 5, 6 y 28. De esos tomó todas las combinaciones de tres números (2, 3 y 5 o 3, 5 y 6, por ejemplo) y las colocó en una columna en la parte derecha de la hoja; identificó la columna con la abreviatura *tern*, que significa *ternario* o «grupo de tres». Después hizo lo mismo con todas las combinaciones posibles de dos números (una vez más, las posibles son 10). Llamó al proceso *amb*, abreviatura del italiano *ambedue*, que significa «ambos». En algún punto Mozart vio sus dos columnas, y trabajando como lo haría un teórico de números moderno, se dio cuenta de que la suma de los 10 pares posibles de números (176) tomados de un conjunto de cinco números es igual a cuatro veces la suma de los cinco números del juego (2 + 3 + 5 + 6 + 28 = 44), y la suma de las 10 posibilidades de tres números

Figura 9.1: Mientras trabajaba en una fuga erudita a tres voces durante 1782, Mozart hacía pausas para dedicarse a los cálculos matemáticos (Mozart, Skb 1872j, izquierda, Biblioteca Nacional, Viena).

dentro del conjunto de cinco (264) es seis veces la suma de los cinco números del conjunto. Esto es cierto para cualquier conjunto de cinco números (intenta hacerlo). Pero Mozart no había terminado; empezó a jugar con patrones de números en retroceso: 1936:484:1936 y 44:176:264:484:264:176:44. Como muestran sus cálculos obsesivos, Mozart tenía un profundo interés en las relaciones numéricas. No es coincidencia que a lo largo de los siglos quienes escuchan a Mozart hayan comentado sobre las «proporciones perfectas» de su música, eso a lo que Einstein llamó «un reflejo de la belleza interna del universo».[26] Aquí la observación de Donald MacKinnon, psicólogo por Berkeley, puede aplicarse tanto a las artes como a las ciencias: «Algunos de los logros científicos más creativos han sido realizados por hombres que, entrenados en un campo, incursionan en otro».[27] Necesitas tener una formación multidisciplinaria.

PABLO PICASSO, OTRO BRILLANTE POLÍMATA, DIJO: «No tomo prestado, ¡robo!» Y como el zorro ladrón, Picasso «robaba» de todas partes, tanto de los antiguos maestros del siglo XVII como del depósito de chatarra. Él combinaba una idea en su cabeza con una imagen u objeto que veía para crear algo radicalmente nuevo.

Figura 9.2: Pablo Picasso, *Les Demoiselles d'Avignon/Las señoritas de Aviñón* (1907), un rayo de modernismo que la exposición a las máscaras africanas, por una parte, y la nueva conciencia del arte de Paul Cézanne por otra, le inspiraron al artista (Museo de Arte Moderno, Nueva York).

Podía combinar el asiento y el manubrio de una vieja bicicleta con un recuerdo de infancia de una pelea de todos contra todos para formar una escultura modernista. La mente de Picasso se energizaba con la apropiación de cosas externas, y no tenía intenciones de devolver lo que robaba.

Podría decirse que *Les Demoiselles d'Avignon/Las señoritas de Aviñón* (1907; Figura 9.2) es la pintura más importante del siglo XX, la primera obra del cubismo y la primera en la embestida del arte moderno. En *Les Demoiselles d'Avignon/Las señoritas de Aviñón*, dos nuevas experiencias se combinaron en la mente de Picasso. La primera la obtuvo en 1907, cuando confrontó la obra de Paul Cézanne (1839-1906) en una exposición retrospectiva de este artista en el Petit Palais en París; ahí vio una nueva clase de pintura, una que explotaba las formas simples, los planos de dos dimensiones y las formas geométricas. La segunda la obtuvo ese mismo año, cuando descubrió las máscaras africanas en el Museo de Etnografía en Trocadero, un lugar que está al otro lado del Sena y huele a encerrado y a humedad, y desde el cual se puede ver la Torre Eiffel.[28] Exponerse a Cézanne le brindó una nueva conciencia del poder de la forma pura en el arte. Las máscaras africanas hicieron lo mismo pero añadieron un elemento de terror primario. Ver las máscaras fue un momento determinante para Picasso: «Solo, en ese horrible museo, con las máscaras, las muñecas piel roja y los maniquíes polvosos, entendí por qué era pintor. *Les Demoiselles d'Avignon/Las señoritas de Aviñón* debe haber llegado a mí ese día».[29] Picasso combinó esos dos elementos visuales con su propia intensidad psíquica y con ello cambió el curso de la historia del arte.

Pero espera un minuto: ¿No es ilegal «robar» cosas, como hacía Picasso? No lo es si combinas el objeto robado con material original propio y con ello creas algo nuevo y transformador. Picasso puso papel periódico real y otros objetos con registro de autor en su arte en collage y nadie lo demandó. Warhol incorporó imágenes de Elizabeth Taylor, Marlon Brando, Elvis,

Marilyn y Ma en su arte y no lo demandaron para detenerlo. Tú también puedes ser un zorro creativo. Solo asegúrate de hacerlo cumpliendo con la Ley Federal de Derechos de Autor vigente en tu país y de resignificar y transformar el trabajo «robado» para el beneficio social o cultural.[30]

CHARLES DARWIN ERA DEMASIADO CABALLEROSO PARA ROBAR CUALQUIER COSA. Pero sí combinó dos teorías dispares que circulaban a principios del siglo XIX: la teoría transmutacional de la evolución y la teoría malthusiana de la población. La transmutación, como propuso Erasmus Darwin (1731-1802), el abuelo de Charles, y con mayor claridad el biólogo francés Jean-Baptiste Lamarck (1744-1829), sostenía que las especies evolucionaban a lo largo del tiempo al adaptarse a ambientes locales, con lo cual *adquirían* rasgos que luego pasaban a la siguiente generación;[31] la teoría malthusiana de la población proponía que los humanos crecerían de manera exponencial a menos que el crecimiento fuera limitado por los efectos «benéficos» de la hambruna, la enfermedad y la guerra. Chales Darwin había estudiado los escritos de su abuelo y los de Lamarck antes de y mientras estaba en la universidad, en Edimburgo. Pero no fue sino hasta después de su viaje en el Beagle (1831-1836) por las islas Galápagos que por casualidad leyó *Ensayo sobre el principio de la población*, de Thomas Malthus. En ese punto la genialidad de Darwin parece haber tenido un momento «eureka» combinado.[32]

> En octubre de 1838, es decir, 15 meses después de haber empezado mi investigación sistemática, por casualidad leí como entretenimiento *Población*, de Malthus, y estando bien preparado para apreciar la lucha por la existencia que ocurre por doquier, debido a los largos periodos de observación continua de los hábitats de animales y plantas, al momento me di cuenta de que, en estas circunstancias, las

> variaciones favorables tenderían a preservarse y las desfavorables a destruirse. El resultado de esto sería la formación de una nueva especie. Aquí, entonces, tuve por fin una teoría en la cual trabajar.[33]

Esa teoría, por supuesto, era lo que ahora llamamos la evolución darwiniana, basada en la ventaja genérica, o la «selección natural».[34] Ninguna teoría tenía mayor potencial explosivo tanto para la ciencia como para la teología que el modelo «brutalista» de Darwin: según el cual solo sobrevivirían aquellos animales que por suerte tuvieran los genes correctos para un ambiente en particular. Pero Darwin pasó otros 20 años verificando y haciendo ajustes a su gran idea. Por fin, en 1859, presentó *El origen de las especies*.

Entonces, ¿en qué convierte esto a Darwin, en zorro o en erizo? Se podría argumentar que en el segundo: Darwin persiguió sin descanso una magnífica gran idea, tal vez la mayor de todas. Pero recuerda la observación de Jeff Bezos de que es necesario «deambular» para que surjan las ideas creativas. Es posible que ningún victoriano hubiera deambulado más y visto más cosas que Charles Darwin. En 1831 dejó la comodidad en la que vivía en Inglaterra para abordar el *Beagle* e ir buscar territorios desconocidos y al final terminó circunnavegando el globo. Pero a diferencia de los marineros del *Beagle*, él bajaba del barco para hacer excursiones en tierra por las llanuras de la Patagonia, por la selva tropical del Amazonas y por las rocas de los Andes, durante las cuales vio, comió y fue mordido por casi cualquier especie de animal imaginable. De hecho, durante su viaje de cinco años «en» el *Beagle*, pasó dos terceras partes de su tiempo en tierra, rondando como un zorro.[35] Tanto que al final terminó convirtiéndose en pluralista: zoólogo, botánico, geólogo y paleontólogo de primer orden. Darwin era un zorro disfrazado de erizo.

A VECES UN ZORRO CAE EN LA MADRIGUERA DE UN ERIZO. Eso le ocurrió al hombre de amplio registro, Thomas Edison, mientras buscaba construir un sistema eléctrico que uniera y brindara energía a todo el norte de Estados Unidos. Habiendo inventado una bombilla eléctrica de larga vida en 1879, ahora necesitaba tomas de corriente en la pared y circuitos, líneas de corriente, transformadores y generadores de energía para encender esas bombillas.[36] Pero aún le faltaba determinar la forma de corriente eléctrica a usar, ¿cuál sería mejor, la directa o la alterna? La directa es buena para voltajes menores y distancias cortas, y la alterna para voltajes altos y distancias largas. Edison, cuyo éxito con la bombilla eléctrica estaba todavía fresco, apostó todo por la corriente directa. En febrero de 1881 dejó su laboratorio de investigación rural en Menlo Park y mudó tanto a su familia como al centro de fabricación de Edison Electric al sur de Manhattan. Ahí sus hombres cavaron túneles profundos bajo las calles para instalar conductos para la corriente directa (Figura 9.3).

Pero Edison se había equivocado. La corriente directa no es un medio eficaz para cablear una gran ciudad o una nación porque requiere generadores costosos para crear nueva corriente casi cada kilómetro, dependiendo de la carga. Para construir su sistema de corriente directa, intensivo en uso de capital, Edison necesitaba más dinero y decidió vender cantidades cada vez más grandes de acciones a J. P. Morgan y sus socios, quienes al cabo de una década lo desplazaron y convirtieron Edison Electric primero en Edison General Electric y después solo en General Electric.[37] Ahora que Edison ya no estaba al mando, J. P. Morgan y General Electric cambiaron a corriente alterna.

La visión de túnel muchas veces es el resultado del «síndrome de costos hundidos». Edison se había hundido tanto, y con un muy alto costo, en una única solución, que le parecía imposible admitir la derrota y cambiar el curso. El problema para un genio como Edison es reconocer el momento en el que la determinación y la perseverancia deben dar paso al sentido común. Pero el astuto Edison tenía más de un interés. Proseguiría creando un éxito comercial con una serie de productos diversos de uso práctico, no solo la bombilla eléctrica, el fonógrafo y las películas, sino también el sistema megafónico, la ayuda auditiva, la muñeca que habla e incluso la casa prefabricada de cemento.

Figura 9.3: Detalle de una ilustración del 21 de junio de 1882, publicada en Harper's Weekly con el título «La luz eléctrica en las casas – colocando la tubería para cables en las calles de Nueva York». Edison eligió enterrar los cables en vez de atarlos a postes.

El exceso de confianza del experto, junto con el síndrome de costos hundidos, había provocado que el hechicero de Menlo Park fracasara en este caso por no considerar la posibilidad de explorar otras soluciones. «El apuntalamiento cognitivo puede limitar la solución creativa de problemas si el experto no logra mirar más allá de sus esquemas existentes para buscar nuevas formas de abordar un desafío», dijo David Robson en su libro de 2019, *La trampa de la inteligencia. Por qué la gente inteligente hace tonterías y cómo evitarlo.*[38] El erizo no puede ver el bosque por los árboles. Por el otro lado, muchas veces el zorro se establece con tal osadía que no ve el peligro en el bosque. ¿Cuántas veces te has dicho a ti mismo «¡Si solo hubiera sabido en lo que me estaba metiendo, no lo habría hecho!» El especialista en creatividad Donald MacKinnon explicó por qué la falta de pericia puede ser algo bueno: «El experto con demasiada frecuencia "sabe", tanto en el campo de la teoría como en la base de los descubrimientos empíricos, que ciertas cosas no son o no se pueden hacer. El novato ingenuo se aventura en lo que el experto nunca intentaría y muchas veces tiene éxito».[39] La exhortación de MacKinnon es: No seas el erizo miope. Haz lo que el zorro con visión de largo alcance; Nikola Tesla, por su parte, recomendó: ten la audacia de la ignorancia.[40]

Economistas como el premio Nobel Daniel Kahneman (*Pensar rápido, pensar despacio*) y Philip Tetlock (*Superpronosticadores. El arte y la ciencia de la predicción*) están de acuerdo. Señalan que a los expertos que tienen una visión estrecha, sin importar lo famosos que sean, les va peor que a los generalistas de amplio rango cuando se trata de predecir el futuro y resolver los problemas del mañana.[41] El trabajo de Tetlock inspiró una competencia de cuatro años entre equipos de analistas de inteligencia estadounidenses que demostró que los generalistas que hablan lenguas extranjeras y tienen lecturas más diversas hacen mejores predicciones que los expertos en campos estrechos cuando se trata de asuntos mundiales.[42] Estudios recientes también han demostrado que los científicos ganadores de Premios Nobel tuvieron tres veces más probabilidades de dedicarse a una actividad de las bellas artes que sus colegas menos distinguidos, y que la actividad que eligen con mayor frecuencia es la música.[43] De forma similar, tienen 22 veces más probabilidades de dedicarse a actividades de ejecución amateur, como actuar, bailar o hacer magia.

No obstante, los políticos estadounidenses se han tardado en captar el mensaje, por lo menos en cuanto a la educación. Los gobernadores y las legislaturas estatales actualmente vinculan la educación con la «empleabilidad», según reportan artículos como «A Rising Call to Promote STEM Education and Cut Liberal Arts Spending» (Una llamada a promover la educación en los campos científicos, tecnológicos, de ingeniería y matemáticas y recortar el gasto en las artes liberales).[44] Algunas universidades están eliminando las especialidades en historia clásica e historia del arte.[45] Inclusive Barack Obama, el presidente liberal, en fecha reciente criticó las «inútiles» artes liberales.[46]

Sin embargo, los genios de este capítulo nos enseñan una lección diferente. Nos dan la instrucción de deambular ampliamente, combinar cosas, tener una formación multidisciplinaria, ser intrépidos, mantener los ojos abiertos, evitar el síndrome del costo hundido y tener la audacia de la ignorancia. También nos advierten de forma implícita que evitemos pensar que la educación debe llevarnos de inmediato a ese trabajo para toda la vida. En la década de 1920 la «vida media de conocimiento» de un ingeniero técnico eran 35 años; en la década de 1960, era una década; y hoy es, cuando mucho, de cinco años.[47] La lección para todos nosotros es: mantente ágil. Los educadores en el campo de la educación tecnológica empiezan a creer que conforme cambiamos de un trabajo a otro, ahora a la velocidad de un nuevo puesto cada cinco años, vamos a necesitar acceder a cursos breves de grado universitario en una amplia gama de temas durante toda la vida, el «currículum de 60 años», como se le llama.[48]

En 2011, Steve Jobs dijo que para que la tecnología sea en verdad brillante, debe estar aparejada con el arte. «En el ADN de Apple está que la tecnología por sí sola no es suficiente», dijo. «Es la tecnología aparejada con las humanidades lo que brinda los resultados que hacen cantar a nuestro corazón».[49] Así, a la gente joven que tiene aspiraciones y se especializa en los campos de ciencia, tecnología, ingeniería y matemáticas le haría bien prestar atención al consejo del Premio Nobel y violinista Albert Einstein, quien en una charla en 1950 desacreditó la especialización y concluyó: «Todo trabajador científico serio está dolorosamente consciente de esta involuntaria relegación a una esfera de conocimiento cada vez más estrecha, que amenaza con despojar al investigador de su amplio horizonte y lo degrada al rango de mecánico».[50] Todos necesitamos erizos para corregir las cosas que amamos profundamente, pero para crear un mundo nuevo y mejorado, mejor llama al señor Zorro.

Capítulo 10

PIENSA A LA INVERSA

Para descubrir el este, Cristóbal Colón navegó hacia el oeste. Para proteger a las personas de la viruela, Edward Jenner les inyectó viruela. En lugar de atraer al cliente a los bienes, Jeff Bezos lleva los bienes al cliente. De acuerdo con la Tercera Ley del Movimiento de Isaac Newton, «Para cada acción hay una reacción igual y opuesta». Hamlet, de Shakespeare, dijo: «Debo ser cruel solo para ser bondadoso».

Las anteriores perspectivas contradictorias ejemplifican el proceso de «pensar a la inversa», una estrategia antigua y que está profundamente grabada en las artes y las ciencias, así como en la industria. Si quieres entender mejor un objeto o un concepto, concibe el opuesto. Si quieres entender cómo se armó una máquina, desármala. Si quieres lograr un resultado en particular, define la meta final y después diseña una línea de desarrollo que lleve de regreso hasta el principio. Las ventajas prácticas del pensamiento opuesto son por lo menos cuatro: la primera es que nos permite ver soluciones a problemas que de otra forma no veríamos; la segunda es que nos hace más flexibles e imaginativos mentalmente; la tercera es que nos enseña a estar cómodos con la ambigüedad y la paradoja; y por último, la cuarta, es que muchas veces nos hace reír, un signo indiscutible de felicidad.

El talento para ver la importancia de los opuestos es un hábito oculto de los genios, en particular los involucrados en la ciencia y la industria. ¿Por qué cae un rayo? Porque las cargas negativa y positiva en el aire y la tierra corren para encontrarse desde direcciones opuestas, como sabía Benjamin Franklin. ¿Por qué se eleva un avión? Porque las alas de un avión en vuelo empujan hacia abajo el aire que hay encima de ellas y lo obligan a bajar, y al avión lo obligan a elevarse, como demostraron los hermanos Wright. ¿Cómo podemos entender el momento del «Big Bang» en astrofísica? Reproduce en reversa hasta que se encoja en un solo átomo incomprensiblemente denso, como sugirió Stephen Hawking.

En 1953, en el famoso Laboratorio Cavendish en la Universidad de Cambridge, el equipo formado por James Watson y Francis Crick descubrió la estructura del ácido desoxirribonucleico (ADN), el pilar fundamental de todas las criaturas vivas. Su comprensión implicó entender el principio de los opuestos. Dentro de cada cadena de filamentos de ADN yace oculto un palíndromo de moléculas. Por ejemplo:

XXGATCXXXXXXGATCXX-
XXCTAGXXXXXXCTAGXX

Juntos, la secuencia va hacia adelante y hacia atrás. Cada organismo vivo tiene genes con un patrón retrógrado. Si, conforme se multiplican las células, no replican el proceso palindrómico de forma precisa, puede desarrollarse una malignidad u otros defectos. Entender esto es una parte importante de la investigación biomédica actual y la ingeniería genética. Su descubrimiento de la estructura del ADN le valió a Watson, Crick y a su colega Maurice Wilkins un Premio Nobel de Química en 1962.

Algunas veces el pensamiento opuesto es solo juego de niños. Cuando en 1785 el genio matemático Johann Carl Friedrich Gauss tenía ocho años, su profesor le pidió que resolviera el siguiente problema solo para mantener al precoz niño ocupado durante un rato: «¿Cuál es la suma de todos los números de uno a 100?» Gauss no tardó en regresar con la respuesta: 5050. La rapidez con la que hizo la suma se debió a que se dio cuenta de que no era necesario sumar todos los números, que lo que debía hacer era lo contrario, pues si 50 es el punto medio, y los extremos se equilibran unos con otros; la secuencia de números 1, 2, 3, 4, 5 y los demás, hasta 50, se podría poner como un palíndromo contra sí misma. Los que no somos genios podemos reducir el problema de 100 a solo nueve números. Esto nos permitirá ver la idea que saltó a la vista de Gauss; lo que él visualizó fue un patrón inverso que no tardó en llevarlo a la solución. En nuestro esquema podemos colocar nueve números en secuencia inversa frente a la misma secuencia:

1 + 2 + 3 + 4 + 5 + 6 + 7 + 8 + 9⟶
9 + 8 + 7 + 6 + 5 + 4 + 3 + 2 + 1⟵

Al sumar de manera vertical estos producen una serie de nueve dieces, o 9 x 10 = 90. Una vez duplicados estos números (sumamos una segunda fila que tiene una secuencia inversa), tenemos que dividir el resultado entre dos para obtener la respuesta: 45. ¡Brillante! Pero entonces, Gauss pensó de forma inductiva y vio que este procedimiento podía ser la base de una fórmula para cualquier problema como este: el número total T = N(N + 1) ÷ 2. Inténtalo utilizando tu propia secuencia de números consecutivos. La comprensión inversa de Gauss demostró cómo «pensar a la inversa» puede ahorrarle tiempo a un matemático.

Lograr que un cohete acelerador viaje de ida y vuelta puede ahorrarle dinero a un industrial. En 2011 SpaceX, de Elon Musk, y la NASA (National Aeronautics and Space Administration), antes amigos-enemigos, formaron una asociación.[1] Desde este momento en adelante la empresa de cohetes de Musk se convirtió en la proveedora de transporte de la NASA, la que llevaría carga y astronautas al espacio. SpaceX se había convertido en la fuerza dominante en el transporte espacial demostrando que un cohete acelerador puede hacer viajes redondos (ir al espacio y volver en condiciones de volverse a utilizar), con lo que el costo de cada lanzamiento se reduce 80%.[2] Musk tuvo que hacer cinco intentos, pero lo logró. Como dijo en una conferencia TED de 2013, «La física se trata en realidad de deducir cómo descubrir nuevas cosas que van contra el sentido común».[3]

PENSAR A LA INVERSA O EN SENTIDO CONTRARIO TAMBIÉN PUEDE BRINDAR ESTRUCTURA EN LAS ARTES. El compositor Johann Sebastian Bach vio cómo una melodía podía hacer un viaje redondo, y con ello complació a un rey. En 1747, Bach viajó de Leipzig a Berlín para encontrarse con el amante de la música, el rey Federico el Grande, que le dio a Bach una melodía y le pidió que improvisara con ella. Bach regresó a casa, meditó, y después respondió con la *Ofrenda Musical*, en cuyo curso volteó de cabeza la melodía real en una inversión musical (las notas que antes subían, ahora bajan en el mismo grado) y después empleó el movimiento retrógrado (los tonos de la melodía que avanzan ahora retroceden). Franz Joseph Haydn, Mozart, Beethoven, Franz Schubert, Igor Stravinsky y Arnold Schoenberg utilizaron la misma táctica de retroceso.

Figura 10.1: Una melodía de 20 compases que escribió Mozart en un cuaderno (Sk 1772o) a la edad de 16 años cuando estaba aprendiendo el arte del contrapunto. Escribió solo la melodía (la parte superior), pero indicó por el contexto que debería tocarse hacia atrás.

Mozart, que se apodaba a sí mismo Trazom, amaba los palíndromos creativos. En una ocasión diseñó una melodía que podría ir en direcciones opuestas de modo simultáneo, como se puede ver en la Figura 10.1. Algunas veces incorporaba este proceso inverso a una composición terminada, pero la mayoría de las veces lo utilizaba en sus esbozos de práctica. En ellos empleaba el pensamiento opuesto con la idea de desarrollar su oficio y expandir su imaginación.

Para Mozart, igual que para nosotros, pensar en opuestos es un reto que puede llevar a un mejor resultado. Para tocar con fluidez una escala en una sonata, se instruye a los instrumentistas para que practiquen la escala de manera sincopada. Para ser un delantero letal en futbol soccer, al jugador natural diestro se le da la instrucción de practicar continuamente con la izquierda. Leonardo da Vinci aprendió por sí mismo cómo escribir tanto al revés como al derecho, lo que mejoró su habilidad como dibujante. Todos los ejercicios en los que algo se hace al contrario de como se hace comúnmente, como los que acabamos de mencionar, mejoran la flexibilidad física y al mismo tiempo estimulan la neuroplasticidad.

Leonardo da Vinci pertenecía al 10% de la población general que es zurda.[4] Entre los 100 000 bocetos que dibujó hay evidencia de que él también reconocía el valor creativo del «pensamiento opuesto». Sus bocetos para su famosa pintura *Santa Ana, la Virgen y el Niño*, una de las cuatro magníficas obras que están en el Louvre, ofrecen un buen ejemplo.[5] Más o menos en el periodo de 1478 a 1480 imaginó dos versiones de la escena que quería crear: la Virgen y el niño con un cordero (el gato era un marcador de lugar para el cordero). Una de ellas ve a la derecha (Figura 10.2A) y la otra a la izquierda (Figura 10.2B), en una imagen casi en espejo. En la composición que mira a la izquierda aparece una segunda cabeza femenina. Alrededor de una década después apareció una versión más acabada mirando a la derecha, pero ahora con la segunda cabeza (la de santa Ana) en una imagen casi en espejo de la Virgen (Figura 10.3A). Las dos se miran una a la otra de forma amorosa. En la pintura acabada alrededor del año 1503 (Figura 10.3B), la cabeza de santa Ana aparece alineada con la de la Virgen, pero las figuras del Niño Jesús y el cordero están volteadas 180 grados. Ningún espectador en el Louvre presenciando la obra maestra de Leonardo se daría cuenta de que esta versión final fue el producto de una lucha, en cuanto a figuras en dramática oposición, que duró 20 años. Aquí el proceso del «pensamiento opuesto», esencial como es, permanece oculto por completo.

Figura 10.2A: El dibujo de Leonardo da Vinci *Virgen y Niño con gato*, ca. 1478 (Departamento de Grabados y Dibujos, Museo Británico, Londres).

Figura 10.2B: Dibujo posterior *Virgen y Niño con gato*, ca. 1480 (Museo Británico, Londres).

Figura 10.3A: El cartón de Leonardo (dibujo acabado), ca. 1499 (Galería Nacional, Londres).

Figura 10.3B: Pintura *La Virgen, el Niño Jesús y santa Ana*, ca. 1503 (Museo de Louvre, París).

Camina 22 metros desde *La Virgen, el Niño…* hacia el noroeste en el Louvre y llegarás a la pintura más famosa del mundo: la *Mona Lisa* de Leonardo. Esta también implica una inversión del pensamiento, pero de un tipo mucho más sutil. Antes de la llegada de Leonardo los temas de la pintura medieval tardía y la de inicios del Renacimiento habían sido religiosos o históricos. Una pintura representaba el dogma cristiano o dejaba un registro visual de los reyes y reinas imperantes, y lo hacía por medio de símbolos: una paloma para anunciar la llegada de Jesús o una corona para sugerir un rey. El mensaje en una pintura se transmitía de pintor a espectador, y el espectador podía tomarlo o dejarlo, creerlo o no creerlo. En la pintura tradicional simbólica la comunicación viajaba solo en un sentido.

Con la *Mona Lisa* de Leonardo la pintura dio un giro cuántico. Las líneas de comunicación se revirtieron. En lugar de que el artista nos diga algo, es la dama de esta pintura la que quiere establecer un diálogo con el espectador. Lo que nos comunica, a través de su sonrisa enigmática, es una provocación. Aquí la pintura deja de ser un dogma de una sola dirección y se convierte en una relación de dos direcciones. Para entender a la *Mona Lisa* debemos aceptar que el significado de una pintura puede no recaer tanto en el trabajo como en el espectador. Los historiadores de arte llaman a esto «perspectiva inversa».

Los psicólogos definen el término «psicología inversa» como una estrategia en la que se dice una cosa con la intención de producir el efecto contrario. Los escritores emplean algunas veces la «cronología inversa» como técnica narrativa, y lo han hecho para lograr un efecto dramático desde la *Eneida*, de Virgilio. El compositor Richard Wagner utilizó la cronología inversa cuando trabajaba en el libreto de su drama musical de 17 horas, *El anillo del nibelungo*; empezó con la muerte de sus dioses y héroes (*El ocaso de los dioses*), y continuó trabajando hacia atrás, atravesando los eventos de sus vidas tempranas (*Sigfrido* y *La valkiria*), y finalmente hizo un prefacio a esta trilogía con una visión preliminar (*El oro del Rin*). George Lucas procedió de manera similar en sus películas de *La guerra de las galaxias*, siguiendo a una trilogía de apertura con tres «precuelas» que retrocedieron en el tiempo. En 1922, F. Scott Fitzgerald publicó un relato corto, «El curioso caso de Benjamin Button», en el que la vida del protagonista se desenvuelve en orden cronológico invertido: nace a los 80 años de edad, llega a tener edad media y luego se hace joven y al final muere de niño.

«Siempre conozco el final del misterio antes de empezar a escribir», dice el escritor de libros de misterio y de asesinatos más vendidos, P. D. James.[6] Los escritores de misterio muchas veces establecen «quién lo hizo», dónde y cómo, y después regresan al principio para llevar al lector a la historia. De hecho, «los misterios de asesinatos son criaturas hacia atrás», como escribió el escritor de misterio Bruce Hale en «Writing Tip: Plotting Backwards»[7] (Consejo de escritura: trazar hacia atrás). Aquí estamos hablando de novelas de misterio, pero el principio se puede aplicar a mucho más. A ningún autor en ciernes le haría mal pensar primero: ¿En qué va a terminar? De hecho es un buen consejo decirle a cualquiera que quiera hacer una presentación pública, escrita u oral, ya sea un reporte corporativo o un discurso de boda, que «piense hacia atrás». Revisa el material, guarda lo mejor y más persuasivo para el final y estructura todo lo demás para que te lleve ahí. De esta manera no solo tú vas a poder mantenerte «enfocado» en el material, sino que también el público va a apreciar la conclusión de «big bang», lo que es igualmente importante.

POR DEFINICIÓN, UN RAYO ES UNA LÍNEA RECTA, COMO LOS PRIMEROS METROS DE LÍQUIDO QUE SE DISPARA CON UNA PISTOLA DE AGUA. Una onda es una curva, como las ondas que emanan de una piedra que aventamos a un estanque. Si no son exactos opuestos, «rayo» y «onda» son muy disímiles. Que la luz pueda ser tanto un rayo como una onda es una paradoja, del griego *paradoxon*, «opinión contraria». El «pensamiento opuesto» algunas veces requiere estar cómodo con la paradoja.

Más de una vez Albert Einstein luchó con condiciones que eran paradójicas. En 1905 resolvió un prolongado debate entre teorías opuestas en relación con la naturaleza de la luz: ¿Es la luz una corriente de partículas (una línea recta) o es una onda? Isaac Newton había optado previamente por las partículas, a las que llamó «corpúsculos». Christian Huygens (1629-1695), casi contemporáneo de Newton, argumentó en favor de las ondas. La teoría de Newton parecía imperar hasta que James Maxwell (1831-1879) pudo apoyar su postura de que está formada por ondas con sus leyes unificadas de las ondas electromagnéticas (1865).[8] En 1905, Einstein mostró que estas teorías opuestas se podrían reconciliar con su teoría de la dualidad onda-partícula. Las ondas de luz chocan con un material que entonces emite una corriente de fotoelectrones (el efecto fotoeléctrico de Einstein). «Tenemos dos imágenes contradictorias de la realidad», dijo. «Por separado, ninguna de ellas explica por completo el fenómeno de la luz, pero juntas sí lo hacen».[9] Esta dualidad se convirtió en una parte de la física cuántica (una nueva ortodoxia surgida de una paradoja). Además, la energía del fotoelectrón siempre es inversamente proporcional a la longitud de onda (una antítesis incorporada). Iluminar el misterio de la luz le valió a Einstein ganar el Premio Nobel en 1921.

«¿Cuándo no cae una mujer que cae de un edificio?» La respuesta es: «Cuando todo lo demás cae con ella». Cuando Albert Einstein resolvió ese acertijo hipotético, encontró la respuesta de otro. En 1907, Einstein estaba molesto por la aparente oposición de dos teorías: la teoría de Newton de la gravedad celestial, que declara que los objetos son atraídos en línea recta hacia otros objetos, y su propia Teoría de la Relatividad Especial, que establece que los objetos son gobernados por reglas únicas en su contexto. «Aquí uno está tratando», observó, «con dos casos fundamentalmente diferentes, [lo que] para mí era insoportable».[10] Visualizar una situación en la que todo estaba cayendo al mismo tiempo trajo a mi mente «el pensamiento más feliz de mi vida» y eliminó el insoportable agobio. ¿Cómo pueden la inmovilidad y el movimiento existir al mismo tiempo? «Se debe a que», dijo Einstein, «para un observador en caída libre desde el techo de una casa, durante la caída no hay (por lo menos en su proximidad inmediata) campo gravitacional. Es decir, si el observador suelta otros cuerpos, estos permanecen relativos a él, en un estado de pausa».[11] La fuerza de gravedad puede estar operando, pero otra fuerza podría actuar con ella, compartiendo un límite común y en igual medida. En el lenguaje de la ciencia, había una «equivalencia física completa y simultaneidad del efecto opuesto de un campo gravitacional uniforme».[12] En términos comunes, las fuerzas podrían jalar en línea recta y en curva dependiendo de la velocidad a la que está cayendo el objeto y de la fuerza del campo gravitacional. Newton no estaba equivocado pero su teoría de la gravedad no era precisa en todas las circunstancias. La manzana de Newton podría caer directamente hacia abajo, pero en el espacio-tiempo de Einstein dibujaría una curva. De manera similar, el hecho de que un solo átomo pueda comportarse como dos átomos separados en ciertas circunstancias es la lógica fundamental detrás del campo emergente de la computación cuántica y de la computadora del futuro.[13]

«El invierno más frío que jamás pasé», dijo Mark Twain, «fue un verano en San Francisco». Estábamos esperando que Mark Twain se extendiera hablando sobre una experiencia de invierno y en lugar de ello nos da una sacudida hasta el verano. Pero mucho antes del giro de 180 grados de Twain, William Shakespeare había utilizado la misma táctica en las líneas iniciales de su obra *Ricardo III*: «Ahora el invierno de nuestro descontento se vuelve verano con este sol de York». Shakespeare no solo crea un juego de opuestos (el invierno cediendo ante el verano), sino también una broma (el «sol de York» era Edward, hijo del Duque de York y ahora el más brillante sol en el firmamento dinástico de York).

Ricardo III es una tragedia política oscura, pero está repleta de humor debido a las opiniones contradictorias de Ricardo: los ciudadanos lo ven como una fuerza malévola, mientras que él (que se engaña) se ve a sí mismo como benevolente. El ejemplo más famoso de las escenas antípodas de Shakespeare es cuando el asesino Macbeth cede ante el portero cómicamente ebrio. Cuando las fuerzas negativas y positivas se conectan, el drama golpea el escenario como un rayo.

La mayoría de la poesía de Shakespeare está construida sobre analogías, metáforas y símiles (dos conceptos relacionados, unidos en un dúo). El maridaje poético puede ser todavía más eficaz cuando el dúo es una antítesis. Para apreciar lo que hace al genio, considera un pasaje en voz de Romeo, en *Romeo y Julieta*, de Shakespeare. Aquí el enamorado atraviesa un nudo de sentimientos contradictorios que vienen en tiempo doble (14 en ocho líneas). Algunos pueden anticiparse: «enfermedad salud» y «fuego helado» (tú o yo podríamos haber pensado en estos). Pero «belicoso amor» y «pluma de plomo» (¡ahí está el genio escondido!).

> Mucho hay aquí que hacer con el odio, pero más con el amor.
> Por qué entonces, ¡oh, belicoso amor! ¡Oh, amante odio!
> ¡Oh, cualquier cosa, crea algo de la nada!
> ¡Oh pesada ligereza! ¡Seria vanidad!
> ¡Caos malformado de formas en apariencia buenas!
> ¡Pluma de plomo, humo brillante, fuego helado, enfermedad salud!
> Sueño muerto en vela, ¡eso no es lo que es!
> Este amor siento yo, que no siento amor en esto. [La amo, pero ella a mí no me ama].

Finalmente considera el poder de permanencia que ha tenido el oxímoron más sucinto de Shakespeare, uno en el que yuxtapone dos condiciones existenciales opuestas e incompatibles: «Ser o no ser».

HENRY FORD REVOLUCIONÓ EL TRABAJO DE FÁBRICA Y LA INDUSTRIA AUTOMOTRIZ CUANDO EMPEZÓ A PRODUCIR EN MASA EL ECONÓMICO Modelo T, en 1913 y por medio de una línea de montaje. Una visita a un matadero en Chicago lo había impresionado con la velocidad y la eficiencia con la que un buey podía ser desmembrado colgándolo de las patas y jalando sus miembros con una cadena de acero. Si el desmembramiento podía ocurrir con tal velocidad, pensó, ¿no podría revertirse el proceso de forma aditiva?

El inconformista Elon Musk adoptó la postura opuesta a la de Ford en lo referente a fijar el precio de sus autos. Cuando Musk tomó el timón en Tesla, en lugar de introducir primero un automóvil económico y después construir autos cada vez más costosos, empezó con el Roadster en 2011 (con un precio de 200 000 dólares), después, en 2015, introdujo el Model X (80 000) y finalmente trajo el Model 3 en 2017 (35 000). Así es como Tesla ha ido haciendo la transición de ser una empresa de precio alto y bajo volumen a ser una de precio bajo y alto volumen. Según anunció Musk a todo volumen en un mensaje público de 2006, titulado «The Secret Tesla Motors Master Plan» (El plan maestro secreto de Tesla Motors), su plan era:

> Construir un auto deportivo
>
> Utilizar ese dinero para construir un auto asequible
>
> Utilizar ese dinero para construir un auto todavía más asequible...
>
> No le digas a nadie.[14]

Siendo un joven gestor de datos en el fondo de cobertura D. E. Shaw & Co. a inicios de la década de 1990, Jeff Bezos estaba cómodo con una apuesta: la de colocar de manera correcta un activo como contrapeso para otra. Bezos vio que el uso de internet se estaba extendiendo a la sorprendente velocidad de 2300% cada año y reconoció que el crecimiento global era «el panorama general». El reto era cómo vincularlo con el hombrecito y hacer dinero, así que buscó un problema que pudiera monetizar. Pensando de modo inverso, encontró uno: las compras. Un consumidor maneja su auto buscando cosas pero muchas veces regresa a casa con las manos vacías. ¿Por qué no revertir el proceso, utilizar el internet para encontrar los bienes y hacer que los bienes vayan al consumidor, y con ello ahorrar tiempo y dinero? Lo hizo, y hoy Amazon controla 40% del comercio electrónico en Estados Unidos.[15] En 2005, Bezos dijo: «Algunas veces una persona ve el problema y este de verdad le molesta, entonces inventa una solución. Algunas veces puedes trabajarlo desde una dirección inversa. Y de hecho, en la alta tecnología yo creo que mucha de la innovación proviene algunas veces de hacer las cosas en esta dirección. Ves una nueva tecnología o ves que allá afuera hay algo…, y trabajas hacia atrás desde una solución para encontrar el problema apropiado».[16] La obsesión actual de Bezos es: «Tenemos que ir al espacio para salvar a la Tierra».[17]

PARA SER GRACIOSO, «PIENSA A LA INVERSA». El humor implica ironía, contradicción, o pensamiento contradictorio. También el sarcasmo. Cuando decimos «Vaya, *eso* fue inteligente», en realidad queremos decir lo opuesto. Los comediantes creativos son filósofos que algunas veces nos revelan la verdad mostrándonos, de modo irónico, que tenemos el objetivo equivocado porque el real está escondido. El siguiente chiste aparece en el especial de comedia en vivo de Chris Rock «Bigger and Blacker» (Más grande y más negro):

> ¿Control de armas? ¡Lo que necesitamos es control de balas! Yo creo que cada bala debería costar cinco mil dólares. Porque si una bala costara cinco mil dólares, la gente empezaría a pensar antes de disparar y se preguntaría si puede costearlo... No tendríamos espectadores inocentes, o si los tuviéramos, los que dispararon estarían diciendo: «Regrésame mi propiedad» [condensada y desinfectada].

Una paradoja puede ser un oxímoron con moral, y eso es lo que Rock construyó aquí colocando una verdad *percibida* contra una verdad: las pistolas no matan, matan las balas. Tal vez deberíamos solo prohibir las balas. Rock también ha dicho: «La comedia es el blues para las personas que no pueden cantar». Entiende que los chistes exploran los polos opuestos de la experiencia humana y en el camino nos permiten reír. Como Freud argumentó en su libro *El chiste y su relación con lo inconsciente* (1905), los chistes revelan las debilidades, los miedos y las contradicciones que todos llevamos dentro. El chiste: el libro de Freud sobre los chistes es el libro menos gracioso que jamás leerás.

Abajo hay frases de genios pasados y presentes. Son graciosas porque incluyen opuestos, un malentendido, una imposibilidad lógica o un reacomodo de palabras.

> Shakespeare: «¡Oh, villano! Seréis condenado a la redención sempiterna por esto!» (*Mucho ruido y pocas nueces*).

> Benjamin Franklin: «Si no salimos todos a pasar tiempo juntos, definitivamente saldremos a pasarlo separados».

> «Probablemente debería estar orgulloso de mi humildad».

> Charles Darwin: «[Thomas] Carlyle calló a todos arengando durante toda la cena de gala en Londres sobre las ventajas del silencio».

Mark Twain: «Wagner no sonaría tan mal si no fuera por su música».

Albert Einstein: «Para castigarme por mi desprecio a la autoridad, el destino me ha convertido en autoridad».

Will Rogers (en Texas durante una sequía): «El Río Grande es el único río que he visto que necesita irrigación».

Winston Churchill: «Mientras más lejos miras hacia atrás, más lejos puedes ver hacia adelante».

Martin Luther King: «Nuestro poder científico ha superado a nuestro poder espiritual. Hemos guiado misiles pero hemos errado al guiar a los hombres».

Elon Musk: «Cuando las personas me preguntan por qué creé una empresa de cohetes, yo digo: "Estaba intentando aprender cómo convertir una gran fortuna en una pequeña"».

«La mejor clase de servicio es que no haya servicio».

N. C. Wyeth: «¡El trabajo más difícil del mundo es intentar *no* trabajar!».

Jack Vogel: «Recibes aquello por lo que no pagaste».

Oscar Wilde: «El trabajo es la maldición de la clase bebedora».

«Los verdaderos amigos te clavan un cuchillo por la espalda».

«Perder a un padre es un gran infortunio, perderlos a ambos parece descuido».

«Puedo resistir todo, menos la tentación».

J. K. Rowling: «Compramos doscientos ejemplares de "El libro invisible sobre invisibilidad" (costaron una fortuna y nunca los encontramos)». (*El prisionero de Azkaban*).

Oscar Levant: «Lo que necesita el mundo son más genios con humildad. Quedamos tan pocos».

Los chistes son graciosos, pero la razón de ello se nos esconde: es «pensar lo opuesto».

MUCHAS DE LAS GRANDES RELIGIONES DEL MUNDO IMPLICAN UNA TEOLOGÍA QUE ABARCA UN CICLO CONTINUO DE PRINCIPIOS Y FINALES, o una interminable tensión entre fuerzas opuestas. En el budismo las fuerzas contrarias y unificadas coexisten como nirvana, el fin del ciclo de renacimientos, y el samsara, la serie interminable de encarnaciones y reencarnaciones de los organismos vivos.[18] Nirvana, el estado último, es en sí mismo tanto la no muerte como la no vida. En el taoísmo el yin y el yang son principios morales opuestos, pero universales, y operan juntos como una sola fuerza. La palabra hebrea אמת, que significa «verdad», uno de los nombres de Dios en el judaísmo, utiliza la primera letra (alef) y la última (tav) del alfabeto hebreo. Satán y los ángeles de Dios se enfrentan en la escatología cristiana. *Ego sum alpha et omega* (Soy alfa y omega), la primera y la última letra del alfabeto griego, simbolizan a Dios como se describe en el libro del Apocalipsis.

Martin Luther King hijo se graduó del Seminario Teológico Crozer en 1951 y obtuvo un doctorado en teología por la Universidad de Boston cuatro años después. Sabía de *alpha et omega*, el principio y el final, y empleó esta antítesis en su más famoso discurso, «Tengo un sueño» (1963).

Mucho se ha escrito sobre «Tengo un sueño» de King, el momento decisivo de su carrera y un punto de quiebre para el pensamiento estadounidense sobre la raza. La simple observación aquí es que el poder retórico del discurso se deriva no solo de la búsqueda incesante de una sola repetición (anáfora), sino también del uso incesante de imágenes contradictorias (oxímoron). La retórica avanza de forma directa, mientras que la poesía alterna entre opuestos.

> Ahora es tiempo de salir del valle oscuro y desolado de la segregación hacia el camino soleado de la justicia racial...
>
> Este sofocante verano del descontento legítimo del negro no pasará sino hasta que exista un alentador otoño de libertad e igualdad.
>
> Mil novecientos sesenta y tres no es un final sino un principio...
>
> En el proceso de obtener nuestro lugar legítimo no debemos ser culpables de actos indebidos.
>
> No busquemos satisfacer nuestra sed de libertad bebiendo de la copa de la amargura y el odio...
>
> Siempre marcharemos hacia adelante. No podemos regresar...
>
> Tengo el sueño de que un día, en las colinas rojas de Georgia, los hijos de antiguos esclavos y los hijos de antiguos propietarios de esclavos serán capaces de sentarse juntos a la mesa de la fraternidad.
>
> Tengo el sueño de que un día incluso el estado de Mississippi, un estado sofocado por el calor de la injusticia, sofocado por el calor de la opresión, será transformado en un oasis de libertad y justicia...
>
> Tengo un sueño de que un día cada valle será levantado, cada colina y cada montaña será sumida, los lugares escarpados se aplanarán y los lugares sinuosos se enderezarán...
>
> Con esta fe seremos capaces de transformar las estridentes discordias de nuestra nación en una hermosa sinfonía de fraternidad.[19]

En la universidad, King tuvo un encuentro con las creencias religiosas de India y estudió la vida de Mahatma Gandhi, y en 1959 viajó a India para aprender con los discípulos de Gandhi sobre la resistencia pasiva. Como líder de la Southern Christian Leadership Conference, King utilizó entonces la no violencia como arma contra la violencia en las calles. El cañón de agua y los perros policía dirigidos contra mujeres y niños en Birmingham, Alabama, tuvieron el efecto contrario; provocaron una reacción pública violenta. En 1964 el enfoque contrario de King le valió el Premio Nobel.

EN RESUMEN: LOS GENIOS DE ESTE CAPÍTULO SUGIEREN QUE MIENTRAS MÁS PUEDE UNA PERSONA EXPLOTAR LAS CONTRADICCIONES DE LA VIDA, MAYOR ES SU POTENCIAL PARA CONVERTIRSE EN UN GENIO. Grandes artistas, poetas, dramaturgos, músicos, comediantes y moralistas albergan fuerzas opositoras en su trabajo para lograr un efecto dramático y a veces cómico. Los científicos y matemáticos brillantes aparentemente no van en busca de contradicciones, pero no les incomoda encontrarlas. Los emprendedores transformadores buscan soluciones contrarias. Bach utilizó el contrapunto para componer sus obras más importantes. Bezos trabajó en reversa, de una solución a un problema. King utilizó palabras de oxímoron y una inacción vigorosa para cambiar la opinión pública sobre la raza en Estados Unidos.

Todos podemos emplear esta estrategia. Después de contarle a un niño un cuento antes de dormir, revierte el proceso y haz que el niño te cuente uno (eso promueve el pensamiento visionario por parte tanto del que cuenta como del que escucha). Antes de lanzar una nueva empresa, haz un «premórtem» y trabaja hacia atrás para ver por qué esta podría fallar. Para escribir un mejor reporte de la empresa o para dar un mejor discurso, busca en el material y comienza por elegir cuál va a ser el final. Simplifica tu argumento; menos puede ser más. Para reducir el sesgo personal y los errores de razonamiento al tomar una decisión importante, haz una lista de los pros y los contras.[20] Para probar la validez de tu postura busca un abogado del diablo; discutir con tu cónyuge o tu pareja puede ser algo bueno y te brindará la oportunidad de ejercitar la moderación apasionada. Para ser ingenioso en la conversación piensa en una réplica opuesta. La estrategia de «pensar a la inversa» puede pasar inadvertida, pero los resultados mejorados van a ser obvios.

Capítulo 11

TEN SUERTE

En 1904 el genio Mark Twain publicó un ensayo titulado «Saint Joan of Arc» (Santa Juana de Arco) en el que sugiere cómo fue que esta heroína y otras mentes transformadoras lograron la grandeza: «Cuando nos disponemos a explicar a un Napoleón o a un Shakespeare, o a un Rafael o a un Wagner, o a un Edison o a otra persona extraordinaria, entendemos que el talento que poseen no explicará todo el resultado, ni siquiera la mayor parte del mismo; no, lo que lo explica es la atmósfera en la que se nutrió el talento; es el entrenamiento que recibió al crecer, las lecturas y el estudio que lo nutrieron, los ejemplos que recibió, la motivación que reunió por el reconocimiento que se dio a sí mismo y el que recibió del exterior en cada etapa de su desarrollo: cuando conocemos todos estos detalles, entonces sabemos por qué el hombre estaba listo cuando llegó su oportunidad».[1] Para Twain todos aquellos «detalles» externos de la genialidad son prerrequisitos de esta última: la oportunidad. La palabra «oportunidad» se deriva del latín *opportuna*, un viento favorable que sopla hacia el puerto. La palabra «afortunado» desciende del latín *fortuna*, que significa «destino» o «suerte». Cuando sopla ese viento afortunado, trae la mayor fortuna, pero solo a aquellos que ya estan preparados para navegar con él. La genialidad, la grandeza y el éxito llegan a puerto de la misma manera.

El golfista Gary Player dijo unas palabras que transmiten de manera más precisa un mensaje similar: «Cuanto más duro practico, más suerte tengo».[2] ¿Quién puede negar que los «afortunados» que trabajan duro, actúan con valentía o hacen jugadas audaces tienen mejores resultados? Esas jugadas pueden ser el resultado de una decisión inteligente o de un desarraigo físico real. Algunos golpes de suerte visitan al genio en el momento de su nacimiento; otros, de manera extraña, llegan después de la muerte. Pero empezamos al principio, con la lotería del nacimiento.

Para un genio nacer rico no es lo mismo que nacer con suerte. Los genios casi nunca surgen en condiciones de extrema riqueza. Charles Darwin, que recibió completo apoyo como joven adulto y al final heredó una pequeña fortuna, podría ser la excepción que comprueba la regla. Tampoco tienden a surgir de la aristocracia ni de la clase política dominante. Mientras el genio está empeñado en cambiar el mundo, el aristócrata la mayoría de las veces se deleita con el *statu quo*. ¿Para qué cambiarlo? En realidad los genios no surgen en ninguno de los extremos económicos de la sociedad (en condiciones de extrema pobreza hay pocas oportunidades para ser creativo, y en las de extrema riqueza no hay incentivos para intentar cambiar nada). Considera a estos genios y las profesiones de sus padres: el de Shakeaspeare era fabricante de guantes, los de Newton y Lincoln eran granjeros, el de Franklin fabricante de velas, el de Bach era el trompetista del pueblo, el de las hermanas Brontë era el párroco del pueblo, el de Faraday era herrero y el de Edison tabernero, el de Curie era maestro de escuela, el de King predicador, el de Morrison era soldador y el de Bezos era propietario de un taller de bicicletas. En el caso de los genios, nacer con suerte es por lo general nacer en la clase media.

La suerte, tanto buena como mala, algunas veces asiste a las y los genios *postmortem*, conforme el tiempo y los eventos cambian la forma en que los percibe la sociedad. En su época, William Shakespeare era un muy exitoso dramaturgo que capturó la imaginación de los espectadores de Londres, pero su público era pequeño. Poco a poco, durante el siglo XVIII, conforme creció la influencia comercial inglesa, las obras del bardo fueron traducidas al francés, el alemán y el español. Hoy su impacto continúa expandiéndose, inclusive a lo largo de Asia, conforme el inglés se va convirtiendo en la lengua que se habla de forma predominante en el mundo.[3] La importancia de Shakespeare, que ahora es visto como el mayor dramaturgo que jamás haya vivido y brújula moral para toda la humanidad, es en parte consecuencia de esta expansión lingüística de los últimos tiempos. En la época de Shakespeare apenas 0.8% de la población mundial hablaba inglés; en la actualidad casi 20% lo habla. Shakespeare tuvo suerte: una marea creciente elevó su barco póstumo.

Temprano en la mañana del 22 de agosto de 1911, un empleado de mantenimiento, Vincenzo Peruggia, se robó la *Mona Lisa* del Louvre. La historia del atraco apareció en la primera plana de los periódicos más importantes del mundo con una foto de la pintura, e inició una cacería internacional de arte. «60 detectives buscan "Mona Lisa" robada», pregonaba el *New York Times*.[4] Hasta Picasso resultó involucrado en el escándalo porque unos bustos antiguos robados del Louvre pudieron ser rastreados hasta su departamento. Por un tiempo, Peruggia escondió a la *Mona Lisa* bajo su cama. Dos años después intentó venderla a agentes de la Galería Uffizi, en Florencia (algo nada genial, porque para ese momento todo el mundo Occidental había visto la pintura). Alertaron a la policía; Peruggia fue arrestado, y la pintura regresó a París. Otra vez, más fotos e historias aparecieron en los periódicos. En los primeros dos días después de que regresó a ser exhibida en el Louvre, más de 120 000 espectadores fueron a verla.[5]

La *Mona Lisa* es la pintura que casi todos en el mundo pueden identificar. Lo que nos lleva a preguntarnos a qué se debe que sea así. En parte, su fama se debe al impacto duradero del robo de arte; esa fue la noticia más sensacional en Occidente hasta el hundimiento del Titanic, el 14 de abril de 1912.[6] En una transmisión para conmemorar el centenario del robo, la radio pública National lo describió como «El robo que convirtió a la *Mona Lisa* en obra maestra». Puede ser una hipérbole, pero las evidencias estadísticas apoyan la afirmación. Utilizando una recopilación de datos en la biblioteca de la Universidad de Yale, calculé el número de libros y artículos listados antes de 1911 sobre el tema «Miguel Ángel» o «Leonardo da Vinci». En ese entonces encontré que 68% en comparación con 32% se inclinaba en favor del primero. Pero en las entradas posteriores a 1911 la proporción ya era aproximadamente de 50-50. Cuando consulté los trabajos de referencia estándar sobre los dos artistas y el número de palabras asignadas a cada uno, una vez más con 1911 como el punto de quiebre, encontré que las proporciones iban de siete a cinco para Miguel Ángel a dos a uno en favor de Leonardo. Si el interés público es alguna clase de indicador de la genialidad, la broma de un trabajador de museo fortaleció de manera providencial la reputación de Leonardo.

El ADN ha sido llamado «el pilar fundamental de la vida».[7] Inscrito en el núcleo de cada célula del cuerpo humano, el ADN contiene los rasgos hereditarios en la forma de genes, la más minúscula codificación que guía el crecimiento y el desarrollo de cada organismo vivo. A principios de la década de 1950, la existencia del ADN había sido conocida durante casi un siglo, pero los científicos todavía no sabían cómo estaba estructurado el ADN o, todavía más importante, cómo podía cada molécula del cuerpo replicarse a sí misma y, por tanto, construir una criatura viviente completa. En ello estaba la clave para descubrir el código genético. Esa clave se le entregó a la humanidad el 25 de abril de 1953 en la forma de un breve artículo científico publicado en *Nature*, titulado «A Structure for Deoxyribose Nucleic Acid» (Estructura molecular de los ácidos nucleicos), el resultado de la investigación de Francis Crick y James Watson, dos jóvenes científicos que trabajaban en el Laboratorio Cavendish, en Cambridge, Inglaterra.[8] ¿Quién debía tener el primer crédito en lo que se podía decir que era el más importante anuncio científico de tiempos modernos? Lanzaron una moneda al aire y la precedencia le tocó a Watson.

Watson y Crick no eran los únicos que buscaban cómo explicar los procesos ocultos de la vida. En 1944, Oswald Avery había demostrado que el ADN era el «principio transformador», el portador de la información hereditaria. De manera coincidente con Watson y Crick, Maurice Wilkins y Rosalind Franklin estaban trabajando en cristalografía de rayos X para generar imágenes de una molécula de ADN. Además, el afamado químico Linus Pauling había producido un modelo (incorrecto, como después resultó) tridimensional de las tres hebras del ADN.[9] Tomando del trabajo de los demás y de su propia intuición, Watson y Crick habían unido las piezas y construido el modelo molecular que describían en su artículo, y el cual representaba con exactitud la estructura del ADN: la famosa doble hélice entrelazada. La información crucial que contribuyó al descubriemiento de Watson y Crick fue la «Fotografía 51» de rayos X de Rosalind Franklin que mostraba el diseño de la doble hélice de ADN. A partir del descubrimiento de la estructura del ADN surgió, entre otras cosas, la secuenciación del genoma humano, el uso de la identificación genética en los casos criminales y la investigación sobre ADN recombinante con su edición y terapia genéticas, que ahora mueven una industria de biotecnología multimillonaria. En 1962 el comité del Nobel otorgó el Premio Nobel de Fisiología o Medicina a Francis Crick, James Watson y Maurice Wilkins.

¿Pero qué ocurrió con Rosalind Franklin? La respuesta es que tuvo mala suerte.

Le robaron las importantes fotografías de rayos X. En febrero de 1953 los supervisores de Franklin mostraron las imágenes a Watson y Crick sin pedirle permiso. En las imágenes el dúo vio que el ADN tenía una estructura helicoidal, sus dimensiones y cuántos pares base tenía en cada vuelta.[10] Franklin había obtenido una licenciatura y un doctorado en química por la Universidad de Cambridge, tal vez la mejor universidad de ciencias del mundo. Después de mudarse a Londres en 1951, había ocupado un puesto de investigación de posdoctorado en el prestigioso King's College. Franklin tenía un alto nivel de educación, tenía prestigio en su campo y era ambiciosa (todo lo que se requiere para poder ser un genio). Pero se encontró con un obstáculo: era mujer en una época en que no se consideraba dar oportunidades al sexo femenino. Aquí sigue un pasaje sobre Franklin y su supervisor nominal, Maurice Wilkins, escrito por Watson.

> Maurice, principiante en el trabajo de la difracción de rayos X, quería ayuda profesional y esperaba que Rosy, cristalógrafa capacitada, pudiera acelerar la investigación que él estaba haciendo. Sin embargo, Rosy no veía la situación de esta forma. Ella sostenía que el ADN se le había dado para su propio trabajo de investigación y no se veía como asistente de Maurice.
>
> Sospecho que al principio Maurice esperaba que Rosy terminaría por aceptar, pero después de sondearla se dio cuenta de que no cedería. Por elección no enfatizó sus cualidades femeninas. Aunque sus rasgos eran fuertes, no era poco atractiva y podría haber sido bastante despampanante si hubiera puesto incluso un mínimo interés en su forma de vestir, lo cual no hizo. Nunca hubo lápiz labial para contrastar con su cabello negro lacio, aunque

> a la edad de 31 años sus vestidos mostraban toda la imaginación de las adolescentes inglesas de medias azules...
>
> Era claro que si Rosy no se iba, tendría que ponerla en su lugar.[11]

Franklin se rehusaba a mostrar sus encantos femeninos y tuvo el valor de demostrar que una mujer podía ser líder en la ciencia de vanguardia del ADN. Pero «Rosy» no jugaba a ser linda con los chicos y al final los chicos la penalizaron. Se le negaron los honores plenos por sus descubrimientos (y no solo a manos de sus colegas masculinos, sino por una regla póstuma fatal que afecta solo a los que no tienen suerte).

Los Estatutos de la Fundación Nobel contienen una o dos provisiones aparentemente arbitrarias en la sección 4, párrafo 1:

> La suma del premio puede dividirse por partes iguales entre dos trabajos si se considera que cada uno de ellos amerita ser premiado. Si el trabajo que se está premiando fue producido por dos o tres personas, el premio será otorgado a ellas en conjunto. En ningún caso una suma de premio puede dividirse entre más de tres personas.[12]

No pasó de 1961 para que el comité del Nobel reconociera las enormes implicaciones del ADN y su estructura de doble hélice. ¿Pero a quién debía dirigirse la fama y la gloria? En definitiva a Watson y Crick, los investigadores principales; y tal vez a Linus Pauling por haberse acercado; tal vez a Maurice Wilkins como supervisor sucedáneo de Franklin; o tal vez, basándose en méritos, a la misma Franklin. Ahora lee la Sección 4, Párrafo 2: «El trabajo producido por una persona ya fallecida no debe ser considerado para un premio. No obstante, si una persona gana el premio y fallece antes de recibirlo, entonces se le puede presentar como la ganadora del premio». Cuatro años después de su trabajo influyente sobre el ADN, pero cuatro años antes de que un Premio Nobel se otorgara en el campo, Rosalind Franklin falleció a la edad de 37 años de cáncer de ovario. La fama y la gloria le fueron negadas.

Para adquirir una mejor comprensión de la fatídica historia del descubrimiento de la estructura del ADN, me senté a comer en marzo de 2017 con Scott Strobel, profesor de la Cátedra Henry Ford II de Biofísica Molecular y Bioquímica en Yale y actual rector de Yale. Strobel empezó por señalar que Watson y Crick habían tenido suerte y que Linus Pauling no. Si Pauling hubiera visto las fotografías de Franklin, el descubrimiento podría haber sido suyo. Pero al hacer una escala en Londres a principios de 1953 con el objetivo expreso de ver las imágenes de Franklin, a Pauling le negaron la visa que le habría permitido salir del aeropuerto de Heathrow para encontrarse con ella. Strobel también enfatizó que el descubrimiento de la doble hélice había sido un esfuerzo de equipo. Lo que me explicó fue: «La ciencia observacional es cada vez más compleja y ninguna persona puede controlar todo en un campo. Cada vez más los descubrimientos científicos están siendo producto de laboratorios comunales. La consecuencia imprevista es que el genio solitario queda relegado a la lista de especies en peligro de extinción». En cuanto a la posibilidad de otorgar un futuro Premio Nobel al descubrimiento de las Repeticiones Palindrómicas Cortas Agrupadas y Regularmente Espaciadas (o CRISPR por sus siglas en inglés), el excitante nuevo campo en la ciencia genética, Strobel observó la ironía: «Una candidata destacada es mi antigua colaboradora, Jennifer Doudna, en Berkeley. El problema es que hay tantos candidatos para el Nobel de CRISPR (en Berkeley, MIT y en otros lugares), que el comité del Nobel podría tener problemas para reducir el número a tres ganadores. El premio de CRISPR podría retrasarse».[13]

POSIBLEMENTE TODOS PODRÍAMOS CONVERTIRNOS EN FATALISTAS y adherirnos a la idea de que nuestro destino yace de forma póstuma en las manos de la Dama Suerte. Pero el punto de este capítulo es sugerir justo lo contrario: que aunque la casualidad puede desempeñar un papel, el genio por lo general toma decisiones conscientes que conducen, de modo significativo, a mejores resultados.

La reina Isabel I tuvo suerte en 1588 cuando un huracán monstruoso destrozó a la Armada Española antes de que pudiera llegar a costas inglesas, pues durante los 30 años previos su política exterior había sido de no participación para permitir que el enemigo se destruyera solo. Wilhelm Röntgen tuvo suerte en 1895 cuando por casualidad dejó placas fotográficas en su laboratorio en donde estaba haciendo experimentos con un tubo de rayos catódicos y después se dio cuenta de que había rayas de luz impresas en las placas. Pero como físico que estudiaba las ondas de alta energía, de inmediato comprendió lo que otros habrían pasado por alto: lo que provocó que unos rayos pudieran penetrar algunos objetos y otros se quedaran impresos fue el fenómeno de los rayos X. Percy Spencer tuvo suerte en 1945 cuando se dio cuenta de que un dulce que tenía en su bolsillo se derritió durante el tiempo que estuvo de pie junto a un magnetrón. Pero como se había capacitado como ingeniero eléctrico, se dio cuenta de que las microondas dentro de una caja metálica tenían poder térmico y pronto experimentó con palomitas, y después patentó el horno de microondas. Louis Pasteur tuvo suerte en 1879 cuando por accidente dejó desatendido durante un mes un cultivo que estaba utilizando para encontrar una vacuna que erradicara la cólera aviar, después de lo cual descubrió, y después explotó, que solo el lote que se había «echado a perder» funcionaba como vacuna. Pero como experimentado microbiólogo, Pasteur había aprendido mucho antes la lección que había articulado en una conferencia médica que en 1854 dio en Douai, Francia, en donde le dirigió al público estas palabras: «En las ciencias observacionales la suerte (*le hazard*) favorece solo a las mentes preparadas».[14]

PRIMERO LAS GALLINAS, LUEGO LOS HUMANOS: se dice que el descubrimiento de la penicilina de Alexander Fleming es el ejemplo más famoso del «genio accidental» en la historia médica. ¿Pero fue un accidente completamente? Fleming era hijo de un granjero en la Escocia rural de 1881, y a la edad de 13 años se mudó a Londres, donde terminó obteniendo un grado médico. En 1921 descubrió la enzima antiséptica lisozima (de la que obtenemos el producto Lysolac) y luego continuó su experimentación con los procesos por los que una bacteria puede destruir a otra. Fleming tenía el hábito de tener el laboratorio desordenado y antes de irse de vacaciones por un mes en agosto de 1928, apiló, pero no limpió, una serie de placas de Petri cargadas de bacterias. Al regresar encontró que las bacterias habían crecido robustamente en todas las placas, menos en una. Resultó que la que tenía pocas bacterias sobrevivientes estaba habitada por un moho llamado *Penicillium notatum*, cuyas esporas, que procedían de un laboratorio adyacente, por accidente habían llegado ahí y caído en la placa.

Un colega mío en Yale, el profesor de química Michael McBride, me dijo una vez: «Los científicos no tienen destellos "eureka". En lugar de ello, tienen momentos "Vaya, esto es extraño"». Al ver la condición extraña de una de las placas de Petri, Fleming murmuró: «Que curioso que haya pasado esto»[15] y empezó a preguntarse qué era lo que estaba matando a las bacterias, antes de determinar que era el errante moho de penicilina. Después comenzó a especular sobre los poderes terapéuticos del moho, y de ese golpe de suerte surgió la droga milagrosa, la penicilina. Los científicos clasifican de modo consistente el descubrimiento de la penicilina entre los tres más importantes avances médicos en la historia, junto con el reconocimiento de Pasteur de los gérmenes (patógenos) y el descubrimiento de Watson y Crick de la estructura del ADN. Con la llegada de la penicilina (el primer antibiótico) la medicina Occidental llegó a la era moderna y se pudieron salvar innumerables millones de vidas. Si la genialidad se manifiesta como un descubrimiento inesperado que cambia al mundo, esta se manifestó por casualidad en el laboratorio de Alexander Fleming. Por lo menos eso es lo que cuenta la historia.

Pero la historia del descubrimiento fortuito de Alexander Fleming de la penicilina implica mucho más que casualidad. Winston Churchill una vez dijo sobre su papel en la Segunda Guerra Mundial: «Me sentía como si estuviera caminando con el destino y como si todo lo que antes había vivido fuera mi preparación para este momento y esta prueba».[16] Fleming también estaba bien preparado. En ese momento no lo sabía, pero durante sus casi 30 años de actividad profesional se había estado entrenando para su «golpe de suerte». Había desarrollado la habilidad observacional y el conocimiento científico para aprehender y explotar la importancia de lo que tenía frente a él. El historiador médico John Waller lo resumió con precisión cuando dijo: «Fleming tuvo la genialidad para ver lo que los otros habrían ignorado».[17]

La preparación de Fleming y su descubrimiento previo, el de la lisozima, también le dio prestigio dentro de la comunidad científica, lo cual significaba que los demás le prestarían atención. En realidad alguien ya había descubierto el poder terapéutico de la penicilina, pero nadie lo había notado. En 1897, Ernest Duchesne (1874-1912), alumno en la universidad militar en Lyon, Francia, envió una tesis al Instituto Pasteur en París que describía gran parte de lo que después Fleming descubriría.[18] Pero Duchesne, de 23 años de edad, no había tenido suerte. No consiguió ni siquiera un reconocimiento; después ingresó al ejército y murió joven de tuberculosis (que pudo haber sido curada con un antibiótico). Y 30 años después, la merecida posición de Fleming entre la comunidad científica provocó que a él sí lo escucharan. Duchesne dio al blanco oculto (pero no tenía presencia, por lo que nadie lo notó y nada cambió).

Al final no fue el mismo Alexander Fleming el que llevó la penicilina, la droga maravillosa, al mercado; eso ocurrió en el curso de más de una década en la Universidad de Oxford e implicó a un equipo de bacteriólogos dirigidos por Howard Florey. Pero Fleming era suficientemente ambicioso como para conservar un interés de propietario en lo que él llamaba «mi vieja penicilina».[19] Con el esfuerzo bélico en curso en Europa, y la necesidad de Gran Bretaña de tener una «bala mágica» para beneficiar a las tropas y subir la moral, Fleming se convirtió con interés en el personaje del cartel para la nueva droga. Cuando el comité de científicos médicos del Nobel dio su premio de Fisiología o Medicina en 1945, fue para tres personas: Alexander Fleming, Howard Florey y el catedrático de la Universidad de Oxford, Ernst Chain.

¿Entonces, por qué solo recordamos a Fleming? Porque la historia del «hallazgo fortuito» da pie a una historia cautivadora aunque demasiado simplificada. Es obvio que implicó más que suerte. Fleming estaba bien preparado, trabajó para mantener su imagen de «gran hombre» detrás de una gran causa y pudo llevar a buen término sus esperanzas iniciales mediante un consciente esfuerzo de equipo. Así, al aforismo juvenil de Louis Pasteur: «Prepárate», pueden agregarse dos más relevantes en cuanto a la grandeza: «Da un paso adelante» y «No pierdas lo que encuentras».

«La fortuna favorece al audaz» es un dicho tan antiguo como la Roma antigua, y se atribuye de diversas formas a Plinio el Viejo, Terencio y Virgilio. Ser audaz significa estar dispuesto a arriesgarse. ¿Pero qué significa arriesgarse? ¿Significa que uno está dispuesto a hacer un movimiento cuando la probabilidad de obtener el resultado deseado, aunque incierta, se puede cuantificar como de 50-50%? ¿O significa simplemente que debemos tener confianza en la serendipia —como en «Eso fue pura casualidad»? Mark Zuckerberg, el fundador de Facebook, no se ha dejado intimidar ni por el riesgo calculado ni por la casualidad.

Si la genialidad puede medirse por su impacto en la sociedad, entonces a Zuckerberg apenas si puede negársele el apelativo. Es cierto que Zuckerberg recientemente se metió en problemas con los expertos de la privacidad, la Comisión Federal de Comercio y los ministros de justicia de 47 estados de Estados Unidos (véase también el capítulo 12). No obstante, hoy casi 2 000 millones de personas dedican más o menos una hora cada día a su creación: Facebook.[20] En 2010, *Time* nombró a Zuckerberg persona del año, a los 26 años de edad, en ese momento era la segunda persona en ser honrada con esta distinción. Lo que caracteriza a Zuckerberg es su preparación (es un prodigio de la programación de computadoras), además de una ambición ilimitada. Las acciones arriesgadas que llevó a cabo antes de los 21 años de edad muestran la magnitud de su capacidad para las iniciativas atrevidas, si bien algunas veces ilícitas.

ACCIÓN ARRIESGADA NÚM. 1: ACCESO AL SISTEMA DE COMPUTADORAS DE LA UNIVERSIDAD DE HARVARD Y «TOMAR PRESTADOS» DATOS DE LOS ALUMNOS DE SUS FACE BOOKS.

(El nombre «Facebook» se deriva de los *face books* de Harvard, o catálogos de fotos e información sobre cada alumno, organizados por «casas», los elegantes dormitorios en los que residen los alumnos).

La tarde del 28 de octubre de 2003, Mark Zuckerberg se sentó en su escritorio en la Suite H33 de Kirkland House para pasar una larga noche programando. Antes, ese semestre, había creado Course-Match, que permitía a los alumnos de Harvard saber qué cursos estaban tomando sus amigos y tal vez formar grupos de estudio. Pero ahora Zuckerberg se proponía crear algo mucho más atrevido: un sitio en línea para «enlazar» personas que permitiría a los alumnos de Harvard ver a otros alumnos y determinar si eran «atractivos o no». Al principio incluso consideró poner fotos de alumnos junto a animales de granja para invitar a la comparación, pero después cambió de parecer.

Construir el programa implicó robar (o por lo menos tomar algo sin autorización). Zuckerberg obtuvo el acceso a los servidores de Harvard y descargó las imágenes de los alumnos y los datos de los face books de las casas. Para citar a Ben Mezrich en *Multimillonarios por accidente: El nacimiento de Facebook. Una historia de sexo, dinero, talento y traición*: «Seguro, en un sentido fue robar: no tenía los derechos legales de esas fotografías y la universidad definitivamente no las puso ahí para que alguien las descargara. Pero entonces, si era posible obtener la información, ¿no tenía Mark el derecho de obtenerla?».[21] En las primeras horas de la mañana del día 29, Zuckerberg lanzó lo que entonces llamó Facemash.

El impacto fue inmediato. Se unieron tantos alumnos a Facemash que los servidores de Harvard empezaron a trabajar con lentitud. Los grupos de mujeres protestaron. La universidad exigió a Zuckerberg cerrar el sitio de inmediato y presentarse ante la junta administrativa de la universidad, el venerable comité disciplinario de Harvard. Lo hizo pero al final fue reprendido solo por haber accedido a las computadoras de Harvard y robar datos de los alumnos.[22]

ACCIÓN ARRIESGADA NÚM. 2:
HAZLE TRAMPA A TUS COMPETIDORES DE HARVARD.

El fiasco de Facemash hizo que Zuckerberg, de 1.70 m de estatura, se convirtiera en un gran hombre en el campus y que captara la atención de dos hombres más altos, un par de gemelos de 1.95 m de estatura llamados Tyler y Cameron Winklevoss. Eran muy conocidos en Harvard por su destreza como pareja de remadores, tanto que en 2008 llegarían a entrar al equipo olímpico de remo de Estados Unidos. Pero en noviembre de 2003 los gemelos Winklevoss tenían algo más en la mente: planes para un nuevo sitio de redes sociales que se expandiría a lo largo del país: Harvard Connection (Conexión Harvard). Para hacer la última parte de la programación los gemelos hablaron con Mark Zuckerberg, quien estuvo de acuerdo en trabajar en el código de computación y las gráficas necesarias. Los gemelos y Zuckerberg se reunieron e intercambiaron 52 correos electrónicos.[23] Él vio el código de ellos y les dio la impresión de que les ayudaría, pero en vez de hacerlo el 4 de febrero de 2004 lanzó su propio sitio, Thefacebook.com, con el que competiría con ellos. Seis días después Zuckerberg estaba de nuevo ante el venerable comité disciplinario de Harvard, esta vez acusado de robar la idea a los gemelos. Los abogados de los Winklevoss también le presentaron a Zuckerberg una orden de cese que en esencia lo acusaba de robo de propiedad intelectual. Siete meses después los gemelos lo demandaron, pero al final, en 2008 según se dice, llegaron a un acuerdo extrajudicial de que los demandantes serían compensados con 1.2 millones de acciones (con valor de 65 millones de dólares) de lo que para entonces se llamaba acciones «Facebook».[24] Sus abogados los instaron para vender, pero los gemelos de forma osada decidieron aferrarse a las acciones de Facebook y con el tiempo se convirtieron también en multimillonarios. Después participaron en una empresa más riesgosa, en la economía blockchain, donde, con el nombre de Gemini (gemelos, en latín) pretenden hacer de Bitcoin la moneda virtual del mundo. En cuanto a Zuckerberg, él se aferró a lo que fundó e instituyó una estructura de gobierno corporativo en Facebook que asegura que no lo puedan expulsar, sin importar qué salga mal en la empresa.[25]

ACCIÓN ARRIESGADA NÚM. 3: DEJA LA UNIVERSIDAD DESPUÉS DE TU SEGUNDO AÑO.

Esto fue exactamente lo que hizo Zuckerberg. Imagina cómo deben haber recibido la noticia sus padres: «Mamá, papá, voy a dejar Harvard para formar mi propia empresa». Pero existía un precedente para dar un paso tan valiente como ese. En el otoño de 2003, Zuckerberg había asistido a una conferencia sobre informática que dio Bill Gates en la que dijo que «lo maravilloso de Harvard es que siempre puedes regresar y terminar».[26] Ambos salieron y nunca regresaron, excepto para recibir títulos *honoris causa* por parte de la universidad. Sus acciones audaces habían dado resultados positivos.

ACCIÓN ARRIESGADA NÚM. 4: A LOS 20 AÑOS, MÚDATE SOLO A CALIFORNIA.

Una vez que dejó la universidad, Mark Zuckerberg duplicó su apuesta y dejó la cómoda casa de su familia en las afueras de Nueva York para mudarse a Palo Alto, California, el epicentro de Silicon Valley. Era otra acción valiente pero tal vez era lógica, ya que ese lugar tenía la reputación de ser la meca de los ingenieros en computación e inversionistas de capital de riesgo. Como Zuckerberg reflexionó después, «sientes que tienes que estar en Silicon Valley porque ahí es donde están todos los ingenieros».[27] Las acciones audaces realizadas por los titanes de la tecnología (Larry Ellison, Musk, Brin, Bezos, Gates y Zuckerberg) requirieron un cambio de escenario para sus responsables.

SHAKESPEARE DIJO UNA VEZ: «LA FORTUNA TRAE ALGUNOS BARCOS QUE NO SON GUIADOS POR NADIE» (*Cimbelino*). Sin embargo, no trae barcos que están anclados de manera tan segura que no se mueven. ¿Un hábito oculto de los genios? Todos se mueven a una metrópoli o a una universidad para avanzar en sus metas.

Piensa en los genios de este capítulo y sus mudanzas en el momento oportuno: Shakespeare, Franklin y Fleming a Londres; Watson y Crick a la Universidad de Cambridge; Pasteur a Lille y después a París; Zuckerberg a Silicon Valley. Cada uno, siendo un joven adulto, se mudó a una región metropolitana o a una universidad, o a una universidad en una metrópoli. «No creo en la suerte», dijo Oprah Winfrey en 2011. «La suerte es cuando la preparación encuentra el momento de la oportunidad».[28] Es cierto, pero primero tienes que llegar al encuentro. Winfrey se mudó a Chicago.

Piensa en los genios mencionados en este libro y en las ciudades en las que hicieron su magnífico trabajo. Atenas: Sócrates y Platón nacieron ahí, pero Aristóteles se mudó ahí a los 17. Londres: Faraday nació ahí, pero Shakespeare, Dickens y Woolf eran recién llegados. Viena: Schubert y Schoenberg eran nativos, pero Haydn, Mozart, Beethoven, Brahms y Mahler eran inmigrantes, como lo era Freud. Alexander Hamilton emigró a Nueva York y a distancia inspiró la extraordinaria *Hamilton*, una obra de Lin-Manuel Miranda, el hijo de otro inmigrante. ¿Y qué sería el mundo del arte posmoderno sin los arribistas Kusama, Pollock, Robert Motherwell, Mark Rothko y Warhol? Como dijo Kusama sobre su desplazamiento del Japón rural conservador a Nueva York en 1953, «Me tenía que salir».[29]

En cuanto a la universidad: Newton tuvo su Cambridge y Einstein su Max Planck Institute en Berlín antes de sus últimos días en el Instituto de Estudios Avanzados en Princeton. Los gurúes de la tecnología, Musk, Brin, Larry Page y Peter Thiel pasaron diferentes periodos en Stanford. Los genios no se quedan en casa, se mudan adonde las circunstancias son favorables.

Llamemos a este imperativo automotor la «Ley antiinercia de la genialidad». Por supuesto, hay excepciones a la regla, como los hermanos Wright, que permanecieron cerca del pequeño pueblo Dayton, en Ohio. Los botánicos Gregor Mendel y George Washington Carver, que se quedaron en donde estaban porque necesitaban tener acceso a campos abiertos. Los naturalistas como Darwin, y los pintores al aire libre, como Claude Monet y Georgia O'Keeffe, debido a la necesidad profesional, también están exentos de esta ley. Pero como regla, los genios no se quedan en la granja. Inclusive el pintor de *La noche estrellada*, Vincent van Gogh, dijo siendo joven: «No creo que sea razonable que me pidas que regrese al país para recibir tal vez 50 francos o menos al mes, cuando los próximos años tienen una estrecha relación con las asociaciones que tengo que establecer en el pueblo, ya sea aquí en Antwerp o más adelante en París».[30] En 1886 Van Gogh se mudó a París.

También lo hicieron alrededor de esa época Picasso, Matisse, Modigliani, Marc Chagall, Georges Braque, Constantin Brancusi, Joan Miró y Diego Rivera entre los pintores; Claude Debussy, Stravinsky y Aaron Copland entre los compositores; Ezra Pound, Guillaume Apollinaire, Joyce, Stein, Hemingway y Fitzgerald entre los poetas y escritores. «Si no hubiera ido a París, yo no sería quien soy», dijo Chagall. «Siempre regresábamos a París, sin importar quiénes fuéramos», dijo Hemingway.[31]

¿Qué es lo que atrae a un genio a una metrópoli como el París de la Belle Époque, el Nueva York de mediados del siglo XX o la megalópolis de Silicon Valley? Las ciudades creativas han estado situadas a lo largo de la historia en un cruce de caminos donde se juntan personas diversas (muchas veces inmigrantes recientes) que tienen ideas disímiles.[32] Los recién llegados siembran ideas frescas dentro del clima intelectual existente y así nacen nuevas formas de pensar. Silicon Valley atrae a las mejores mentes de la tecnología alrededor del mundo con un uso agresivo de la visa H-1B, conocida como la «visa de los genios» porque permite la inmigración de trabajadores extranjeros altamente cualificados. «Casi todos los grandes avances de la civilización… han ocurrido durante periodos del más alto internacionalismo», dijo el historiador Kenneth Clark.[33] ¿Todavía pensamos lo mismo sobre ese muro fronterizo en el suroeste de Estados Unidos?

Finalmente, para hacer polinización cruzada, las ideas diversas deben fluir con poca censura del gobierno. «El genio solo puede respirar con libertad en una atmósfera de libertad», dijo John Stuart Mill.[34] Y esta debe ser alentada. Quienes invierten en Silicon Valley brindan más capital de riesgo del que se invierte en cualquier otro lugar en el mundo, su generosidad en 2018 (10.5 miles de millones) fue más del triple que la del competidor más cercano (Boston con tres mil millones).[35] El apoyo financiero, el acceso a nuevas ideas, la libertad de expresión, la competencia, la posibilidad de probarse a uno mismo contra los mejores (todas estas son fuerzas gravitacionales).

¿Cuán grande debe ser una ciudad? Lo suficiente para conseguir una masa crítica. Un compositor necesita teatros, actores, productores, público y críticos. Para tener apoyo, además de colegas artistas, un pintor necesita agentes, galerías, festivales, lugares para exhibición y mecenas. Un ingeniero en tecnología necesita a otros ingenieros en tecnología, equipo y dinero para investigación. Todos necesitan competidores y todos necesitan trabajo. Lo que impulsa a los genios a mudarse es la necesidad de aumentar sus oportunidades.

Y como los genios, estos epicentros creativos siempre están en movimiento. A lo largo de la historia han avanzado de este a oeste, de China al cercano Oriente, a Europa y al Reino Unido, a la costa este de Estados Unidos y después a la costa oeste. ¿Dónde surgirá el siguiente Silicon Valley? ¿Completará el genio un ciclo y regresará a Asia? ¿Ya emergió en Singapur? ¿Dónde será el siguiente centro de innovación, ahora que París está invadido de turistas y las rentas en Nueva York son astronómicas? Sigue al inquieto genio para tener una respuesta. Mejor aún, determina hacia dónde sopla el viento favorable, empaca tu maleta y sé el primero en llegar.

Capítulo 12

MUÉVETE RÁPIDO Y ROMPE COSAS

«Un hombre debe ser un gran genio para compensar el hecho de ser un despreciable ser humano». Con esas palabras Marta Gellhorn, la distinguida corresponsal de guerra, resumió la forma de ser de su esposo, Ernest Hemingway, poco después de su divorcio en 1945.[1] Hemingway ganó el Premio Nobel de Literatura en 1954. También era acosador, alborotador, adúltero y alcohólico, y al final terminó destruyéndose a sí mismo. Tenemos la costumbre de querer que nuestros genios sean superhéroes, la forma más alta de la especie humana. «Está bien», dijo Albert Einstein en 1934, «que deban ser los más amados aquellos que más han contribuido a la elevación de la raza humana y la vida humana».[2] Pero los genios por lo general nos decepcionan, por lo menos en el ámbito personal.

La falla es nuestra. Nos olvidamos de que la norma de la genialidad está basada en el logro, no en la personalidad. No vemos que el logro y la moralidad pueden operar de manera independiente. A juzgar por el carácter, los genios no parecen mejores que los demás miembros de la manada. De hecho, muchas veces parecen peores, obsesionados con su búsqueda personal por cambiar el mundo. No obstante, el tiempo está de su lado, pues su paso oscurece la destrucción personal que provocaron e ilumina el bien social que hicieron. Tendemos a olvidar que la mayoría del dinero que hay detrás de los premios de Alfred Nobel se hizo con dinamita, bombas y proyectiles de artillería; y que Cecil Rhodes, que estableció la Beca Rhodes en la Universidad de Oxford, amasó su fortuna con el trabajo forzado de africanos en lo que entonces era Rodesia. Conforme nuestros recuerdos se desvanecen, las asociaciones negativas se disipan y los retorcidos hábitos personales se enderezan. Como dijo el escritor Edmond de Goncourt en 1864: «Nadie ama al genio sino hasta que está muerto».[3]

¿Hay genios que son o hayan sido seres humanos ejemplares? Vistos en el espejo retrovisor de la historia, Leonardo da Vinci, Marie Curie y Charles Darwin parecen haber sido gente muy honorable. Alexander Fleming y Jonas Salk trabajaron por el bien común. ¿Pero cuánto podemos en verdad saber sobre la real brújula moral o las motivaciones de cualquier persona? Algunos de los genios actuales, reales o aspirantes, dicen tener objetivos altruistas. Oprah Winfey ha dicho: «Me encanta darle oportunidades a las personas donde podría no haberlas habido. Porque alguien hizo eso por mí».[4] No tenemos razón para dudar de su sinceridad. Elon Musk profesa su meta de no ser nada menos que la salvación de la raza humana: «Quiero contribuir tanto como sea posible a que la humanidad sea una especie de planetas múltiples», con lo que alude a su meta de llevar gente a Marte cuando el planeta Tierra se vuelva imposible para el asentamiento humano.[5] No obstante, por todos los informes se sabe que, en su casa, Musk atropella a su familia, a sus amigos y empleados y es rudo e intolerante.[6] Mark Zuckerberg ha dicho más de una vez que «el objetivo de Facebook es hacer contacto y compartir (hacer contacto con tus amigos, familia y comunidades, y compartir información con ellos».[7] Pero mientras todos hemos estado en contacto y hemos estado compartiendo en Facebook, Zuckerberg ha estado lucrando con nuestra información y, según muchos informes, ha estado minando las democracias alrededor del mundo.

Algunos genios son morales, y a sabiendas o no (de acuerdo con la ley de las consecuencias imprevistas) destruyen cosas. Algunos son inmorales o no éticos y destruyen cosas. Algunos destruyen instituciones como parte del inevitable proceso de cambio; otros destruyen a las personas como medio de generar energía psíquica para alimentar sus obsesiones. Destruir cosas no hace que una persona sea un genio, pero todos los genios creativos tienen el hábito de hacerlo.

En 1955 el artista chino Ai Weiwei levantó sobre su cabeza un jarrón de la dinastía Han, valuado en un millón de dólares, y lo arrojó al piso. Los amantes del arte alrededor del mundo estaban horrorizados, pero Ai quería mandar un mensaje: para crear nuevo arte, se requiere destruir las viejas costumbres, hábitos y culturas. En 1942 el economista de Harvard, Joseph Schumpeter, formuló el concepto de «destrucción creativa» para sugerir que ninguna tecnología o industria nueva puede echar raíces sin destruir una preexistente.[8] Alan Greenspan, antiguo director de la Reserva Federal de Estados Unidos, expresó la relación simbiótica de esta forma: «La destrucción es más que solo un desafortunado efecto colateral de la creación. Forma parte de lo mismo».[9] Entre las víctimas «desafortunadas» de la reciente destrucción creativa ha habido cajeros de banco, dependientes de abarrotes, agentes de viajes, bibliotecarios, periodistas, conductores de taxi y trabajadores de cadenas de montaje, por nombrar solo algunos de los que han sido desplazados por la revolución digital. Como Ai sugirió con su acto dramático, la destrucción es el precio a pagar por el progreso.

STEVE JOBS ERA UN VISIONARIO EXPERTO EN TECNOLOGÍA que sacó del mercado a las operadoras telefónicas, los fabricantes de cámaras y las compañías disqueras. Su objetivo era mejorar nuestra vida y había intuido que su revolucionaria computadora personal, Apple, y el iPhone crearían más empleos de los que habían eliminado. En 2011 *Forbes* publicó un artículo titulado «Steve Jobs: Create. Disrupt. Destroy» (Steve Jobs: Crea. Altera. Destruye), el cual decía: «Ninguna persona ha hecho más para cortar de tajo la manera en que se acostumbraba hacer las cosas que el señor Jobs».[10] ¿Pero ha habido alguna persona más insufrible? Solo en el libro de Walter Isaacson *Steve Jobs* puedes encontrar una biografía de un genio con la siguiente entrada del índice analítico: «Comportamiento ofensivo de».

Todos sabían que Steve Jobs era un «imbécil arrogante», incluso él mismo. «Simplemente así soy», dijo. En un artículo de 2008 del *New York Times*, el escritor de temas económicos, Joe Nocera, recordaba una llamada telefónica que había recibido de Jobs en la que le dijo: «Soy Steve Jobs. Piensas que soy un [palabrota] arrogante que piensa que está por encima de la ley, y yo creo que eres una cubeta de baba que tiene todos sus datos equivocados».[11] Para los estándares de Jobs, estaba siendo gracioso. La forma en que comúnmente saludaba a sus empleados de Apple, como lo cuenta Debi Coleman, su gerente de producto, era: «"Tú, imbécil, nunca haces nada bien"», «y eso ocurría a intervalos como de una hora».[12] En 1981 una llamada con Bob Belleville, el ingeniero en computación de Xerox, transcurrió de esta manera, Jobs le dijo: «Todo lo que has hecho en tu vida es una mierda, así que ¿por qué no vienes a trabajar conmigo?»[13] Como escribió Isaacson, «La forma espinosa de ser de Jobs en parte era impulsada por su perfeccionismo y su impaciencia con todos aquellos que hacían concesiones con tal de sacar un producto a tiempo al mercado sin salirse del presupuesto».[14]

Pero no solo eso, su destructiva forma de ser también lo impulsaba a siempre decir cosas hirientes, y al parecer menospreciaba a las personas y presumía ser más listo solo por sadismo, no porque creía que con eso estimularía a sus empleados a producir mejores cosas. Abundan las historias de cómo Jobs humillaba solo porque sí a la gente con la que se topaba, ya fueran meseros o directores generales.[15] Ni los miembros de su familia inmediata se salvaban del tratamiento abusivo. A pesar de que era multimillonario, se rehusó a reconocer a su hija, Lisa Brennan-Jobs, y negó su paternidad hasta que lo llevaron a juicio. En su libro *Small Fry: A memoir* (2018) (Insignificante. Memorias), Brennan-Jobs describió cómo Steve, su padre, con frecuencia utilizaba el dinero para confundirla o asustarla. «Algunas veces decidía no pagar las cosas en el último momento», escribió, «y salía de los restaurantes sin pagar la cuenta».[16] Una noche, en una cena, el señor Jobs volteó hacia Sarah, la prima de su hija, que no sabía que él era vegetariano y lo ofendió al pedir carne, y le dijo: «¿Alguna vez has pensado lo horrible que es tu voz?», «Por favor deja de hablar con esa voz tan horrible. En verdad deberías considerar qué está mal contigo e intentar corregirlo». La madre de Lisa, Chrisann Brennan, recuerda: «Era un ser iluminado que era cruel. Es una extraña combinación».[17] ¿Por qué la crueldad?

Steve Jobs creía que la regla de oro del comportamiento humano no aplicaba a él. Sentía que era especial, un elegido, «un ser iluminado», y «por encima de la ley». Se rehusaba a ponerle placas a su auto y lo estacionaba en el lugar para discapacitados de su empresa. Andy Hertzfeld, el ingeniero de software, que trabajaba con él en el equipo original de Macintosh, dijo: «Él piensa que hay pocas personas especiales; como Einstein o Gandhi, y los gurúes que conoció en India, y que él es uno de ellos».[18] Algunas veces su forma de ser le sirvió a Jobs para darse cuenta de que había llegado el momento de destruir su propio producto (el iPod, por ejemplo), y de introducir uno más revolucionario y más lucrativo (el iPhone). Otras veces su pasión obsesiva (tener «un bicho en el trasero», como lo llamó de manera indecorosa)[19] cambió el mundo de la tecnología; pero algunas veces solo lastimó a la gente porque sí. Algunas veces era un genio y otras solo un cretino.

THOMAS EDISON SOLO ESTABA NEGADO PARA RELACIONARSE, no tenía la intención de ser destructivo en el ámbito personal; le faltaba empatía. En una encuesta realizada en 1922, nueve años antes de su muerte, 750 000 estadounidenses lo identificaron como el «hombre más importante de la historia».[20] Después de todo, había inventado la bombilla incandescente de larga duración gracias a la cual dejamos de pasar la noche en la oscuridad. Aunque es verdad que la bombilla sacó del mercado a los fabricantes de velas y hundió a la industria ballenera. Pero cuando se trataba de tener empatía hacia otras criaturas, Edison estaba en la oscuridad. Su manera de tratar a la familia y a las personas en general puede deducirse de la forma en que le propuso matrimonio a su primera esposa, Mary Stilwell, una empleada de 16 años de edad que trabajaba en su laboratorio de Newark, Nueva Jersey, como lo reportó en *The Christian Herald and Signs of the Times* unos años más tarde.

> —¿Qué piensas de mí, pequeña? ¿Te gusto?
> —Ay, señor Edison, me asusta. Yo (o sea), yo.
> —No te apures. No importa mucho, a menos que quisieras casarte conmigo... Ah, lo digo en serio. Pero tómate tu tiempo para pensarlo; háblalo con tu madre y dame tu respuesta cuando te resulte conveniente, digamos el martes. ¿Te parece bien el martes, el martes de la próxima semana, quiero decir?.[21]

Edison se casó con Stilwell el día de Navidad de 1871. Esa tarde regresó a trabajar a su laboratorio y ella se convirtió, de acuerdo con el biógrafo Neil Baldwin, «en una víctima del abandono acumulado de su esposo, en todo el sentido de la palabra».[22] En 1878, Edward Johnson, el asistente de Edison, le dijo a un reportero del *Chicago Tribune*: «No va a casa durante días, ni a comer ni a dormir». Después, Johnson recordó lo que Edison le advirtió alguna vez: «Debemos cuidarnos de los cruces [es decir, de que los cables hicieran corto circuito], porque si alguna vez matamos a un cliente, el negocio saldría muy afectado».[23] Sin embargo, para apreciar hasta qué grado era obsesivo cuando estaba persiguiendo una idea solo necesitamos revisar la historia de la guerra de las corrientes y la ejecución de Topsy, la elefanta.

Para ser breve: En 1885, Thomas Edison estaba en guerra contra su archirrival Nikola Tesla porque no estaban de acuerdo en el tipo de corriente que alumbraría a Estados Unidos, si la corriente directa (CD) de Edison o la corriente alterna (CA) de Tesla. Para desacreditar el sistema de su rival, Edison inició una campaña pública para demostrar que la CA era mortal y así desacreditar a Tesla. Edison empezó a hacer experimentos eléctricos utilizando la CA en perros, y pagaba a los niños un botín de 25 centavos de dólar por cada perro callejero que le llevaran; en 1890 facilitó, ante la solicitud del sistema penal del estado de Nueva York, la electrocución de un humano. Y si la CA podía matar a un humano, ¿por qué no hacerlo en grande y matar a un elefante? Así, el 3 de enero de 1903, en un espectáculo público en el parque público de diversiones de Coney Island, electrocutó a una elefanta de circo llamada Topsy. Edison dio instrucciones de cómo debían colocarse los electrodos en las patas del desprevenido paquidermo. Para asegurarse de que la fuerza destructiva de la CA era evidente para todos, puso a un equipo de filmación que empleó su nueva cámara de cine para filmar el evento.[24] Su corto sobrevive hasta el día de hoy y está disponible en YouTube. Muchas veces la advertencia «Se recomienda discreción del espectador» es una tentación para atraer más espectadores. En este caso no lo es.

LAS TENDENCIAS DESTRUCTIVAS DE INDIVIDUOS QUE EN OTROS ASPECTOS SON BRILLANTES HAN SIDO EVIDENTES DURANTE LARGO TIEMPO. En 1711, Sir Isaac Newton intentó destruir la reputación de Gottfried Leibniz cuando peleaban por el crédito de la invención del cálculo; Newton, como presidente de la Real Academia [de la Ciencia], seleccionó a una corte para juzgar el caso, pero al final fue él mismo quien dictó el veredicto y escribió la opinión, la cual desacreditaba la reputación de Leibniz.[25] Newton también amañó evidencia en sus experimentos,[26] robó datos de sus colegas y no les dio el crédito debido (todo a nombre del progreso científico).[27] Es posible que el novelista Aldous Huxley exagerara cuando, irónicamente, dijo: «Como hombre, [Newton] era un fracaso; como monstruo era excepcional».[28] Su colega físico Stephen Hawking resumió a Newton en solo siete palabras: «Isaac Newton no era un hombre agradable».[29]

Tampoco lo era el físico Albert Einstein, por lo menos para sus parientes inmediatos. Fue padre de una hija ilegítima pero no tuvo contacto con ella, ingresó a su segundo hijo a un sanatorio en Suiza, en donde permaneció desde 1933 hasta su muerte en 1955, y nunca lo visitó. Su primera esposa, Mileva Maric, dijo de él en diciembre de 1912: «Trabaja incansablemente en sus problemas, se podría decir que vive solo para ellos. Debo confesar con algo de vergüenza que no somos lo más importante para él, estamos en segundo lugar».[30] El mismo Einstein reconoció su naturaleza egocéntrica cuando dijo: «prácticamente no necesito el contacto directo con otros seres humanos y comunidades humanas. Soy en verdad un "viajero solitario" y nunca he pertenecido con todo mi corazón a mi país, mi casa, mis amigos o incluso mi familia inmediata».[31]

¿POR QUÉ LOS GENIOS TIENEN EL HÁBITO DE RELEGAR A OTROS A UN SEGUNDO LUGAR? ¿Será por simple egoísmo que el genio necesita ser el número uno? «Amasar una fortuna no me importa tanto», dijo Thomas Edison en 1878, «como estar a la delantera de otros colegas».[32] ¿O es solo obsesión? La ganadora del Premio Nobel Pearl S. Buck decía que la creatividad era una «necesidad abrumadora». Aunque utilizó «su» y «él» en la siguiente cita, es posible que se refiriera a todos los genios: «[Su] necesidad de crear, crear y crear es abrumadora (por lo que sin la creación de música o poesía, o de libros o edificios, o algo con significado, su ser mismo le es extirpado). Debe crear, debe verter la creación. Por alguna extraña y desconocida urgencia interior, él no está realmente vivo a menos que esté creando».[33] Beethoven dijo: «Vivo por completo en mis partituras y apenas he terminado una composición cuando ya empecé otra».[34] Picasso expresó el mismo sentimiento, aunque con diferentes palabras: «Lo peor de todo es que él [el artista] jamás termina. Nunca llega el momento en el que uno pueda decir "He trabajado bien y mañana es domingo"». Thomas Edison dijo: «La intranquilidad es descontento, y el descontento es la primera necesidad del progreso. Que alguien me muestre a un hombre completamente satisfecho y yo le mostraré un fracaso».[35]

Todos estos son sentimientos expresados con honestidad. De hecho, ¿cuántos no utilizamos como excusa «nuestro trabajo» para evitar la responsabilidad familiar o social? Muchos padres profesionistas ocupados enfrentan en las noches el dilema de regresar al trabajo o hacer la tarea con su hijo. ¿Será que los genios obsesivos en este caso nos están enseñando algo por medio del ejemplo negativo?

Pero la obsesión tiene un lado positivo: la productividad. Shakespeare escribió 37 obras, cada una con una duración promedio de tres horas, y 154 sonetos. Algunos críticos han atribuido los dramas de Shakespeare a un equipo o a un comité de escritores porque no creen que ninguna persona pueda escribir tanto. Es posible que estos sean los mismos críticos que no han oído de los 100000 dibujos de Leonardo y sus 13000 páginas de notas, las 300 cantatas de Bach compuestas a la velocidad de una por semana, las 800 composiciones de Mozart (incluyendo varias óperas de tres horas de duración) escritas en 30 años, las 1093 patentes de Edison, las 20000 obras de arte de Picasso, o los 150 libros y artículos de Freud y sus 20000 cartas. Einstein es más conocido por sus cinco artículos de 1905, pero publicó 248 más. La productividad compulsiva es un hábito de los genios y no hay razón para negarla.

¿Debería Shakespeare haber permanecido en casa, en Stratford-on-Avon, para ayudar a criar a su familia en vez de abandonarlos para ir a Londres, la ciudad que lo formó? Tal vez, pero como William Faulkner le dijo de forma hiriente a su hija Jill, cuando lo hostigaba para que dejara de beber: «Nadie recuerda a los hijos de Shakespeare».[36] ¿Debía Paul Gauguin haberse quedado con su esposa y sus cinco hijos en Copenhague en lugar de embarcarse hacia Tahití para no regresar? Habría habido una familia feliz pero menos obras maestras polinesias. En suma, ¿el genio merece un boleto que le permita ser como quiera o hacer cualquier cosa?

Por supuesto, los biógrafos están muy ávidos de proporcionarles uno (y de excusar casi cualquier clase de conducta destructiva). Una semana después de la muerte de Mozart, el 5 de diciembre de 1791, un artículo de un periódico vienés decía: «Mozhart [*sic*] desafortunadamente tuvo aquella indiferencia ante las circunstancias familiares que tantas veces se adhiere a las grandes mentes».[37] Pero en 1800 su hermana Nannerl defendió la memoria de Mozart en una breve biografía diciendo: «Definitivamente es fácil de entender que un gran genio, a quien le preocupa la abundancia de ideas que le vienen a la mente, y quien se eleva de la tierra al cielo con asombrosa velocidad, sea en extremo renuente a rebajarse a notar y lidiar con asuntos mundanos».[38] Y la reportera Lillian Ross, que muchas veces escribió sobre Robin Williams en *The New Yorker*, en 2018 dijo estas palabras sobre el comediante: «Robin era un genio y la genialidad no es propia de los hombres normales de la casa de al lado, que son buenos hombres de familia y cuidan a sus esposas y sus hijos. El genio tiene su propia manera de ver el mundo y de vivir en él, y esta no siempre es compatible con las maneras convencionales de vivir».[39]

¿Podemos odiar al artista pero amar su arte? Durante décadas la nación de Israel dijo que «no», y prohibió que en sus salas de concierto se tocara la música transformadora del virulento antisemita Richard Wagner. En 2018 los curadores de la Galería Nacional de Arte en Washington, D. C., suspendieron la exposición de las obras de Chuck Close debido a las denuncias de abuso sexual de modelos femeninas. Las ventas y el *streaming* de la música de Michael Jackson han disminuido desde que el documental condenatorio *Leaving Neverland* (2009) lo acusó de pedofilia.[40] En el año 2019, 20000 alumnos del sistema de la Universidad de California exigieron que se cancelara un curso sobre las películas del posible pederasta Woody Allen.[41] Ese mismo año la Galería Nacional de Londres preguntó: «¿Es hora de dejar de ver del todo a Gauguin?», porque el artista «a menudo había tenido relaciones sexuales con muchachas jóvenes».[42]

Pero, como Jock Reynolds, el director emérito de la Galería de Arte de la Universidad de Yale, ha preguntado: «¿Qué vamos a lograr calificando el comportamiento de cada artista [mediante] una prueba de fuego?».[43] El pintor Caravaggio, el genio que casi por sí solo creó el estilo dramático claroscuro del arte Barroco, fue acusado de asesinato; y Egon Schiele, que en 2018 fue honrado con exposiciones en Nueva York, París, Londres y Viena, pasó 24 días en la cárcel por cargos de estupro de una niña de 13 años de edad. Hace más de 100 años que hicieron esas cosas, ¿hay algún estatuto para los artistas que establezca el tiempo que sus conductas destructivas se pueden sancionar o pasar por alto? Si no, ¿entonces qué hacemos con Pablo Picasso, el genio y monstruo que presumiblemente es el mejor de todos los pintores occidentales?

En 1965 el crítico cultural Lionel Trilling escribió que los grandes momentos en el arte se miden por «cuánto daño pueden hacer».[44] Pablo Picasso causó un gran daño a las mujeres de su vida. Abusaba de sus esposas, parejas y amantes emocional y físicamente, las aterrorizaba y las enfrentaba unas contra otras. Es útil tener una lista para saber quién es quién:

Fernande Olivier (1904-1911): Una pintura cubista de Picasso con la imagen de ella se vendió por 63.4 millones de dólares en 2016.

Olga Khokhlova (1917-1955): Fue su primera esposa y la madre de su hijo Pablo, estuvo con él hasta que murió.

Marie-Thérèse Walter (1927-1935): Fue la madre de su hija Maya; Picasso la pintó el doble de veces que a cualquier otra mujer.

Dora Maar (1935-1943): Tuvo un papel influyente en la creación de su obra Guernica.

Françoise Gilot (1943-1953): Es una pintora exitosa que todavía vive en Nueva York. Con ella tuvo a sus hijos Claude y Paloma.

Geneviève Laporte (durante la década de 1950): Picasso la conoció cuando era alumna de preparatoria.

Jacqueline Roque (1953-1973): Fue su segunda esposa hasta que él murió, en 1973.

Una lista como esta podría sugerir que las mujeres de Picasso llegaron a su vida en secuencia, pero no fue así, a veces estuvieron con él al mismo tiempo. Cuando Picasso fue a pasar el verano en Mougins, en 1938, llevó a Dora, su nueva amante, pero Olga, su esposa, y Marie-Thérèse también estuvieron con él a la distancia. Cuando Picasso vivía en París en 1944 en la Rue des Grands-Augustins, Olga, Dora, Marie-Thérèse y Françoise iban y venían. En esa residencia, elegida por Dora, ella y Marie-Thérèse una vez llegaron a los golpes. «Ese es uno de mis recuerdos más especiales», decía Picasso.[45]

Si las mujeres de Picasso no podían destruirse una a otra por ellas mismas, Picasso las ayudaba. Uno de sus dichos favoritos era este: «Para mí hay solo dos clases de mujeres: las que son diosas y las que son tapetes».[46] En cuanto al abuso físico: se sabe que a Olga Picasso la tiró de un golpe y la arrastró del cabello por el piso del departamento de la Rue La Boétie. A Dora le dio un golpe que la dejo inconsciente en el estudio de la Rue des Grands-Augustins. A Françoise la atacaron tres alacranes del Mediterráneo frente a Picasso, quien vio la escena encantado y entre risas (el mortal escorpión era su signo). Una vez en Golfe-Juan, Francia, le quemó la cara a Gilot con un cigarro encendido. Al parecer, como le dijo a Gilot hacia el final de su relación en 1952, a Picasso le gustaba quemar: «Cada vez que cambio de esposa debería quemar a la última. Así me desharía de ellas. Ya no se quedarían para complicar mi existencia. Tal vez eso me regresaría también la juventud. Matas a la mujer y limpias el pasado que representa».[47]

Después de aterrorizar a las mujeres de su vida, Picasso se sentía energizado y dispuesto a transferir a su arte la electricidad psíquica que su actuar negativo le generaba. «Primero violaba a la mujer... y después trabajaba. Fuera yo o alguien más, siempre era así», relató Marie-Thérèse Walter.[48] Con pincel en mano, Picasso sometía el cuerpo curvilíneo de Marie-Thérèse a sus fantasías sexuales; más de una vez le pintó en la frente un gran pene, supuestamente un facsímil del suyo. La hermosa y talentosa Dora Maar al principio era un icono elegante de la moda en la mente de Picasso, pero poco a poco se convirtió en *La mujer que llora* (Figura 12.1) y empezó a pintarla con rasgos angulosos y desarticulados —la diosa de la moda se convirtió en un tapete histérico. Marie-Thérèse, Dora y Françoise aparecen cada una en un psicodrama separado que involucra a la vulnerable mujer y al Minotauro, ella, la víctima del sacrificio, él, la espantosa bestia empeñada en violar (Figura 12.2). Cuando Picasso inspeccionaba uno de estos dibujos, dijo: «Él [el Minotauro] la está estudiando, tratando de leer sus pensamientos, tratando de decidir si ella lo ama *porque* él es un monstruo. Las

Figura 12.1: Pablo Picasso, *La mujer que llora* (retrato de Dora Maar), 1937 (Tate Modern, Londres). «Para mí ella es la mujer que llora», dijo Picasso. «Por años la he pintado en formas torturadas».

mujeres son suficientemente extrañas para hacer eso, sabe. Es difícil decir si él quiere despertarla o matarla».[49] ¿En qué punto la víctima huye del Minotauro, huye incluso de un genio?

Se podría decir más de Picasso como Minotauro, pero el argumento está dado. Era un monstruo. Y como todo revolucionario, este monstruo podía durar solo mientras el público lo permitiera, como él mismo se daba cuenta. «Ellos [el público] esperan ser impresionados y aterrorizados», dijo. «Si el monstruo solo sonríe, entonces se decepcionan».[50] Picasso no decepcionó, pero el terror que producía en las mujeres para poder pintar dejó daños colaterales.

Eso a Picasso no le importaba. «Nadie tiene una importancia real para mí», le dijo a Françoise Gilot. «En lo que a mí concierne, las demás personas son esos pequeños granos de polvo suspendidos en la luz del sol. Basta con empujarlos con la escoba para que se vayan».[51] Se fue Olga, su primera medio loca esposa, que lo acechaba a dondequiera que fuera hasta que murió en 1954; Marie-Thérèse, que se ahorcó en 1977; Jacqueline, su segunda esposa, que se disparó en 1986; y Dora Maar, que antes de morir, en 1997, recibió terapia de electrochoques e ingresó en un convento semimonástico. Herida pero sobreviviente, Françoise Gilot después se casó con un segundo genio, el antes mencionado doctor Jonas Salk. Arianna Huffington, la creadora de Huffington Post, le dio al clavo al ponerle a la biografía completa del artista el título: *Picasso: Creador y destructor*.

EN 2009, MARK ZUCKERBERG DIJO: «MUÉVETE RÁPIDO Y ROMPE COSAS... A menos que estés rompiendo cosas, no te estás moviendo con suficiente velocidad».[52] Los ingenieros de computación de Silicon Valley se movieron rápidamente: de las computadoras centrales a estaciones de trabajo a computadoras de escritorio a tabletas y al final a teléfonos inteligentes, cada nuevo producto iba destruyendo a su predecesor. ¿Qué «cosas» quería Zuckerberg que se rompieran: productos, instituciones o personas?

Figura 12.2: Pablo Picasso, *Minotaur leaning over a Sleeping Girl* (Minotauro agachado sobre una niña dormida), 1933 (Galería Nacional de Canadá, Ottawa). Este y otros dibujos similares de Picasso aparecieron en la exhibición *Picasso: Man and Beast* (Picasso: hombre y bestia) en la Galería Nacional, 2016.

Hoy Facebook tiene una capitalización bursátil de casi medio billón de dólares y Zuckerberg mismo tiene un valor neto de más de 60 mil millones. Facebook es genio a escala global. Con 2.7 mil millones de suscriptores (incluyendo a sus subsidiarias Instagram, WhatsApp y Messenger), Facebook alcanza a la tercera parte de la población mundial, y es la principal fuente de noticias y conectividad con otras personas del planeta. Las ventajas de Facebook son obvias: al agregar muchas líneas de comunicación y comercio en una sola plataforma (dinero, mensajes, búsquedas de gente, noticias, fotos, videos, videoconferencias, grupos focales y demás), las personas y los productos se pueden unir a una velocidad y una eficiencia nunca antes vistas. Ya no es necesario pintar y publicar letreros para movilizar a los ciudadanos a una demostración en contra de las armas, ni para notificar a tus vecinos sobre tu venta de garage. Se puede hacer en línea de manera más eficiente y a escala masiva. Y todo es «gratis». Solo necesitas estar dispuesto a pagar a costa de tu privacidad (y tal vez de tu libertad).

No obstante, como ha observado Margaret Atwood, la autora de *El cuento de la criada*: «Cada aspecto de la tecnología humana tiene un lado oscuro, incluyendo al arco y la flecha».[53] El lado obviamente oscuro de Facebook empieza con la filtración de datos y el uso no autorizado de información personal que se vende a los anunciantes. En el mundo de Facebook, el del «capitalismo de la vigilancia», la información confidencial fluye a este de modo directo por Facebook mismo o por medio de proveedores asociados, o bien, por desarrolladores de apps para teléfono. Tu ubicación, tus contactos, los medicamentos que tomas, tu frecuencia cardiaca, tu filiación política, tus intereses para vacacionar, todo está ahí para que Facebook lo explote como «publicaciones patrocinadas».[54]

Menos comprendida es la capacidad de los algoritmos de Facebook para unir a la gente en grupos focales, a los que se alimenta con flujos de información cada vez más angostos, lo cual puede conducir al surgimiento de grupos extremistas y a que aprovechen el anonimato para actuar. El 12 de febrero de 2019 el *New York Times* publicó dos titulares en dos páginas sucesivas del periódico: «Grupo de Facebook de periodistas franceses acosó a mujeres durante años» y «Cuando Facebook propagó odio, un policía alemán intentó hacer algo inusual». Ambas notas demuestran la capacidad de la tecnología de Facebook para acosar o desorientar. El 15 de marzo de 2019 un extremista blanco asesinó a 50 musulmanes en una mezquita en Nueva Zelanda, en parte inspirado por su capacidad para transmitir videos en vivo en Facebook. Con esto ha quedado demostrado que Facebook no tiene la capacidad para regular la desinformación, el hostigamiento, el acoso y los discursos de odio. Durante la elección presidencial de 2016 en Estados Unidos, agentes rusos, haciéndose pasar por estadounidenses, adquirieron identidades falsas en Facebook y se unieron a grupos políticos de apoyo, publicaron mensajes y compraron anuncios de Facebook que alcanzaron a 126 millones de usuarios.[55] Algunas veces esos «estadounidenses» pagaron por los anuncios en rublos (algo *no* genial).[56] El 14 de febrero de 2019 un comité de la Cámara de los Comunes británica reportó que Facebook interfirió en el voto de «Brexit», y al hacerlo actuó como un «gángster digital»,[57] concluyó un portavoz. Ese mismo mes, Roger McNamee, que había sido inversionista de Silicon Valley por un largo tiempo, publicó una crítica a Facebook titulada *Zucked: Waking Up to the Facebook Catastrophe* (Zucked:* Despertar a la catástrofe de Facebook). Manipuladas por un monopolio no regulado, las democracias liberales están de hecho *zucked* (jodidas).

En cuanto al genio Zuck** mismo, ¿previó toda esta destrucción provocada por el robo de datos o es solo una víctima de las consecuencias imprevistas? Recuerda que un artículo publicado en el *Harvard Crimson* el 19 de noviembre de 2003 reportó que Zuckerberg había sido casi expulsado de Harvard acusado de «violar la seguridad, violar derechos de autor y violar la privacidad individual». Al mismo tiempo, Zuckerberg parecía ser un torpe genio de la computación obsesionado con el código informático.[58] Lo que le dijo a un amigo en una conversación en línea es característico de su forma de pensar, como reportó *Business Insider*:[59]

> ZUCK: ... así que si alguna vez necesitas información sobre cualquiera de Harvard
> ZUCK: solo pregunta

* *Sucked* en inglés y en este contexto significa *jodido*. El titular hace un juego de palabras con el apellido de Zuckerberg para dar a entender que este *jodió* al público [N. del T.].

** Aquí el autor hace una analogía entre un apócope del nombre de Zuckerberg y *suck*, el que *jode*, en un juego de palabras. [N. del T.].

ZUCK: tengo más de 4 000 correos, fotos, direcciones, SNS
AMIGO: ¡¿Qué?! ¿Cómo los conseguiste?
ZUCK: Solo me los mandaron
ZUCK: no sé por qué
ZUCK: «confiaron en mí»
ZUCK: estúpidos idiotas

¿Que ha cambiado? Al parecer, no mucho, a excepción de que los estúpidos idiotas ahora somos 2.7 miles de millones.

EN SU OBRA *JULIO CÉSAR* (1599), SHAKESPEARE DIJO: «El mal que hacen los hombres pervive después de ellos; el bien es muchas veces enterrado con sus huesos». El poder de la elocuencia de Shakespeare es tal que no logramos ver que cuando se trata del genio, el Bardo puede estar equivocado. Nos aferramos al bien, pero olvidamos la destrucción. Esta capacidad para la amnesia colectiva puede ser una ventaja evolutiva que posibilita el progreso. Toleramos a los cretinos transformadores y la destrucción personal e institucional que provocan porque a largo plazo sus acciones nos benefician. Como dijo el novelista Arthur Koestler en 1964: «La marca principal de la genialidad no es la perfección sino la originalidad, la apertura de nuevas fronteras».[60] Si las innovaciones del genio son suficientemente benéficas, tendemos a olvidar y a perdonar los daños colaterales.

Capítulo 13

AHORA RELÁJATE

«Todas las ideas realmente buenas que he tenido se me han ocurrido mientras ordeñaba una vaca», dijo el pintor Grant Wood, mejor conocido por su icónica obra *American Gothic* (1930) (Gótico estadounidense).[1] ¿Dónde y cuándo tienes tus mejores ideas? ¿En qué circunstancias? ¿Se te ocurren en la noche, cuando te relajas tomando una copa de vino? ¿O en la mañana, mientras te das un regaderazo? ¿O cuando te sientas frente a tu escritorio, después de tomarte la primera taza de café? Isaac Newton tenía la capacidad de solo quedarse inmóvil y pensar, pensar, pensar. ¿Es esa gran capacidad para concentrarse y para hacer elucubraciones lógicas sin tregua la clave de la intuición creativa? No siempre. Recuerda que Arquímedes tuvo su momento «eureka» cuando estaba tomando un baño. A juzgar por los hábitos de trabajo de muchos genios, para ser creativo solo hay que relajarse y no preocuparse por nada, ya sea sumergido en una tina, ordeñando una vaca, escuchando algo de música, yendo a correr o incluso viajando en tren. Y, lo que tal vez es lo más importante para la ideación creativa: lograr un buen sueño reparador, uno lleno de sueños fantásticos.

¿QUÉ ES UN SUEÑO? ¿POR QUÉ SOÑAMOS? ¿Qué significan nuestros sueños? El genio Sigmund Freud buscaba dar respuesta a estas preguntas en *La interpretación de los sueños* (1900). Freud creía que los sueños son expresiones de deseos todavía no realizados y ocultos en el inconsciente. Era una teoría brillante, pero nadie pudo probarla o refutarla de forma científica, y con el advenimiento de las máquinas para capturar imágenes del cerebro, el campo de la psicoterapia de los sueños cambió del análisis freudiano a la neurofisiología.

La clave para interpretar la «máquina de sueños», como ahora sugiere la ciencia, radica en comprender lo que ocurre durante la etapa del sueño en la que hay movimientos oculares rápidos (MOR). El sueño en la etapa MOR es ese estado de sueño profundo, casi alucinatorio, que experimentamos al final del ciclo de sueño, pero algunas veces también durante las siestas. Las imágenes por resonancia magnética revelan que durante el sueño en la etapa MOR partes del cerebro en efecto se apagan mientras otras se encienden. El extremo izquierdo y el derecho de la corteza prefrontal, que son responsables de la toma de decisiones y el pensamiento lógico, se apagan, mientras que el hipocampo, la amígdala y la corteza visual-espacial, que asisten a la memoria, la emoción y las imágenes, se vuelven hiperactivas.[2] El resultado, tal vez contradictorio, es que mientras los recuerdos, emociones e imágenes se suceden con libertad, puede ser que se encuentre la mejor solución para un problema o que aparezcan ideas creativas.[3] La neurociencia moderna está comprobando que el dicho «Consúltalo con la almohada» que se aconseja cuando se está buscando la solución para un problema tiene su fondo de verdad.

Una prueba realizada por el profesor Robert Stickgold en Harvard con su colaborador, el profesor Matthew Walker, que ahora enseña en Berkeley, demostró que los sujetos eran de 15% a 35% más eficientes resolviendo acertijos de anagramas cuando acababan de despertar de un sueño en la etapa MOR que si trataban de resolverlos al despertar de un estado de sueño en otra etapa, o cuando intentaban resolverlos en un estado de vigilia.[4] En otra prueba, Stickgold demostró que si alguien, en la etapa de sueño MOR, sueña algo relacionado con un problema específico que debe resolver y el contenido del sueño es relevante para este, va a tener 10 veces más probabilidades de encontrar la solución cuando despierte (en el caso de esta prueba en particular, encontrar la salida de un laberinto).[5] En su *bestseller* de 2017 *¿Por qué dormimos?*, Walker argumentó que en el estado súper relajado propio de la etapa del sueño MOR, el cerebro está ocupado intentando encontrar sentido a las cosas por medio de asociación libre en todo el banco de memoria y atando cabos de información distante y dispar. «Cuando sueñas», dijo, «tu cerebro analiza grandes tramos de conocimiento adquirido, y después extrae reglas globales y semejanzas: "la esencia"... De este proceso del sueño, que yo describiría como ideastesia, han surgido algunos de los saltos más revolucionarios en el progreso humano».[6]

DESPUÉS DE OBSESIONARSE POR LA RELACIÓN ENTRE TODOS LOS ELEMENTOS QUÍMICOS CONOCIDOS en 1869, el químico ruso Dimitri Mendeléiev se quedó dormido y entonces se le presentó la solución: la estructura de la tabla periódica. El autor Stephen King ha dicho que su thriller *El misterio de Salem's Lot* surgió de una pesadilla recurrente de su infancia. Julie Taymor, la fuerza creativa del musical de Broadway *The Lion King* (El rey león), dice: «muchas de mis más extrañas ideas provienen del sueño temprano en la mañana, y en realidad es un momento increíble. Me levanto y enseguida la cuestión me queda clara». Vincent van Gogh dijo, tal vez como metáfora, «Yo sueño que pinto y entonces pinto mi sueño». Gran parte de la obra surrealista de Salvador Dalí se parece a las visiones que uno podría tener en un sueño. Dalí estaba tan obsesionado con el poder creativo de los sueños que de manera intencional se dormía con una cuchara en la mano. Cuando cabeceaba, la cuchara caía al piso y lo despertaba a la necesidad de capturar y plasmar en el lienzo los pensamientos inducidos por sus sueños en ese momento sonámbulo.[7]

Así como los artistas ven cosas en sus sueños, los músicos oyen cosas. Richard Wagner escuchó el inicio de su obra *El anillo del nibelungo* en 1853 cuando se quedó dormido en un sillón al regresar de una caminata. Igor Stravinsky recordó el génesis de su Octeto para Instrumentos de Viento en estos términos: «El *Octeto* empezó con un *sueño*, en el el cual me vi en una pequeña habitación rodeado de un pequeño grupo de instrumentistas tocando una hermosa música. Aunque al día siguiente no reconocí la música a pesar de que me esforcé por oírla, no pude recordar ninguna de sus características, pero sí recordé que (en el sueño) sentí curiosidad de saber cuántos músicos estaban tocando... Desperté de este pequeño concierto en un estado de gran deleite y anticipación, y enseguida empecé a componer».[8] Billy Joel ha reportado haber soñado sus melodías pop en versiones de arreglos de orquesta. Keith Richards afirma que la canción «(I Can't Get No) Satisfaction» le llegó en sueños en un cuarto de hotel en Florida, en donde grabó el tema inicial de la canción en una grabadora lenta.[9] Pero la descripción más completa de la inspiración musical nacida del sueño surrealista proviene de Sir Paul McCartney.

«Yesterday», de McCartney, clasificada como una de las mejores canciones pop del siglo XX, surgió de un sueño en 1963, primero la música y después, de forma gradual, la letra. McCartney presentó la canción en un concierto en la Biblioteca del Congreso en 2010 con las palabras «La canción que vamos a tocar ahora [«Yesterday»] para terminar la tarde es una canción que me llegó en un sueño, así que creo que debo creer en la magia».[10]

McCartney ha contado esta historia sobre los orígenes de «Yesterday» muchas veces: cómo le llegó cuando despertaba de un sueño en la casa de su novia y cómo fue al piano para agregarle algunos acordes. Sin creer que una melodía pudiera ser producto de un sueño, pasaron varias semanas en las que preguntaba a sus amigos, como el productor George Martin y algunos de los Beatles, a John Lennon y a George Harrison, sobre su origen. «¿Qué es esta canción? Debe haber salido de algún lugar. No sé de dónde vino. Nadie podía ubicarla, así que al final tuve que atribuírmela. Bueno, eso es bastante mágico, te despiertas un día y ahí está esta melodía en tu cabeza. Y luego cerca de 3 000 personas van y la graban. La letra original que tenía era "Huevos revueltos, oh, baby, cómo amo tus piernas". Pero la cambié».

¿QUÉ MAGIA PODRÍA HABER PROVOCADO EL MOMENTO DE INSPIRACIÓN NOCTURNA DE McCartney? Los científicos afirman que son los neurotransmisores, los estimulantes electroquímicos o represores que mueven impulsos de célula a célula en el cuerpo. Durante los periodos de vigilia la noradrenalina fluye dentro del cerebro y lo impulsa a la acción. Funciona de modo similar al de la adrenalina, la hormona del «llamado a la acción» en el cuerpo. No obstante, durante la etapa de sueño MOR, la noradrenalina desaparece y llega la acetilcolina, conocida como el neurotransmisor de la «calma y seguridad», lo que permite que el cerebro comience su vuelo libre, relajado y asociativo.[11] El químico alemán Otto Loewi (1873-1961) fue el primero en descubrir el poder de la acetilcolina, y lo hizo como debe ser, en un sueño.

Un químico anterior, Henry Hallett Dale, había descubierto la acetilcolina en 1915. Pero no se entendía con claridad cómo es que funcionaba como neurotransmisor hasta que Loewi se fue a dormir la noche del 25 de marzo de 1921. Los detalles aquí no son tan importantes como el contexto en el que se le ocurrió la idea imprevista a Loewi: no en uno sino en dos sueños en noches sucesivas:

> La noche previa al domingo de Pascua de ese año [1921] me desperté, encendí la luz y escribí algunas notas en un trocito de papel fino. Después me volví a dormir. Se me ocurrió a las seis de la mañana que durante la noche había escrito algo muy importante pero no pude descifrar los garabatos. A la siguiente noche, a las tres de la mañana, regresó la idea. Era el diseño de un experimento para determinar si la hipótesis de la transmisión química que yo había enunciado hace 17 años era o no correcta. Me levanté de inmediato, fui al laboratorio e hice un experimento sencillo con el corazón de una rana de acuerdo con el diseño que se me presentó mientras dormía.[12]

Después de haber soñado esa idea imprevista, Loewi diseñó un experimento en el que inyectaba acetilcolina en el corazón de una rana, con lo cual provocó que latiera, lo que demostró que, además de con una carga eléctrica externa, el corazón se puede estimular con una química endógena. (En la actualidad hay aparatos modernos, como la grabadora electrónica implantable y los marcapasos, para monitorear y controlar los disparos eléctricos dentro del corazón). El descubrimiento de Loewi le trajo el Premio Nobel de Química en 1936.

De esto podemos deducir tres puntos importantes con algunas aplicaciones prácticas. El primero es que, como pasa con muchas soluciones a problemas que se presentan durante el sueño, Loewi tuvo el mismo sueño más de una vez. El segundo es que, al parecer, tuvo una fijación con el mismo problema las 24 horas del día, los siete días de la semana, durante un lapso largo de tiempo, y la idea acabada para resolverlo le llegó al final de un periodo de incubación de 17 años. Finalmente, dormía preparado: tenía pluma y papel junto a él. Albert Einstein también estaba decidido a estar preparado para cuando llegara algún momento «eureka». Una vez en que durmió en casa de un amigo suyo en Nueva York, su anfitrión le preguntó si necesitaba pijama y él le respondió: «Me acuesto a dormir tal como la naturaleza me creó».[13] Pero lo que sí pidió fue una pluma y una libreta para poner en su mesita de noche.[14] Nota a mí mismo: tener pluma y papel junto a la cama.

Tal vez también debamos ponerlos junto a la regadera. Una encuesta de 2016 reportada por *Business Insider* mostró que 72% de los estadounidenses tienen sus mejores ideas en la regadera. «Hicimos un estudio multinacional», dijo Scott Kaufmann, de la Universidad de Pensilvania, «y descubrimos que las personas reportaban tener más inspiración creativa en su regadera que en el trabajo».[15] Los neurocientíficos explican por qué: los neurotransmisores que influyen en el sueño, como la acetilcolina, no se encienden y se apagan en la mañana como si esta fuera el interruptor, sino que llegan y se van como la marea.[16] Por supuesto, la regadera es relajante gracias al agua caliente y el «ruido blanco» constante que tapa las distracciones. Pero lo más importante, existe un desfase temporal de 20 minutos después de que nos despertamos antes de que nuestra mente vuelva a estar completamente en el estado químico de vigilia.[17] Durante este periodo el cerebro está en una «zona intermedia» en la que está despierto sensorialmente pero sigue teniendo un flujo libre de ideas. Así que *carpe diem* [aprovecha el día], o por lo menos los primeros 20 minutos del mismo, y una vez más, ten una pluma y papel a la mano.

DARNOS UN REGADERAZO NOS RELAJA COMO LO HACEN LAS ARMONÍAS CONSONANTES Y LOS RITMOS SUAVES Y OSCILANTES DE LA MÚSICA INCLUSO EN EL ÚTERO. Einstein lo intuía, tanto que cuando viajaba, lo hacía acompañado de su violín. La segunda esposa de Einstein, Elsa, le contó al actor Charlie Chaplin en 1931 una historia que sugiere que la música podría ser un socio no tan silencioso en un momento importante de descubrimiento.

> El doctor [es decir, Einstein] bajó como de costumbre en bata para el desayuno pero apenas si lo tocó. Pensé que algo estaba mal, así que le pregunté qué le preocupaba. «Querida», dijo, «tengo una idea maravillosa». Y después de beber su café subió al piano y empezó a tocar. De pronto paraba y escribía algunas notas.[18]

Einstein continuó tocando de esta manera durante media hora mientras pensaba en el significado de su descubrimiento. Después subió a su estudio y, según cuenta la historia, cuando bajó, dos semanas después, tenía en sus manos varias hojas en las que estaban las ecuaciones de su Teoría de la Relatividad General.[19]

El cuento puede ser exagerado, pero el hijo mayor de Einstein, Hans Albert, también relató que cuando su padre sentía que estaba estancado en sus investigaciones, salía de su estudio, iba a la casa de la familia y empezaba a tocar el violín para transportar a su mente a un estado distinto. «Cuando sentía que había llegado al final del camino o a una situación difícil en su trabajo, se refugiaba en la música y eso por lo general resolvía todas sus dificultades».[20]

Algunas veces hasta los músicos con más experiencia tienen que relajarse y dejar de estorbarse a ellos mismos. Durante años, cuando impartía mi curso de Yale titulado Escuchando la música, les decía a los alumnos que Mozart era capaz de tocar el piano estando de cabeza. Y entonces, les decía: «En realidad eso no es tan difícil», y se los demostraba. Me acostaba de espaldas sobre el banco del piano, cruzaba las manos, las ponía en las teclas y tocaba. (Hay una demostración en un video publicado en mi página web). Con el tiempo aprendí que si me concentraba en el lugar en el que tenía que colocar mis dedos, cometía errores, pero podía tocar sin falla si me decía: «Ya conoces esto, solo respira hondo, relájate y hazlo. Ya vendrá». Una vez un alumno me señaló algo que yo no había notado: «¿Ya se dio cuenta», dijo, «de que cerró los ojos cuando tocó?». No, no me había dado cuenta, pero tenía sentido. Todos deberíamos darnos cuenta de que si hemos estudiado mucho un material, lo que aprendimos está guardado en nuestra memoria a largo plazo; solo necesitamos relajarnos y dejar que salga a la luz.

¿Sufres de bloqueo del escritor? Si es así, ponte los tenis y sal a correr 3 km. Por lo menos esto es lo que sugería un artículo de 2014 publicado en el periódico *The Guardian* que reportaba los hallazgos de recientes estudios académicos sobre la relación entre la creatividad y el ejercicio.[21] De hecho las investigaciones actuales de varios neurólogos y psicólogos sugieren que hacer más ejercicio, incluso caminar, mejora la función cognitiva, así como el pensamiento divergente y la creatividad.[22] Pero los genios a lo largo de la historia ya sabían esto, de manera consciente o no.

En la antigua Grecia, un grupo llamado los peripatéticos, seguidores de Aristóteles, realizaban sus pesquisas filosóficas mientras caminaban alrededor del Liceo. Charles Dickens caminaba 24 kilómetros al día por las calles de Londres mientras concebía *Cuento de Navidad* (1843).[23] El hijo de Mark Twain cuenta que su padre caminaba mientras trabajaba: «Una parte del tiempo, mientras dictaba, padre caminaba… luego siempre parecía como si un nuevo espíritu hubiera entrado volando a la habitación».[24] Bill Gates también camina. «Le ayuda a organizar su mente y ver lo que otros no pueden ver», dice su esposa, Melinda.[25] Henry David Thoreau, un caminador ávido, dijo en 1851: «El momento en que mis piernas se empiezan a mover, mis pensamientos empiezan a fluir».[26] Aunque no era común para una mujer de su época, la novelista Louisa May Alcott, como antes vimos, era una corredora devota: «Estoy tan metida en mi trabajo que no puedo parar para comer o dormir, o para hacer nada que no sea correr a diario», escribió en 1868 mientras trabajaba en *Mujercitas*.[27]

Si caminas o corres, ya sea al aire libre o en un gimnasio, los neurotransmisores se activan y hacen que disminuyan tus inhibiciones, que tengas menos restricciones conceptuales y que mejore tu memoria. Pero debo hacer una advertencia a todos los creativos en cuanto al movimiento: si bien el *lugar* donde ejecutas la actividad no tiene importancia, la *velocidad* sí la tiene. Aumentar la velocidad de la caminata de kilómetros de 10 minutos y 30 segundos a kilómetros de 7 minutos y 30 segundos, o de la carrera de seis minutos a cinco minutos, por ejemplo, provocará que el cerebro promedio cambie de un modo relajado a uno enfocado en la mecánica de caminar o correr.[28] Así, si estás en una caminadora, ignora todos los monitores electrónicos; si estás afuera, olvida los Fitbit en el camino, la concentración enfocada es enemiga de la creatividad.

Nikola Tesla estaba relajado cuando caminaba por el parque de la ciudad en Budapest una tarde de 1882. A los 26 años de edad estaba en Budapest trabajando para la nueva Compañía Telefónica de Budapest. Un amigo, Anital Szigety, había dejado una impronta en él sobre la importancia del ejercicio regular, por lo que ambos acostumbraban dar largos paseos juntos.[29] Tesla narró lo siguiente en su autobiografía:

> Tengo una tarde siempre presente en mi memoria, estaba disfrutando de un paseo con mi amigo en el parque de la ciudad y recitábamos poesía. A esa edad me sabía de memoria libros enteros, palabra por palabra. Uno de ellos era *Fausto*, de Goethe. El sol apenas se ponía y me recordó el glorioso pasaje:
>
> *El resplandor da marcha atrás y se retira, ha terminado la faena del día;*
> *Pero se precipita hacia adelante, hacia una nueva vida;*

¡Ah, que no hay ala que pueda elevar mi cuerpo de la tierra
Para seguir su rastro, una y otra vez!
¡Un sueño glorioso!

Al pronunciar estas palabras inspiradoras, la idea me llegó como el destello de un relámpago, y en un instante la verdad fue revelada.[30]

Lo que Tesla había descubierto era una manera de inducir los campos magnéticos para que rotaran de manera que alternaran la corriente, con lo que se obliga al eje motor a rotar en una dirección constante. A partir de esa idea imprevista se desarrolló el motor eléctrico polifásico que convirtió a Europa y a Estados Unidos en los colosos industriales en los que se convertirían. Lavadoras, aspiradoras, taladros, bombas y ventiladores eléctricos, entre otras cosas, todavía funcionan con esta solución que se le ocurrió a Tesla mientras caminaba.

Pero la cuestión importante es esta: Tesla había estado buscando esta solución para un problema con el motor de corriente alterna desde sus primeros días como alumno de ingeniería en la Universidad de Graz en 1875. «Podría tardar meses o años con la idea en el fondo de mi cabeza», dijo Tesla cuando le preguntaron en 1921 sobre su proceso de pensamiento.[31] El descubrimiento «eureka» finalmente ocurrió cuando no estaba pensando de forma consciente en los motores eléctricos. Estaba caminando en el parque, recitando el *Fausto* de Goethe a su amigo y disfrutando la puesta del sol mientras la Tierra rotaba. La versión original en alemán del pasaje del que antes hablamos contiene la palabra *rucken* («regresar»), la rotación de la Tierra, la rotación de un campo magnético que funciona con la corriente alterna. Tal vez no fue una coincidencia que la sección del poema que recitó terminaba con un verso que comienza con *Ein schöner Traum* («un sueño glorioso»). Telsa estaba relajado y posiblemente en un estado onírico semiconsciente. La confluencia de las sensaciones conscientes e inconscientes dieron paso a una epifanía «eureka», pero ese destello de comprensión había tardado siete años en producirse.

Supongamos que no tienes el deseo de ejercitarte hasta llegar a un estado en el que estés abierto a la comprensión. ¿Puede un vehículo transportarte ahí? Nuestros genios sugieren que sí. A muchos se les ocurrieron sus mejores ideas imprevistas mientras viajaban en un tren, un camión, un carruaje o un barco. Ya vimos cómo la idea que transformó a Joanne Rowling en J. K. Rowling, una autora de *bestsellers*, se le ocurrió en un viaje en tren, durante el cual concibió toda la serie de Harry Potter. Walt Disney también ideó a Mickey Mouse en un tren. Lin-Manuel Miranda dice que el coro de la canción «Wait for it» (Espéralo), de *Hamilton*, le llegó mientras viajaba en un metro en Nueva York de camino a una fiesta. Le cantó el estribillo melódico a su iPhone, hizo una breve aparición en la fiesta y en el camino de regreso a su casa terminó la canción.[32] Cuál es el común denominador en estas experiencias: la presencia de un movimiento constante de vaivén y un ritmo suave de fondo. ¿Es por eso que con tanta frecuencia nos quedamos dormidos en un tren?

En una carta que escribió en 1810, Ludwig van Beethoven contó cómo se quedó dormido mientras viajaba en carruaje de Baden a la cercana Viena: «Cuando estaba en mi carruaje ayer, de camino a Viena, el sueño me dominó... Ahora, mientras dormitaba, soñé que viajaba muy lejos, no menos lejos que Siria, no menos lejos que India y de regreso otra vez, a Arabia también, y al final llegué incluso a Jerusalem... Ahora, durante mi viaje en sueños, se me ocurrió el siguiente canon. Pero en cuanto me desperté lo olvidé y no pude volver a traer a mi mente ni una sola nota o palabra del mismo».[33] Al siguiente día, por coincidencia, Beethoven volvió a abordar el mismo carruaje para regresar a Baden y describió que para su sorpresa, y de acuerdo con la ley de la asociación de ideas, se le volvió a ocurrir el mismo canon; pero ahora despierto, «esta vez lo sujeté de inmediato, como alguna vez Menelao sujetó a Proteo, y solo le concedió un último favor, el de permitirle transformarse en tres voces», dijo. El movimiento, la relajación, el sueño y la memoria asociativa (el mismo cómodo recinto) contribuyeron a la creación del breve canon de Beethoven dos veces en un carruaje.

De este modo, desde la época de Sócrates (*Deathbed Dream*) hasta la de Paul McCartney («Yesterday»), los genios a lo largo de la historia han afirmado que las ideas creativas imprevistas surgen en momentos relajados tanto del día como de la noche. De estos testimonios se puede extrapolar un buen consejo para los aspirantes a creadores de hoy en día. Si necesitas una idea nueva, ve a caminar o a correr, o solo busca un transporte relajante para permitir que tu mente se extienda con mayor libertad. No conduzcas al centro de la ciudad, donde debes poner atención en el tráfico, mejor dirígete a los espacios abiertos *sin* audiolibros ni noticias de la radio, que exigen una concentración. De hecho, cualquier clase de actividad física «irracional» que implique un movimiento repetitivo puede liberar tu imaginación. La novelista Toni Morrison «incubaba, se le ocurrían ideas», mientras podaba el pasto.[34]

El coreógrafo George Balanchine afirmó: «Cuando plancho es cuando hago la mayor parte de mi trabajo».[35] Cuando te despiertes en la mañana quédate acostado unos minutos (¡y no busques tu celular!). En este momento tu mente puede estar en su mejor punto. De manera similar, no consideres que soñar despierto o tomar una siesta es una pérdida de tiempo: piensa en estas actividades como oportunidades para ampliar tu intuición. Finalmente, sé como Einstein: ten pluma y papel junto a tu cama o cerca de la regadera para poder capturar tus mejores ideas. Todos tenemos el hábito de querer estar enfocados y ser «productivos». Los genios tienen el hábito de saber cuándo *no* serlo.

Capítulo 14

¡HORA DE CONCENTRARSE!

Algunas veces la disciplina se requiere para relajarse y otras para concentrarse, primero para analizar un problema y después para sacar nuestro «producto» por la puerta. Esto vale tanto para las personas exitosas como para los genios. Sabemos que debemos concentrarnos para encontrar una solución, ¿pero después la ejecutamos o la procrastinamos? Como vimos, Leonardo da Vinci tenía un extraordinario poder para la concentración analítica. Pero una vez que veía la solución, muchas veces perdía el interés y ya no concretaba la idea. Probablemente eso explica por qué nos dejó menos de 25 pinturas terminadas. El humorista gráfico Charles Schulz, que dibujó 17 897 tiras cómicas de *Peanuts*, era conocido por la cantidad de horas que pasaba solo haciendo garabatos con el lápiz, dejando que su mente divagara. Pero entonces, de acuerdo con su biógrafo, David Michaelis, «Una vez que tenía una idea, trabajaba con gran rapidez antes de que la inspiración se evaporara».[1] Sea que surjan de cavilaciones desenfocadas o de una concentración analítica intensa, las ideas que tienen la capacidad de cambiar el mundo tienen que ser concretadas, verificadas y divulgadas para que puedan tener su impacto transformador. Tanto el análisis como la ejecución requieren trabajo duro y concentrado.

La concentración analítica precede a la ejecución. Antes de que Pablo Picasso ejecutara con pluma o pincel en mano, muchas veces analizaba solo utilizando el ojo y la mente. La musa de Picasso durante la década de 1940, Françoise Gilot, cuenta cómo él analizaba intensamente su tema favorito, el cuerpo femenino:

> Al día siguiente dijo: «Sería mejor que posaras para mí desnuda». Cuando me había quitado la ropa, me pedía que retrocediera hasta la entrada, muy erguida, con los brazos a mi lado. A excepción del haz de luz diurna que entraba por la ventana alta a mi derecha, todo el lugar estaba bañado con una luz tenue que estaba al borde de la sombra. Pablo estaba de pie, a unos tres o cuatro metros de mí, y se veía tenso y lejano. Sus ojos no se apartaban de mí ni por un segundo. No tocaba su bloc de dibujo; ni siquiera sostenía un lápiz. Parecía que había pasado mucho tiempo.
>
> Al fin dijo: «Ya vi lo que tengo que hacer. Ya te puedes vestir. No tendrás que volver a posar.» Cuando fui por mi ropa vi que había estado parada ahí poco más de una hora.[2]

Leonardo da Vinci también se quedaba de pie y miraba. De hecho, al parecer, pasó tanto tiempo analizando la composición de *La última cena* (1485-1488), en la abadía de Santa Maria delle Grazie en Milán, como ejecutándola. Como su contemporáneo, el escritor Matteo Bandello señaló: «Permanecía algunas veces dos, tres o cuatro días sin tocar sus pinceles, aunque pasaba varias horas al día parado frente a la obra, con los brazos cruzados, examinando y criticando para sí los personajes».[3] Leonardo llamaba a esa concentración su *discorso mentale* (discurso mental).

Furioso por el lento progreso de *La última cena*, el abad del monasterio se quejó con el duque de Milán, el mecenas de Leonardo. Cuando lo llamaron para pedirle que explicara su lento progreso, declaró que «los más grandes genios algunas veces logran más cuando trabajan menos, porque están buscando las invenciones en su mente y dando forma a esas ideas perfectas que sus manos después expresan y reproducen a partir de lo que previamente concibieron con el intelecto».[4] Algo que no era común en Leonardo, quien una vez que tuvo sus «invenciones» para *La última cena* aseguradas en su mente, continuó concentrado, ahora ejecutando de manera vertiginosa. «Algunas veces se quedaba ahí pintando sin pausa desde el amanecer hasta el anochecer», dijo Bandello, «sin soltar el pincel, sin acordarse de comer ni de beber».

Lo mismo hacía Picasso según cuenta Jaime Sabartés, su secretario durante mucho tiempo, quien dice que al final ejecutaba sus pinturas trabajando como poseído:

> Incluso cuando atiende a su paleta, continúa contemplando la pintura de reojo. El lienzo y la paleta compiten por su atención, ambos permanecen dentro del foco de su visión, que abarca la totalidad de cada uno y de ambos, juntos. Entrega cuerpo y alma a la actividad que es su *raison d'etre* [razón de ser], tocando con las cerdas del pincel la pasta aceitosa de color con un gesto amoroso, con todos sus sentidos enfocados en un solo objetivo, como si estuviera hechizado.[5]

Sin importar qué ocurriera, Albert Einstein podía concentrarse en su propio silo mental. Un amigo describió el departamento en el que trabajaba Einstein cuando alrededor de 1903, en Basilea, acababa de estrenarse como padre:

> La habitación olía a pañales y a humo rancio, y de la estufa surgían emanaciones de humo cada cierto tiempo, pero estas cosas no parecían molestar a Einstein. Tenía al bebé en una rodilla y un bloc en la otra, y cada cierto tiempo escribía una ecuación en el bloc, después, cuando el bebé empezaba a estar inquieto, simplemente lo mecía un poco más rápido.[6]

Después ese niño ya crecido, dijo: «Ni el más fuerte llanto de bebé parecía molestar a Padre. Podía continuar con su trabajo completamente inmune al ruido».[7] De acuerdo con Maja, la hermana de Einstein, era igual cuando estaba en una multitud: «Podía estar en un grupo grande y ruidoso, retirado en un sillón con una pluma y un papel en mano,... y perderse de tal forma en un problema que la conversación de muchas voces en lugar de perturbarlo lo estimulaba».[8]

Algunas veces la capacidad de concentración de Einstein lo llevaba a resultados cómicos. Una vez, durante un discurso en una recepción en su honor, Einstein sacó su pluma y empezó a anotar ecuaciones al reverso de su programa, aparentemente distraído de todo lo que se decía sobre él. «El discurso terminó con una gran agitación. Todos se pusieron de pie, aplaudiendo y mirando a Einstein. Helen [su secretaria] le susurró que tenía que levantarse y lo hizo, pero pasó por alto que la ovación era para él y también aplaudió».[9]

Mozart tenía el mismo poder para «entrar en la zona». Su esposa, Constanze, contó que durante una fiesta de boliche en pasto en 1787 él continuó trabajando en la ópera *Don Giovanni*, ignorando todo a su alrededor; cuando llegó su turno y lo llamaron, se puso de pie, lanzó la bola y «después regresó a trabajar sin que la plática y las risas de los demás lo molestaran en lo más mínimo».[10] ¿Pero cuán divertida estaría Constanze en 1783 cuando su esposo escribió su Cuarteto de Cuerdas núm. 15, K. 421 al pie de su cama mientras ella daba a luz a su primer hijo, Raimund? Él la reconfortaba por momentos breves pero después seguía escribiendo su música.[11]

HOY, CONCENTRARSE EN LA MITAD DEL CAOS PUEDE REQUERIR QUE CONSTRUYAMOS MENTALMENTE UNA «CUARTA PARED». La expresión se deriva del teatro, donde se les pide a los actores que construyan al frente una barrera imaginaria para separarse del público, de tal manera que puedan permanecer dentro de su propio espacio psicológico. La próxima vez que estés esperando en el aeropuerto de LaGuardia o de Heathrow, o estés en un asiento de clase turista en un vuelo ruidoso, intenta erigir tu propia cuarta pared y encontrar ahí tu propio ámbito zen, en el que tú seas el único ciudadano. Dentro de tu propio dominio impuesto mentalmente, tú, como Einstein y Mozart, puedes trabajar ignorando toda la interferencia exterior.

La capacidad de concentración de Newton parece haber lindado con el trastorno mental. Su sirviente Humphrey Newton (no era su pariente) escribió: «Estaba tan sumido, tan absorto en sus estudios que comía muy poco, no, muchas veces olvidaba comer, entonces cuando iba a su aposento, me encontraba su plato sin tocar, cuando le recordaba que no había comido, él respondía, ¿ah, sí?; entonces se acercaba a la mesa y comía uno o dos bocados, parado, porque no puedo decir que jamás lo haya visto sentarse solo en ninguna mesa».[12] Para apreciar la capacidad de Newton para enfocarse, considera la Figura 14.1. Aquí lo vemos resolviendo el principio de una secuencia infinita: 55 columnas de números marchando en filas ordenadas y toda elaborada, hasta donde puede determinarse, completamente en su cabeza. Otro genio, el economista John Maynard Keynes, resumió así la habilidad de Newton para concentrarse:

> Yo imagino que su preeminencia se debe a que sus músculos de la intuición son los más fuertes y más perdurables con los que un hombre haya podido ser dotado. Cualquiera que haya intentado alguna vez ejecutar el pensamiento científico o filosófico puro, sabe cómo uno puede mantener un problema de forma momentánea en su mente y aplicar toda la capacidad de concentración propia para atravesarlo, y cómo se disuelve y escapa, y uno descubre que lo que está investigando es un vacío. Yo creo que Newton podía mantener un problema en su mente por horas y días, incluso semanas hasta que este le entregaba su secreto.[13]

Como observó Keynes, a todos nos ha pasado que, al tratar de concentrarnos, el objeto de pensamiento se «disuelve y escapa». La concentración requiere buena memoria.

ROBERT HESS LLEGÓ A YALE PARA SU PRIMER AÑO EN 2011, clasificado como el mejor jugador de ajedrez nativo de Estados Unidos. Había conseguido el título de «gran maestro internacional» dos años antes, a los 17 años de edad. En 2008 Jerry Hanken, el periodista de ajedrez, dijo de un reciente juego de Hess, se trata de «una de las ejecuciones más brillantes por parte de un adolescente estadounidense desde la mejor época de Bobby Fischer».[14] Con curiosidad por el recién ingresado Robert, lo localicé para invitarlo a mi «clase de genios» de Yale para el «día de ajedrez». Para hacer más interesantes las cosas preparé una audición a otros tres jugadores con experiencia para que jugaran contra Robert simultáneamente, mientras él tenía los ojos vendados. Observadores que conocían la notación del ajedrez movían las piezas por él cuando él decía las jugadas (P a K4, por ejemplo). Alumnos y visitantes se juntaron alrededor mirando con ansiedad los tableros. Más o menos a los 10 a 15 minutos había vencido a todos los adversarios. La multitud se volvió loca.

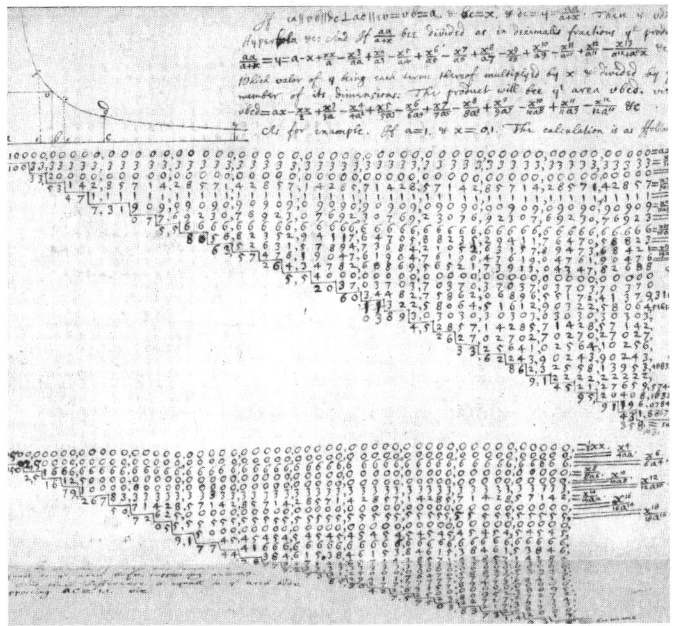

Figura 14.1: Newton calculando el área bajo una hipérbola hasta 55 posiciones decimales, y agregando los valores de cada término de una serie infinita, ca. 1665. Al parecer Newton escribió su página, parte de su desarrollo de cálculo, mientras estaba en su casa en Lincolnshire «en cuarentena» por la peste que después devastó al pueblo universitario de Cambridge (Manuscrito Adicional 3958, fol. 78v, Biblioteca de la Universidad de Cambridge, Reino Unido).

Eso fue impresionante. Pero más sorprendente fue lo que vendría. «Robert», dije, «¿qué tan buena memoria tienes?[15] ¿Con cuánta precisión recuerdas esos juegos?» «Los recuerdo todos», dijo con educada despreocupación, y escribió en el pizarrón la sucesión de 10 a 20 jugadas en secuencia para cada uno de los tres juegos. «Podía haber hecho esto contra 10 jugadores con los ojos vendados», dijo sin presumir, solo como una simple declaración de hechos. «Por supuesto», dijo un alumno, «tiene memoria fotográfica». «Piénsalo bien», dijo otro con desdén, «tenía los ojos vendados y no podía ver nada. ¿Qué podría fotografiar?» Tal vez Robert puede «fotografiar lo que ve en su mente».

Muchas grandes mentes a lo largo de la historia parecen haber poseído una memoria fotográfica o eidética (la habilidad para recordar una imagen después de verla solo una vez) que utilizaron como herramienta de concentración. Una vez, en una taberna, Miguel Ángel discutía con sus colegas artistas sobre quién podía dibujar la imagen más fea. Miguel Ángel dibujó su camino a la victoria y dijo que se lo debía al hecho de que había visto y podía recordar todo el grafiti de Roma.[16] Los que rodeaban a Picasso también creían que él tenía una memoria fotográfica para las imágenes visuales, porque una vez describió con todo detalle una fotografía que asumía que estaba perdida, para que después, cuando la imagen apareció, sus poderes mnemónicos fueran validados.[17] A James Joyce lo conocían sus maestros jesuitas en Clongowes Wood College como el «niño con la mente secante de tinta».[18] A Elon Musk su madre lo llamaba el «niño genio» porque, según decía, este poseía una memoria fotográfica.[19] En 1951 el conductor de orquesta Arturo Toscanini quería que la Orquesta Sinfónica de la NBC ejecutara el movimiento lento del Cuarteto número 5 de Joachim Raff, pero nadie podía localizar la partitura de la oscura pieza de 10 minutos en Nueva York. Entonces, Toscanini, que no había visto la pieza en años, se dio a la labor de escribirla nota por nota. Tiempo después un coleccionista de partituras musicales manuscritas encontró la partitura original y la comparó con el manuscrito de Toscanini, y no encontró un solo error.[20]

Pocos tenemos una memoria fotográfica como la de los genios antes nombrados. Incluso los dotados tienen que trabajar para conseguir la proeza mnemónica. Robert Hess había estado jugando ajedrez desde los cinco años bajo el ojo vigilante de tutores pagados; día tras día había practicado memorizando aperturas, posiciones y finales, así como juegos famosos a lo largo de la historia. Leonardo da Vinci trabajó a voluntad para mejorar su memoria. De acuerdo con su biógrafo contemporáneo, Giorgio Vasari, «Amaba tanto las fisonomías raras, con barba y cabello, como salvajes, que podía pasarse todo un día siguiendo a alguien que hubiera llamado su atención. Lo hacía para memorizar su apariencia y lo hacía tan bien que cuando regresaba a su casa podía dibujarlo como si lo estuviera viendo».[21] En la noche, mientras descansaba en su cama, Leonardo seguía tratando de recrear en su mente las imágenes que había visto durante el día.[22] Podemos seguir al espíritu de Leonardo realizando actividades como jugar ajedrez o sudoku, leer la partitura de un instrumento musical, o armar algo que requiera seguir instrucciones de manera secuencial y al pie de la letra. De acuerdo con *Harvard Health Publishing*, todos mejoraríamos nuestra memoria si evitáramos el alcohol e hiciéramos ejercicio de manera regular para aumentar el flujo sanguíneo al cerebro.[23] Fritjof Capra, su biógrafo, reportó que Leonardo levantaba pesas con regularidad.[24]

¿Eres reacio a levantar hierro? Hay una técnica alternativa práctica que todos podemos emplear: fijar una meta. Los genios están motivados de forma intrínseca, apasionados por lo que hacen. Pero algunas veces hasta ellos se benefician por una motivación externa de último minuto para asegurarse de que el trabajo se haga. Charles Schulz tenía que terminar su cartón antes de la siguiente edición de los 2600 periódicos en los que su trabajo estaba sindicado; Mozart tenía rentado un teatro y un público que llegaría a escuchar *Don Giovanni*. Elon Musk tiene cuotas de producción que tiene que alcanzar para sus automóviles Tesla; Jeff Bezos garantiza que tu paquete de Amazon Prime llegará en dos días. Incluso ponernos nosotros mismos una fecha como plazo puede mejorar nuestra concentración y ayudarnos a eliminar lo inconsecuente.

STEPHEN HAWKING FUE ALGUIEN A QUIEN SE LE QUITARON LAS COSAS, TANTO LAS CONSECUENTES COMO LAS INCONSECUENTES. A Hawking lo han llamado el «mayor genio desde Einstein»,[25] así como «el genio en la silla de ruedas». Hawking mismo sostenía que esta designación era ruido mediático, impulsado por la sed de héroes que tiene el público.[26] Para estar seguros, el público siempre ha tenido un punto débil por el genio atrapado en un cuerpo maltrecho. Piensa en el jorobado de *Nuestra Señora de París*, el Fantasma de la Ópera y Alastor Ojoloco Moody en *Harry Potter*. Cada uno un genio oculto tras un exterior deforme.

Hawking solo empezó a concentrarse en serio a los 21 años (y solo porque tuvo que hacerlo, debido a la aparición de la esclerosis lateral amiotrófica (ELA), también conocida como la enfermedad de Lou Gehrig). Antes de ese año parece haber sido un fracasado dedicado a disfrutar de la vida. Como él mismo admitió, no leyó sino hasta los ocho años de edad; en la escuela era un alumno promedio, y ya en la universidad pasaba el tiempo socializando, trabajando solo una hora al día.[27] Pero en 1963, a la edad de 21 años, de pronto tuvo que enfrentar una fecha límite literal: recibió un diagnóstico de ELA acompañado de una expectativa de vida de dos a tres años. Confinado a una silla de ruedas, tenía pocas distracciones. En 1985 había perdido la capacidad de hablar y de comunicarse, excepto con su computadora. Así que por necesidad tuvo que enfocarse en un campo, y eligió la astrofísica. Cuando le pregunté a Kitty Ferguson, su amiga y biógrafa principal, si el aislamiento de Hawking había potenciado su habilidad para concentrarse, ella ofreció esta importante perspectiva: «Yo diría que es probable que su discapacidad no aumentara su capacidad de concentración, pero aumentó su *inclinación* a concentrarse, a crecer al fin, a enfocarse y dejar de perder el tiempo. Como me dijo una vez: "¿Y qué otra cosa me quedaba?"».[28]

Para inicios de 1970, Hawking había perdido el uso de sus manos. Eso supuso un problema, porque todos los físicos cuando trabajan piensan con ecuaciones y las escriben sin descanso en papel, pizarrones, paredes, puertas o casi cualquier otra superficie plana (alternando la concentración analítica con la ejecución). Para continuar en esa línea, Hawking desarrolló un camino alterno: él veía el problema en su mente y lo mantenía ahí, concentrándose de una forma parecida a como lo hacía Newton. Kip Thorne, ganador del Premio Nobel, dijo: «Él aprendió a hacer [matemáticas y física] enteramente en su cabeza sin escribir las cosas. Lo hizo manipulando imágenes de las formas de los objetos, las formas de las curvas, las formas de la superficie, no solo en un espacio tridimensional sino en uno de cuatro dimensiones, incorporando el tiempo. Lo que lo hace único entre todos los físicos es su capacidad para hacer cálculos de amplio rango de una manera mucho mejor que como los haría si no hubiera tenido ELA».[29] Hawking confesó que él, como Einstein, para evitar las distracciones se metía a su zona de pensamiento enfocado: «Darle vueltas a los problemas en mi mente ha sido mi método de descubrimiento durante casi la mitad de mi vida. Mientras las personas a mi alrededor están profundamente concentradas en sus conversaciones, yo muchas veces me transporto muy lejos, perdido en mis propios pensamientos, intentando comprender cómo funciona el universo».[30] Kitty Ferguson resumió la capacidad de Hawking para concentrarse: «Pocos tienen los poderes de concentración y el autocontrol de Hawking. Pocos tienen su genio».[31] El maestro de los agujeros negros logró prosperar por sí mismo.

EL 1 DE JULIO DE 2014 TUVE UN ACCIDENTE CEREBROVASCULAR ISQUÉMICO Y MI ESPOSA ME LLEVÓ AL HOSPITAL EN Sarasota, Florida, donde vivimos ahora. Las exploraciones mostraron que tenía (y todavía tengo) la arteria carótida interna izquierda completamente obstruida; no tenía sentido intentar destaparla por medio de una endarterectomía. Durante tres días estuve conectado a cables en una cama de hospital en mi propio agujero negro. Podía pensar, pero no podía hablar. Era un prisionero virtual dentro de mi cuerpo, dije seriamente: «Craig, esto es serio. Vas a tener que excavar para salir de esto. Piensa, concéntrate y pon en orden tu vida». Empecé a hacer algunos ejercicios mentales que inventé en un esfuerzo por reunir mi memoria a corto plazo y mi habla, los cuales hice aumentando poco a poco el grado de dificultad: 1) Di «perro toro azul» y recuerda la primera palabra después de que hayas dicho la tercera; 2) Identifica a dos compositores que vivieron entre Bach y Brahms; 3) Nombra tres restaurantes en Longboat Key de sur a norte; 4) Di las cuatro sílabas del nombre de la carretera que va de Tampa a Miami (Tamiami). Hora tras hora me concentré (¿qué otra cosa podía hacer?). Si este ejercicio voluntario contribuyó o no a un giro repentino de la mente, no puedo decirlo, pero el tercer día después de eso la obstrucción de mi flujo sanguíneo se revirtió y, desde entonces, al cabo de un periodo de meses, recuperé gradualmente la función cognitiva normal. Tuve suerte. Por supuesto, mi experiencia, aunque fue seria en el momento, fue trivial en comparación con la ELA de Hawking. Pero me dio un atisbo de cómo podría haber sido estar dentro de su silo mental. «Mantener activa la mente fue clave en mi supervivencia»,[32] dijo alguna vez, y vivió más de 50 años más de lo que los médicos habían pronosticado en un inicio. Algunas veces en la vida es imperativo relajarse, desconcentrarse y dejar que la mente nos lleve lejos hasta lograr las comprensiones originales. Pero en otros momentos, si eres un genio como Hawking, o alguien que trabaja lento pero con diligencia como yo, hay problemas prácticos que resolver en el espacio o en otro lado. En esos momentos, tienes que encontrar la disciplina para concentrarte.

TODO GENIO TIENE UN TIEMPO, LUGAR Y AMBIENTE PARA TRABAJAR Y HACER SU TRABAJO.[33] Puedes llamar a esto «hábito» (como yo lo hago en este libro y como también lo hicieron Vladimir Nabokov y Shel Silverstein), «rutina» (León Tolstói y John Updike), «horario» (Isaac Asimov, Yayoi Kusama y Stephen King), «rutina» (Andy Warhol), o «ritual» (Confucio y Twyla Tharp). Los hábitos de estas grandes mentes no son ni glamorosos ni exaltados. «La inspiración es para aficionados», dice el pintor Chuck Close.

«El resto de nosotros solo nos presentamos y nos ponemos a trabajar».[34]

Así como cada genio es diferente, también cada uno tiene su propia y única manera de concentrarse. El autor Thomas Wolfe, de pie con una estatura de 1.98 m, escribía sobre un refrigerador de cocina empezando alrededor de la media noche. Ernest Hemingway empezaba a escribir en la mañana, en su máquina portátil Underwood colocada sobre un librero en el anexo de su casa de Key West. John Cheever todas las mañanas se ponía su único traje, como si se preparara para ir al trabajo como lo hacen otros profesionistas. Después bajaba en el elevador al sótano de su edificio en Nueva York, se quitaba el abrigo y se ponía a escribir apoyado en cajas de almacenamiento hasta el medio día. Entonces se volvía a poner su abrigo y subía a casa para la comida.[35]

En algunos casos la concentración intensa requiere una interrupción que implique ejercicio físico. Victor Hugo tomaba un descanso de dos horas, se dirigía hacia el mar y hacía ejercicio vigoroso en la playa. Igor Stravinsky, si la energía y la concentración disminuían, se paraba de cabeza durante un lapso corto. Lo mismo hacía el premio Nobel Saul Bellow (tal vez para aumentar el flujo sanguíneo hacia el cerebro). La coreógrafa Twyla Tharp, para quien el acondicionamiento físico era parte de su proceso creativo, iba a diario al gimnasio Pumping Iron a las 5:30 de la mañana. Pero como dijo en su libro *The Creative Habit: Learn It and Use It for Life* (El hábito creativo: Apréndelo y úsalo para la vida): «El ritual no es el estiramiento y el entrenamiento con pesas al que someto a mi cuerpo cada mañana en el gimnasio; el ritual es el taxi. En el momento en que le digo al conductor a dónde voy completo el ritual». Tener un ritual disciplinado hace que la vida sea más simple y aumenta la productividad. «Es activamente antisocial», dijo Tharp. «Por otro lado, es pro creativo».[36]

La mayoría de los genios crean en oficinas, laboratorios o estudios aislados del mundo exterior. Una vez que estaba en su estudio, el pintor N. C. Wyeth pegaba con cinta adhesiva «anteojeras» de cartón a los lados de sus lentes para no ver más allá de su lienzo. Tolstoi cerraba su puerta con llave. Dickens hizo construir una puerta adicional en su estudio para impedir el ruido. Cuando escribía *Lolita*, Nabokov trabajaba todas las noches en el asiento trasero de su auto estacionado, «es el único lugar en el país», dijo, «que no tiene ruido ni corrientes de aire». Marcel Proust tenía las paredes de su departamento cubiertas de corcho. El punto de todo esto es que: los genios necesitan concentrarse. Más de una vez, Einstein alentaba a los científicos noveles a conseguir un trabajo como guardafaros para «dedicarse sin distracciones» a pensar.[37]

Llámese faro o una casa segura, todas las grandes mentes tienen un espacio en el que entran a la zona. A la escritora de misterio Agatha Christie muchas veces la acosaban las interrupciones sociales y profesionales pero, como recordó, «Sin embargo, una vez que podía alejarme, cerrar la puerta y lograr que la gente no me interrumpiera, entonces era capaz de avanzar a toda velocidad, completamente perdida en lo que estaba haciendo».[38]

Sigue su ejemplo pero ve un paso más allá: *No* te interrumpas con búsquedas distractoras ni correos electrónicos. Pero *date* confianza y aliento colocando marcas de tus logros previos (diplomas, certificados, premios) a la vista, así como retratos de tus héroes y heroínas. Brahms tenía una litografía de Beethoven arriba de su piano. Einstein tenía retratos de Newton, Faraday y Maxwell en su estudio; y Darwin tenía retratos de sus ídolos en el suyo: Hooker, Lyell y Wedgewood. El proceso creativo mismo es atemorizante (muchas veces «el gran trabajo» parece de pronto no tener valor) y trucos simples como estos pueden ayudar. Con un ritual en el que puedas apoyarte, puedes levantarte e intentar otra vez mañana. «Una rutina sólida», dijo John Updike, «evita que te des por vencido».[39]

Así, la lección final para el resto de nosotros por parte de los genios de este libro es esta: para ser más eficiente y productivo, crea una rutina diaria que incluya una zona de seguridad de cuatro paredes para la concentración constructiva. Ve a la oficina o a tu estudio o a tu taller, y asegúrate de tener algo de espacio y de tiempo para el pensamiento interior. Por supuesto, date acceso a una amplia variedad de opiniones e información, pero recuerda que al final del día, el único responsable de sintetizar esa información y producir algo eres tú. Necesitamos gente exitosa para hacer que el mundo funcione bien hoy. Y genios que se aseguren de que funcione mejor mañana.

Epílogo

RESULTADOS INESPERADOS

Enseñamos a nuestros hijos a «comportarse» y a respetar las reglas. Muchos de nuestros hijos continuarán hacia la universidad, donde tomarán cursos con profesores, como yo mismo, que se centran en aquellas grandes mentes que resulta que *no* se «comportaron» y *rompieron* las reglas: los genios transformadores de la cultura occidental. Este es solo uno de los múltiples resultados inesperados que han surgido durante los doce años que he pasado enseñando mi «curso de genios» en Yale y en el proceso de escribir este libro. Aquí hay algunos otros en ningún orden en particular.

Al inicio de este proyecto, tenía en la mente una imagen del genio: alguien con un muy alto CI que, incluso de joven, tiene revelaciones «eureka» repentinas pero es excéntrico e impredecible. Cada rasgo de su imagen estereotípica, según he aprendido ahora, está equivocado o es impreciso en la mayoría de los casos.

Toma por ejemplo la noción de que el genio es un ser de inteligencia superior que tiene dieces en todas las pruebas estandarizadas de la vida. En realidad, mi estudio de los genios revela un buen número de ejemplos de alumnos de malos a promedio, como candidatos a Phi Beta Kappa. Hawking no leyó sino hasta que tenía ocho años, y recuerda que Picasso y Beethoven no podían con las matemáticas básicas. Jack Ma, John Lennon, Thomas Edison, Winston Churchill, Walt Disney, Charles Darwin, William Faulkner y Steve Jobs, también tenían bajo rendimiento académico. Estas grandes mentes eran «listas», pero de maneras muy poco estandarizadas, impredecibles. Así, mi cohorte de genios me ha enseñado que es imposible predecir quién se convertirá en genio; nunca más cometeré el error de juzgar el potencial de un joven basándome en pruebas estandarizadas y calificaciones, ni siquiera en actos prodigiosos. De hecho, yo advertiría a todos los padres que no presionaran a sus niños por el carril del prodigio. Verifiquemos todos dentro de 20 años para ver si ese prodigio ha empezado a cambiar el mundo (pocos lo hacen).

Otras revelaciones inesperadas: La gente exitosa puede tener descendencia exitosa, pero resulta que los genios no producen dinastías de pequeños genios (la genialidad no es una característica hereditaria sino un fenómeno «único»). La gente exitosa necesita mentores (todos lo sabemos), pero aparentemente los genios pueden estar bien sin ellos. Los genios por lo general absorben información con rapidez, intuyen más y se mueven con rapidez más allá de cualquier mentor. Es cierto, por definición, la genialidad presupone una desigualdad de resultado (los pensamientos excepcionales de Einstein o la extraordinaria música de Bach) y genera una desigualdad concomitante de recompensa (fama eterna para Bach, riqueza fantástica para Bezos); así es como funciona el mundo. De manera similar, los actos geniales por lo general se acompañan de actos de destrucción; a eso se le llama en general progreso.

La genialidad también resulta no ser repentina. Ese momento «eureka» es en realidad la culminación de un largo periodo de gestación cerebral. Recuerda: Albert Einstein luchó con la relatividad general durante dos años antes de tener su «más feliz pensamiento»; Nikola Tesla se tomó siete años antes de visualizar el motor de inducción; y Otto Loewi necesitó casi 20 años para tener su epifanía nocturna sobre la acetilcolina. ¿Por qué, entonces, en las películas de Hollywood todos los genios tienen un momento «eureka» *repentino*? Porque el público no puede pasarse 20 años sentado viendo la película, ni siquiera dos.

«Todos los genios mueren jóvenes», dijo el comediante Groucho Marx. Pero estadísticamente resulta que no es cierto; la obsesión obstinada los impulsa. Los genios cambian el mundo, sí, pero resulta que muchos lo hacen de manera accidental; algunas veces la sociedad ha mejorado como consecuencia de la necesidad del creador de lograr su propia salvación, pero no porque él haya tenido la intención de mejorarla ¿Cuántas obras maestras se crean para el beneficio de la psique del pintor? ¿Cuántos grandes libros se escriben más para el autor que para el lector?

Finalmente, mis alumnos de Yale y yo hemos tenido una revelación perdurable que tal vez debimos haber anticipado: Muchas grandes mentes resultan no ser tan maravillosos seres humanos. Al inicio del curso siempre les pregunto a los alumnos, solo para reírnos y provocar la discusión: «¿Quién de los que estamos aquí es un genio? Todos los genios, por favor, levanten la mano». Unas pocas almas lo hacen con timidez; los payasos de la clase se levantan de modo enfático para que todos los vean. Después pregunto: «Pero si no son todavía genios, ¿cuántos de ustedes *querrían* serlo?» A esto, unas tres cuartas partes de la clase responde de forma afirmativa. En la última sesión del curso pregunto: «Después de haber estudiado a todos estos genios, ¿cuántos de ustedes *todavía* quieren serlo?» Ahora, solo alrededor de una cuarta parte del grupo dice «Yo». Como comentó un alumno sobre este tema: «Al principio del curso pensé que quería, pero ahora no estoy tan seguro. Tantos genios parecen cretinos obsesivos egocéntricos. No es la clase de persona que quiero como amigo o como compañero de cuarto». Queda claro: obsesivos y egocéntricos. Así como nos podemos beneficiar de los hábitos del genio, debemos tener cuidado si hay alguno cerca de nosotros. Si trabajas para un genio, te puede traicionar o maltratar, o puedes perder tu trabajo. Si alguien junto a ti es un genio, puedes descubrir que lo más importante para él es su trabajo o pasión. Pero a aquellos que son maltratados por los genios, a aquellos a los que les expropian su trabajo, o son explotados o ignorados por ellos, les ofrecemos un agradecimiento sincero por «sacrificarse por el equipo», pues el equipo somos todos los que después nos beneficiamos de un bien cultural mayor que «tu» genio ha realizado. Parafraseando al escritor Edmond de Goncourt, «Casi nadie ama al genio hasta después de que haya muerto». Pero después lo hacemos, porque hicieron que la vida fuera mejor.

AGRADECIMIENTOS

Se requiere un pueblo para escribir mis libros. Los habitantes útiles del mismo incluyen a nuestros cuatro hijos, a quienes este libro está dedicado, así como a los colegas a quienes también lo dedico, el doctor Fred y la maestra Sue Finkelstein, nuestros mejores amigos y briosos compañeros polemistas durante 45 años. Finalmente, a mi más dura crítica, mi amada esposa, Sherry, que leyó cada palabra más de una vez. Igualmente, estoy en deuda con mi agente, Peter Bernstein, que mantuvo la fe en este proyecto y con mi editora en Dey Street/HarperCollins, Jessica Sindler, que posee una sorprendente capacidad para darle forma al material que le entrego para hacerlo hablar al mundo moderno. Durante mi mejor época en Yale me beneficié en gran medida de las ideas y las bondades de varios preciados colegas que visitaron cada año el «curso de genios» para servir como «presentadores invitados». Entre ellos estuvieron el profesor de física Doug Stone, de quien aprendí enormemente; el matemático Jim Rolf; el microbiólogo y ahora rector de Yale, Scott Strobel; y finalmente el Primer Oficial de Inversiones, David Swensen, a quien yo siempre guardaba para la última clase porque, como filántropo generoso que es, entendía que aunque el genio necesita dinero, el dinero no es genio. Además, a lo largo de los años me beneficié de media docena de presentaciones en la clase de la dotada neurocientífica Caroline Robertson, ahora en Dartmouth, así como de las visitas de la difunta novelista Anita Shreve, el difunto historiador de arte David Rosand, los empresarios Roger McNamee y Kevin Ryan; Peter Gelb, director del Metropolitan Opera y el extraordinario provocador cultural Adam Glick. Con un tema tan amplio como la genialidad, yo buscaba ayuda constantemente para diferentes temas, y la recibí de forma generosa de mi amigo de muchos años Leon Plantinga (Beethoven), Kitty Ferguson (Hawking), el premio Nobel Kip Thorne (ideación entre los físicos), Lucas Swineford (educación en línea) y Jack Meyers, presidente de los Archivos Rockefeller. Varias personas con gran amabilidad criticaron los capítulos, entre ellos mi hijo Christopher, mi nuera Melanie, mi colega Keith Polk, mis vecinos Pam Reiter, Ken Marsh y Bashar Nejidwi, y el latoso editor Clark Baxter, que tiene un talento especial para lanzar frases brillantes que dan en un blanco que nadie más puede ver. ¡Gracias a todos ustedes!

NOTAS

Introducción. Dar en el blanco oculto

1. George Eliot, *Middlemarch* (Ware, Hertfordshire, Reino Unido: Wordsworth Editions, 1994), 620.
2. Darrin M. McMahon, *Divine Fury: A History of Genius* (Nueva York: Basic Books, 2013), 229.
3. La extraña historia póstuma del cerebro de Einstein se narra en Michael Paterniti, *Driving Mr. Albert: A Trip Across America with Einstein's Brain* (Nueva York: Random House, 2001).
4. Paul G. Bahn, «The Mystery of Mozart's Skull: The Face of Mozart», *Archeology* (marzo-abril de 1991): 38-41; Luke Harding, «DNA Detectives Discover More Skeletons in Mozart Family Closet», *The Guardian*, 8 de enero de 2006, https://www.theguardian.com/world/2006/jan/09/arts.music.
5. «Leonardo da Vinci's DNA: Experts Unite to Shine Modern Light on a Renaissance Genius», EurekAlert!, 5 de mayo de 2016, https://www.eurekalert.org/pub_releases/2016-05/tca-ldv050316.php.
6. Paul Israel, *Edison: A Life of Invention* (Nueva York: John Wiley & Sons, 1998), 119-120.
7. Según la traducción del alemán original en Arthur Schopenhauer, *Die Welt als Wille und Vorstellung*, 3a ed., vol. 2, libro 3, cap. 31 (Leipzig: Brockhaus, 1859), https://www.amazon.com/Die-Welt-Wille-Vorstellung-German/dp/3843040400, 627.
8. Dylan Love, «The 13 Most Memorable Quotes from Steve Jobs», *Business Insider*, 5 de octubre de 2011, https://www.businessinsider.com/the-13-most-memorable-quotes-from-steve-jobs-2011-10.
9. Nikola Tesla, *My Inventions: The Autobiography of Nikola Tesla*, editado por David Major (Middletown, Delaware: Philovox, 2016), 55.
10. Immanuel Kant, *Critique of Pure Reason*, citado en McMahon, *Divine Fury*, 90.
11. Véase Mihaly Csikszentmihalyi, «Implications of a Systems Perspective for the Study of Creativity», en *Handbook of Creativity*, editado por Robert J. Sternberg (Cambridge, Reino Unido: Cambridge University Press, 1999), 311-334.

Capítulo 1. ¿Don o trabajo duro?

1. Platón, *Apology*, traducido al inglés por Benjamin Jowett, párr. 8, http://classics.mit.edu/Plato/apology.html.
2. Charles Darwin, *The Autobiography of Charles Darwin*, editado por Nora Barlow (Nueva York: W. W. Norton, 1958), 38.
3. Simone de Beauvoir, *The Second Sex*, editado y traducido por H. M. Parshley (Nueva York: Random House, 1989), 133.
4. Giorgio Vasari, *The Lives of the Artists*, traducido al inglés por Julia Conaway Bondanella y Peter Bondanella (Oxford, Reino Unido: Oxford University Press, 1991), 284.
5. Leonardo da Vinci, *Codex Atlanticus*, citado en Walter Isaacson, *Leonardo da Vinci* (Nueva York: Simon & Schuster, 2017), 179.
6. Carmen C. Bambach, *Michelangelo: Divine Draftsman and Designer* (New Haven, Connecticut: Yale University Press, 2017), 35, 39.
7. Citado en Helia Phoenix, *Lady Gaga: Just Dance: The Biography* (Londres: Orion Books, 2010), 84.
8. Lewis Lockwood, *Beethoven: The Music and the Life* (Nueva York: W. W. Norton, 2003), 12.
9. Tom Lutz, «Viewers Angry After Michael Phelps Loses Race to Computer-Generated Shark», *The Guardian*, 24 de julio de 2017, https://www.theguardian.com/sport/2017/jul/24/michael- phelps-swimming-race-shark-discovery-channel.
10. Danielle Allentuck, «Simone Biles Takes Gymnastics to a New Level. Again», *The New York Times*, 9 de agosto de 2019, https://www.nytimes.com/2019/08/09/sports/gymnastics-simone-biles.html.
11. Sade Strehlke, «How August Cover Star Simone Biles Blazes Through Expectations», *Teen Vogue* (30 de junio de 2016), https://www.teenvogue.com/story/simone-biles-summer-olympics-cover-august-2016.
12. «Simone Biles Teaches Gymnastic Fundamentals», MasterClass, 2019, clase 3, en el minuto 0:50.
13. Francis Galton, *Hereditary Genius: An Inquiry into Its Laws and Consequences* (Londres: MacMillan, 1869), http://galton.org/books/hereditary-genius/1869-FirstEdition/hereditarygenius1869galt.pdf, 1.
14. Sobre la crianza de caballos y la endogamia, véase Allison Schrager, «Secretariat's Kentucky Derby Record Is Safe, Thanks to the Taxman», *The Wall Street Journal*, 3 de mayo de 2019, https://www.wsj.com/articles/secretariats-kentucky-derby-record-is-safe-thanks-to-the-taxman-11556920680. En cuanto al tema del determinismo biológico

en general, véase Stephen Jay Gould, *The Mismeasure of Man* (Nueva York: W. W. Norton, 1981), cap. 5.

15. Véase Robert Plomin, *Nature and Nurture: An Introduction to Human Behavioral Genetics* (Belmont, CA: Wadsworth, 2004).
16. Andrew Robinson, *Sudden Genius? The Gradual Path to Creative Breakthroughs* (Oxford, Reino Unido: Oxford University Press, 2010), 9.
17. Citado en *ibid.*, 256.
18. Dean Keith Simonton, «Talent and Its Development: An Emergenic and Epigenetic Model», *Psychological Review* 106, núm. 3 (julio de 1999): 440.
19. David T. Lykken, «The Genetics of Genius», en *Genius and the Mind: Studies of Creativity and Temperament*, editado por Andrew Steptoe (Oxford, Reino Unido: Oxford University Press, 1998), 28; Robinson, *Sudden Genius?*, 256.
20. Havelock Ellis, *A Study of British Genius* (Londres: Hurst and Blackett, 2017 [1904]), ff. 94.
21. Gilbert Gottlieb, «Normally Occurring Environmental and Behavioral Influences on Gene Activity: From Central Dogma to Probabilistic Epigenesis», *Psychological Review* 105, núm. 3 (1995): 792-802.
22. K. Anders Ericsson, Ralf Th. Krampe y Clemens Tesch-Römer, «The Role of Deliberate Practice in the Acquisition of Expert Performance», *Psychological Review* 100, vol. 3 (julio de 1993): 363-406. Véase también John A. Sloboda, Jane W. Davidson, Michael J. A. Howe y Derek G. Moore, «The Role of Practice in the Development of Performing Musicians», *British Journal of Psychology* 87 (mayo de 1996): 287-309.
23. Ericsson *et al.*, «The Role of Deliberate Practice», 397.
24. Ellen Winner, *Gifted Children: Myths and Realities* (Nueva York: Basic Books, 1997), 3.
25. Sobre la profesión de Cézanne, véase Alex Danchev, *Cézanne: A Life* (Nueva York: Random House, 2012), 106, 110, 116; Lawrence Gowing, *Cézanne: The Early Years* (Nueva York: Harry N. Abrams, 1988), 110.
26. *La Voz de Galicia*, febrero 21, 1895, citado en John Richardson, *A Life of Picasso: The Prodigy*, 1881-1906 (Nueva York: Alfred A. Knopf, 1991), 55.
27. Richardson, *A Life of Picasso*, 67.
28. David W. Galenson, *Old Masters and Young Geniuses* (Princeton, NJ: Princeton University Press, 2006), 24.

29. *Ibid.*, 23.
30. Danchev, *Cézanne*, 12.
31. «'The Father of Us All'», *Artsy*, 6 de febrero de 2014, https://www.artsy.net/article/matthew-the-father-of-us-all.
32. Brooke N. MacNamara, David Z. Hambrick y Frederick L. Oswald, «Deliberate Practice and Performance in Music, Games, Sports, Education, and Professions: A Meta-analysis», *Psychological Science* 8 (julio de 2014): 1608-1618.
33. Resumen de correo electrónico del 4 de agosto de 2019, al que el señor Chen agregó lo siguiente: «P.S. Le leí esto a mi madre china, y no está de acuerdo con el argumento de 20 a 80%. Piensa que el trabajo está por encima de todo, 80% trabajo 20% suerte/oportunidad. Mentalidad de madre tigre, ¿verdad? Es interesante cómo las diferentes culturas y la educación pueden influir en la opinión de uno sobre estos temas».
34. Sobre el desarrollo de una prueba de CI estandarizada, véase Simonton, «Talent and Its Development», 440-448; Darrin McMahon, *Divine Fury: A History of Genius* (Nueva York: Basic Books, 2013), 178-185.
35. Deborah Solomon, «The Science of Second-Guessing», *The New York Times*, 12 de diciembre de 2004, https://www.nytimes.com/2004/12/12/magazine/the-science-of-secondguessing.html.
36. Martin André Rosanoff, «Edison in His Laboratory», *Harper's Magazine* (septiembre de 1932), https://harpers.org/archive/1932/09/edison-in-his-laboratory/.
37. Gould, *The Mismeasure of Man*, 56-57.
38. *Griggs v. Duke Power Company*, 1971. No obstante, las pruebas de CI y similares se pueden seguir utilizando si son un indicador de desempeño en el trabajo y no discriminan sobre la base de la raza, la religión, la nacionalidad o el género.
39. William E. Sedlacek, *Beyond the Big Test: Noncognitive Assessment in Higher Education* (San Francisco: Jossey-Bass, 2004), 61-63.
40. Catherine Rampell, «SAT Scores and Family Income», *The New York Times*, 27 de agosto de 2009, https://economix.blogs.nytimes.com/2009/08/27/sat-scores-and-family-income/; Zachary Goldfarb, «These Four Charts Show How the SAT Favors Rich, Educated Families», *The Washington Post*, 5 de marzo de 2014, https://www.washingtonpost.com/news/wonk/wp/2014/03/05/these-four-charts-show-how-the-sat-favors-the-rich-educated-families/; Sedlacek, *Beyond the Big Test*, 68.
41. Aamer Madhani, «University of Chicago Becomes the First Elite College to Make SAT, ACT Optional for Applicants», *USA Today*, 14

de junio de 2018, https://www.usatoday.com/story/news/2018/06/14/university-chicago-sat-act-optional/701153002/.

42. Anemona Hartocollis, «University of California Is Sued over Use of SAT and ACT», *The New York Times*, 10 de diciembre de 2019, https://www.nytimes.com/2019/12/10/us/sat-act-uc-lawsuit.html.
43. Véase, por ejemplo, Lenora Chu, *Little Soldiers: An American Boy, a Chinese School, and the Global Race to Achieve* (Nueva York: HarperCollins, 2017), 252; Sedlacek, *Beyond the Big Test*, 60.
44. Caitlin Macy, «AP Tests Are Still a Great American Equalizer», *The Wall Street Journal*, 22 de febrero de 2019, https://www.wsj.com/articles/ap-tests-are-still-a-great-american-equalizer-11550854920.
45. Véase, por ejemplo, Caroline Goldenberg, «School Removes AP Courses for Incoming Freshmen», *Horace Mann Record*, 5 de junio de 2018, https://record.horacemann.org/2078/uncategorized/school-removes-ap-courses-for-incoming-freshman-class/.
46. Adam Grant, «What Straight-A Students Get Wrong», *The New York Times*, 8 de diciembre de 2018, https://www.nytimes.com/2018/12/08/opinion/college-gpa-career-success.html.
47. Tom Clynes, «How to Raise a Genius», *Nature* (7 de septiembre de 2016), https://www.nature.com/news/how-to-raise-a-genius-lessons-from-a-45-year-study-of-super-smart-children-1.20537.
48. Según resumen en Nancy Andreasen, *The Creating Brain: The Neuroscience of Genius* (Nueva York: Dana Foundation, 2005), 10-13. Véase también Barbara Burks, Dortha Jensen y Lewis Terman, *Genetic Studies of Genius, vol. 3: The Promise of Youth: Follow-Up Studies of a Thousand Gifted Students* (Stanford, CA: Stanford University Press, 1930).
49. Marjorie Garber, «Our Genius Problem», *The Atlantic* (diciembre de 2002), https://www.theatlantic.com/magazine/archive/2002/12/our-genius-problem/308435/.
50. Malcolm Jones, «How Darwin and Lincoln Shaped Us», *Newsweek* (28 de junio de 2008), https://www.newsweek.com/how-darwin-and-lincoln-shaped-us-91091.
51. Thomas Montalbo, «Churchill: A Study in Oratory: Seven Lessons in Speechmaking from One of the Greatest Orators of All Time», International Churchill Society, https://winstonchurchill.org/publications/finest-hour/finest-hour-069/churchill-a-study-in-oratory/.
52. Ann Hulbert, *Off the Charts* (Nueva York: Alfred A. Knopf, 2018), 56. Andrew Robinson, «Is High Intelligence Necessary to be a Genius?», *Psychology Today* (2 de enero de 2011), https://www.psychologytoday.com/us/blog/sudden-genius/201101/is-high-intelligence-necessary-be-genius.

53. J. K. Rowling, *Very Good Lives: The Fringe Benefits of Failure and the Importance of Imagination* (Nueva York: Little, Brown, 2008), 23.
54. Walter Isaacson, *Albert Einstein: His Life and Universe* (Nueva York: Simon & Schuster, 2007), 48.
55. Duncan Clark, *Alibaba: The House That Jack Ma Built* (Nueva York: HarperCollins, 2016), 44.
56. Michael Barrier, *The Animated Man: A Life of Walt Disney* (Berkeley: University of California Press, 2007), 18-19.
57. Jaime Sabartés, *Picasso: An Intimate Portrait* (Londres: W. H. Allen, 1948), 36-39. Véase también Roland Penrose, *Picasso: His Life and Work*, 3a ed. (Berkeley: University of California Press, 1981), 18-19; Richardson, *A Life of Picasso*, 33.
58. Howard Gardner, *Frames of Mind: The Theory of Multiple Intelligences* (Nueva York: Basic Books, 1983), especialmente el cap. 4.
59. Rowling, *Very Good Lives*, 11-23.
60. Alison Flood, «JK Rowling's Writing Advice: Be a Gryffindor», *The Guardian*, 8 de enero de 2019, https://www.theguardian.com/books/booksblog/2019/jan/08/jk-rowlings-writing-advice-be-a-gryffindor.
61. Algunos psicólogos han hecho justo eso. Véase Robert Sternberg, Juan-Luis Castejon, M. Prieto, *et al.*, «Confirmatory Factor Analysis of the Sternberg Triarchic Abilities Test in Three International Samples: An Empirical Test of the Triarchic Theory of Intelligence», *European Journal of Psychological Assessment* 17, núm. 1 (2001): 1-16.
62. Abraham J. Tannenbaum, «The IQ Controversy and the Gifted», en *Intellectual Talent*, editado por Camilla Benbow y David Lubinsky (Baltimore: Johns Hopkins University Press, 1996), 70-74; Anders Ericsson y Robert Pool, *Peak: Secrets from the New Science of Expertise* (Boston: Houghton Mifflin Harcourt, 2016), 235. Véase también Robert Sternberg, *Wisdom, Intelligence, and Creativity Synthesized* (Cambridge, Reino Unido: Cambridge University Press, 2003).
63. Citado en Casey Miller y Keivan Stassun, «A Test That Fails», *Nature* 510 (2014): 303–304, https://www.nature.com/naturejobs/science/articles/10.1038/nj7504-303a. Véase también Robert J. Sternberg y Wendy M. Williams, «Does the Graduate Record Exam Predict Meaningful Success and Graduate Training of Psychologists? A Case Study», *American Psychologist* 52, núm. 6 (junio de 1997): 630-641.
64. William Sedlacek, correo electrónico al autor, 2 de octubre de 2019.
65. Véase George Anders, «You Can Start Anywhere», en Anders, *You Can Do Anything: The Surprising Power of a «Useless» Liberal Arts Education* (Nueva York: Little, Brown, 2017), esp. 58.

66. Malcolm Gladwell, *Outliers: The Story of Success* (Nueva York: Little, Brown, 2008), 80-84.
67. Billy Witz, Jennifer Medina y Tim Arango, «Bribes and Big-Time Sports: U.S.C. Finds Itself, Once Again, Facing Scandal», *The New York Times*, 14 de marzo de 2019, https://www.nytimes.com/2019/03/14/us/usc-college-cheating-scandal-bribes.html.
68. Melissa Korn y Jennifer Levitz, «In College Admissions Scandal, Families from China Paid the Most», *The Wall Street Journal*, 26 de abril de 2019, https://www.wsj.com/articles/the-biggest-clients-in-the-college-admissions-scandal-were-from-china-11556301872.
69. John Bacon y Joey Garrison, «Ex–Yale Coach Pleads Guilty for Soliciting Almost $1 Million in Bribes in College Admissions Scandal», *USA Today*, 28 de marzo de 2019, https://www.usatoday.com/story/news/nation/2019/03/28/rudy-meredith-ex-yale-coach-expected-plead-guilty-college-admissions-scam/3296720002/; Melissa Korn, «How to Fix College Admissions», *The Wall Street Journal*, 29 de noviembre de 2019, https://www.wsj.com/articles/how-to-fix-college-admissions-11575042980.
70. Atribuido por mucho tiempo a Einstein, pero véase «Everybody Is a Genius. But If You Judge a Fish by Its Ability to Climb a Tree, It Will Live Its Whole Life Believing That It Is Stupid», Quote Investigator, 6 de abril de 2013, https://quoteinvestigator.com/2013/04/06/fish-climb/.

Capítulo 2. Genio y género

1. Catherine Nichols, «Homme de Plume: What I Learned Sending My Novel Out Under a Male Name», *Jezebel*, 4 de agosto de 2015, https://jezebel.com/homme-de-plume-what-i-learned-sending-my-novel-out-und-1720637627.
2. Véase, por ejemplo, «Employers' Replies to Racial Names», *National Bureau of Economic Research*, https://www.nber.org/digest/sep03/w9873.html.
3. Véase, por ejemplo, «Publishing Industry is Overwhelmingly White and Female, US Study Finds», *The Guardian*, 27 de enero de 2016, https://www.theguardian.com/books/2016/jan/27/us-study-finds-publishing-is-overwhelmingly-white-and-female.
4. Sheryl Sandberg, «Women at Work: Speaking While Female», *The New York Times*, 12 de enero de 2015, https://www.nytimes.com/2015/01/11/opinion/sunday/speaking-while-female.html.
5. Christopher F. Karpowitz, Tali Mendelberg, and Lee Shaker, «Gender Inequality in Deliberative Participation», *American Political*

Science Review 106, núm. 3 (agosto de 2012): 533–47, https://pdfs.semanticscholar.org/c0ef/981e1191a7ff3ca6a63f205aef12f64d-2f4e.pdf?_ga=2.81127703.1000116753.1584135252l227194247.1574373344.

6. Catherine Hill, Christianne Corbett y Andresse St. Rose, *Why So Few? Women in Science, Technology, Engineering, and Mathematics*, AAUW, febrero de 2010, https://www.aauw.org/aauw_check/pdf_download/show_pdf.php?file=why-so-few-research.
7. Suzanne Choney, «Why Do Girls Lose Interest in STEM? New Research Has Some Answers —and What We Can Do About It», Microsoft Stories, 13 de marzo de 2018, https://news.microsoft.com/features/why-do-girls-lose-interest-in-stem-new-research-has-some-answers-and-what-we-can-do-about-it/.
8. Dean Keith Simonton, *Greatness: Who Makes History and Why* (Nueva York: Guilford Press, 1994), 33-34.
9. *Ibid.*, 37.
10. Virginia Woolf, *A Room of One's Own* (Nueva York: Fountain Press, 2012 [1929]), 24.
11. *Ibid.*, 48.
12. *Ibid.*, 56.
13. Citado en George Gordon, *Lord Byron, The Works of Lord Byron, with His Letters and Journals, and His Life*, vol. 2, editado por Thomas Moore (Nueva York: J. & J. Harper, 1830-1831), 275.
14. Sean Smith, *J. K. Rowling: A Biography: The Genius Behind Harry Potter* (Londres: Michael O'Mara Books, 2001), 132.
15. Woolf, *A Room of One's Own*, 53-54.
16. *Ibid.*, 56.
17. *Ibid.*, 35.
18. Byron, *The Works of Lord Byron*, vol. 2, 399.
19. Citado en Cecil Gray, *A Survey of Contemporary Music* (Londres: Oxford University Press, 1924), 246.
20. Charles Darwin, «This Is the Question», en *The Autobiography of Charles Darwin*, 1809-1882, editado por Nora Barlow (Nueva York: W. W. Norton, 1958), 195-196.
21. Françoise Gilot y Carlton Lake, *Life with Picasso* (Londres: McGraw-Hill, 2012 [1964]), 77.
22. Arthur Schopenhauer, *The World as Will and Idea*, 6a ed., vol. 3, traducido por R. B. Haldane y J. Kemp (Londres: Kegan Paul, 1909), Project Gutenberg, http://www.gutenberg.org/files/40868/40868-h/40868-h.html, 158.

23. Arthur Schopenhauer, *The Essays of Schopenhauer*, editado por Juliet Sutherland, Project Gutenberg, https://www.gutenberg.org/files/11945/11945-h/11945-h.htm#link2H_4_0009.
24. Citado en Darrin McMahon, *Divine Fury: A History of Genius* (Nueva York: Basic Books, 2013), 161.
25. Emma Brockes, «Return of the Time Lord», *The Guardian*, 27 de septiembre de 2005, https://www.theguardian.com/science/2005/sep/27/scienceandnature.highereducationprofile.
26. Suzanne Goldenberg, «Why Women Are Poor at Science, by Harvard President», *The Guardian*, 18 de enero de 2005, https://www.theguardian.com/science/2005/jan/18/educationsgendergap.genderissues.
27. Alexander Moszkowski, *Conversations with Einstein*, traducido por Henry L. Brose (Nueva York: Horizon Press, 1970), 79.
28. Nikolaus Pevsner, *Academies of Art, Past and Present* (Cambridge, Reino Unido: Cambridge University Press, 1940), 231; Linda Nochlin, «Why Have There Been No Great Women Artists?», 1971, http://davidrifkind.org/fiu/library_files/Linda%20Nochlin%20%20Why%20have%20there%20been%20no%20Great%20Women%20Artists.pdf.
29. Peter Saenger, «The Triumph of Women Artists», *The Wall Street Journal*, 23 de noviembre de 2018, https://www.wsj.com/articles/the-triumph-of-women-artists-1542816015.
30. Anna Klumpke, *Rosa Bonheur: Sa vie, son oeuvre* (París: Flammarion, 1908), 308-309.
31. Alan Greenspan y Adrian Wooldridge, *Capitalism in America: A History* (Nueva York: Random House, 2018), 363.
32. Citado en Jerome Karabel, *The Chosen: The Hidden History of Admission and Exclusion at Harvard, Yale and Princeton* (Nueva York: Mariner Books, 2014), 444.
33. Celestine Bohlen, «Breaking the Cycles That Keep Women Out of Tech-Related Professions», *The New York Times*, 26 de noviembre de 2018, https://www.nytimes.com/2018/11/20/world/europe/women-in-stem.html?searchResultPosition=9.
34. Esta y la cita de Mendelssohn provienen de Craig Wright, *Listening to Music*, 7a ed. (Boston: Cengage Learning, 2017), 252-253.
35. Mason Currey, *Daily Rituals: How Artists Work* (Nueva York: Alfred A. Knopf, 2018), 44.
36. Alexandra Popoff, *The Wives: The Women Behind Russia's Literary Giants* (Nueva York: Pegasus, 2012), 68.
37. «Hatshepsut», Western Civilization, ER Services, https://courses.lumenlearning.com/suny-hccc-worldhistory/chapter/hatshepsut/.

38. Sobre las esculturas de Hatshepsut y sus historias en el Museo Metropolitano de Arte, Nueva York, véase «Large Kneeling Statue of Hatshepsut, ca. 1479–1458 B.C.», https://www.metmuseum.org/art/collection/search/544449 y especialmente «Sphinxof of Hatshepsut», https://www.metmuseum.org/toah/works-of-art/31.3.166/.
39. Para una visión general de Hildegard of Bingen, véase la introducción de Barbara Newman a su *Saint Hildegard of Bingen: Symphonia* (Ithaca, NY: Cornell University Press, 1988) y Mathew Fox, *Hildegard of Bingen: A Saint for Our Times* (Vancouver: Namaste, 2012). Para ver ejemplos de escritura, véase Sabina Flanagan, *Secrets of God: Writings of Hildegard of Bingen* (Boston: Shambhala, 1996). Para muestras de sus cartas, véase Matthew Fox, ed., *Hildegard of Bingen's Book of Divine Works with Letters and Songs* (Santa Fe, NM: Bear & Co, 1987).
40. Un ejemplo es el cuadro *Lot and his Daughters*, antes atribuido a Bernardo Cavallino, en el Museo de Arte de Toledo. Véase Josef Grabski, «On Seicento Painting in Naples: Some Observations on Bernardo Cavallino, Artemisia Gentileschi and Others», *Artibus et Historiae* 6, núm. 11 (1985): 23-63. Véase también Sarah Cascone, «Sotheby's Offers Lost Artemisia Gentileschi Masterpiece», *Artnet News*, 10 de junio de 2014, https://news.artnet.com/market/sothebys-offers-lost-artemisia-gentileschi-masterpiece-37273.
41. Sobre el juicio, véase Tracy Marks, «Artemesia: The Rape and the Trial», http://www.webwinds.com/artemisia/trial.htm.
42. Sobre Ada Lovelace, véase, por ejemplo, Betty A. Toole, *Ada, the Enchantress of Numbers: Prophet of the Computer Age* (Moreton-in-Marsh, Gloucestershire, Reino Unido: Strawberry Press, 1998) y William Gibson y Bruce Sterling, *The Difference Engine: A Novel* (Nueva York: Bantam Books, 1991). Una buena sinopsis de Lovelace como visionaria de las computadoras aparece en Walter Isaacson, *The Innovators: How A Group of Hackers, Geniuses, and Geeks Created the Digital Revolution* (Nueva York: Simon & Schuster, 2014), 7-33.
43. Véase Ruth Levin Sime, *Lise Meitner: A Life in Physics* (Berkeley: University of California Press, 1996), https://www.washingtonpost.com/wp-srv/style/longterm/books/chap1/lisemeitner.htm?noredirect=on.
44. Adam Parfrey y Cletus Nelson, *Citizen Keane: The Big Lies Behind the Big Eyes* (Port Townsend, WA: Feral House, 2014).
45. Ariane Hegewisch y Emma Williams-Baron, «The Gender Wage Gap: 2017 Earnings Differences by Race and Ethnicity», *Institute for Women's Policy Research*, 7 de marzo de 2018, https://iwpr.org/publications/gender-wage-gap-2017-race-ethnicity/.

46. Rachel Bachman, «Women's Team Sues U.S. Soccer», *The Wall Street Journal*, 9 de marzo de 2019, https://www.wsj.com/articles/u-s-womens-soccer-team-alleges-gender-discrimination-11552059299.
47. Gené Teare, «In 2017, Only 17% of Startups Have a Female Founder», TC, 19 de abril de 2017, https://techcrunch.com/2017/04/19/in-2017-only-17-of-startups-have-a-female-founder/; Valentina Za-rya, «Female Founders Got only 2% of Venture Capital in 2017», *Fortune* (31 de enero de 2018), https://fortune.com/2018/01/31/female-founders-venture-capital-2017/.
48. Adnisha Padnani, «How an Obits Project on Overlooked Women Was Born», *The New York Times*, 8 de marzo de 2018, https://www.nytimes.com/2018/03/08/insider/overlooked-obituary.html.
49. Mary Ann Sieghart, «Why Are Even Women Biased Against Women?», BBC Radio 4, 4 de febrero de 2018, https://www.bbc.co.uk/programmes/b09pl66d. Véase también Caroline Heldman, Meredith Conroy y Alissa R. Ackerman, *Sex and Gender in the 2016 Presidential Election* (Santa Barbara, CA: Praeger, 2018).
50. Adrian Hoffmann y Jochen Musch, «Prejudice Against Women Leaders: Insights from an Indirect Questioning Approach», *Sex Roles* 80, núms. 11-12 (junio de 2019): 681-692, https://link.springer.com/article/10.1007/s11199-018-0969-6.
51. Mahzarin R. Banaji y Anthony G. Greenwald, *Blind Spot: Hidden Biases of Good People* (Nueva York: Bantam Books, 2013).
52. Hill *et al.*, *Why So Few?*, 74.
53. Corinne A. Moss-Racusin, John F. Dovidio, Victoria L. Brescoll, *et al.*, «Science Faculty's Subtle Gender Biases Favor Male Students», *Proceedings of the National Academy of Sciences of the United States of America*, 9 de octubre de 2012, https://www.pnas.org/content/109/41/16474.
54. Banaji y Greenwald, *Blind Spot*, 115.
55. Brigid Schulte, «A Woman's Greatest Enemy? A Lack of Time to Herself», *The Guardian*, 21 de julio de 2019, https://www.theguardian.com/commentisfree/2019/jul/21/woman-greatest-enemy-lack-of-time-themselves.
56. Seth Stephens-Davidowitz, «Google, Tell Me. Is My Son a Genius?», *The New York Times*, 18 de enero de 2014, https://www.nytimes.com/2014/01/19/opinion/sunday/google-tell-me-is-my-son-a-genius.html.
57. Simonton, *Greatness*, 37.

Capítulo 3. Evita la burbuja del prodigio

1. Véase también Melissa Eddy, «A Musical Prodigy? Sure, but Don't Call Her 'a New Mozart'», *The New York Times*, 14 de junio de 2019, https://www.nytimes.com/2019/06/14/world/europe/alma-deutscher-prodigy-mozart.html.
2. «British Child Prodigy's Cinderella Opera Thrills Vienna», *BBC News*, 30 de diciembre de 2016, https://www.bbc.com/news/world-europe-38467218.
3. Otto Erich Deutsch, *Mozart: A Documentary Biography*, traducido por Eric Blom, Peter Branscombe y Jeremy Noble (Stanford, CA: Stanford University Press, 1965), 9.
4. Mozart tuvo dos hijos que hicieron más que salpicarse de música: Carl Thomas (1784-1858), que estudió para ser músico pero terminó como funcionario público en Milán, y Franz Xaver (1791-1844), que se ganaba la vida como compositor, maestro de piano y concertista ocasional. Ninguno dejó descendencia.
5. Erich Schenk, «Mozarts Salzburger Vorfahren», *Mozart-Jahrbuch* 3 (1929): 81-93; Erich Schenk, *Mozart and His Times*, editado y traducido por Richard y Clara Winston (Nueva York: Knopf, 1959), 7-8; Erich Valentin, «Die Familie der Frau Mozart geb. Pertl», en Valentin, *«Madame Mutter»: Anna Maria Walburga Mozart* (1720-1778) (Augsburg, Germany: Die Gesellschaft, 1991).
6. Deutsch, *Mozart*, 445.
7. *Ibid.*, 27.
8. «Prodigy», *The Compact Oxford English Dictionary* (Oxford, Reino Unido: Oxford University Press, 1991).
9. *Inside Bill's Brain: Decoding Bill Gates*, Netflix, septiembre de 2019, episodio 1.
10. Yo-Yo Ma, conversación con el autor, Tanglewood, MA, 14 de agosto de 2011.
11. Dean Keith Simonton, Kathleen A. Taylor y Vincent Cassandro, «The Creative Genius of William Shakespeare: Histiometric Analyses of His Plays and Sonnets», en *Genius and the Mind: Studies of Creativity and Temperament*, editado por Andrew Steptoe (Oxford, Reino Unido: Oxford University Press, 1998), 180.
12. Deutsch, *Mozart*, 360.
13. Cliff Eisen, *New Mozart Documents: A Supplement to O. E. Deutsch's Documentary Biography* (Stanford, CA: Stanford University Press, 1991), 14.

14. Alissa Quart, *Hothouse Kids: The Dilemma of the Gifted Child* (Nueva York: Penguin, 2006), 77; *My Kid Could Paint That*, Sony Pictures Classic, 2007.
15. Deutsch, *Mozart*, 494.
16. Marin Alsop, conversación con el autor, New Haven, CT, 22 de mayo de 2017.
17. Scott Barry Kaufman y Carolyn Gregoire, *Wired to Create: Unraveling the Mysteries of the Creative Mind* (Nueva York: Random House, 2016), 151.
18. Citada en Helia Phoenix, *Lady Gaga: Just Dance: The Biography* (Londres: Orion House, 2010), 44-45.
19. Citado en Dean Keith Simonton, *Greatness: Who Makes History and Why* (Nueva York: Guilford Press, 1994), 243.
20. Ellen Winner, *Gifted Children: Myths and Realities* (Nueva York: Basic Books, 1996), 10; Alissa Quart, *Hothouse Kids: The Dilemma of the Gifted Child* (Nueva York: Alfred A. Knopf, 2006), 204-205; Ann Hulbert, *Off the Charts: The Hidden Lives and Lessons of American Child Prodigies* (Nueva York: Alfred A. Knopf, 2018), 283, 291.
21. Maynard Solomon, *Mozart: A Life* (Nueva York: Simon & Schuster, 1995), 177-209.
22. Leopold, carta a Wolfgang, 12 de febrero de 1778, en *The Letters of Mozart and His Family*, editado por Emily Anderson (Londres: Macmillan, 1985), 478.
23. Leopold, carta a Wolfgang, 18 de diciembre de 1777, *ibid.*, 423.
24. Wolfgang Mozart, carta a Leopold, 21 de julio de 1778, *ibid.*, 587.
25. Liz Schumer, «Why Mentoring Matters and How to Get Started», *The New York Times*, 30 de septiembre de 2018, https://www.nytimes.com/2018/09/26/smarter-living/why-mentoring-matters-how-to-get-started.html.
26. Citado en John Richardson, *A Life of Picasso: The Prodigy*, 1881-1906 (Nueva York: Alfred A. Knopf, 2007), 45.
27. Douglas Stone, presentación en clase, Exploring the Nature of Genius course, Universidad de Yale, 2 de febrero de 2014.
28. Los resultados del estudio inicial, que no pudieron ser duplicados, se publicaron en Frances H. Rauscher, Gordon L. Shaw y Catherine N. Ky, «Music and Spatial Task Performance», *Nature* 365, núm. 611 (14 de octubre de 1993). La expansión «Te hace más listo» fue introducida por el crítico de música Alex Ross en «Listening to Prozac. . . Er, Mozart», *The New York Times*, 28 de agosto de 1994, https://www.nytimes.com/1994/08/28/arts/classical-view-listening-to-prozac-er-mozart.html.

29. Tamar Levin, «No Einstein in Your Crib? Get a Refund», *The New York Times*, 23 de octubre de 2009, https://www.nytimes.com/2009/10/24/education/24baby.html.
30. Winner, *Gifted Children*, 280-281.
31. Hulbert, *Off the Charts*, 291. Sobre los «arrepentimientos del prodigio», véase Quart, *Hothouse Kids*, 210.

Capítulo 4. Imagina el mundo como lo hace un niño

1. La descripción de la noche proviene de Mary Shelley, *History of a Six Weeks' Tour Through a Part of France, Switzerland, Germany and Holland, with Letters...* (Londres: T. Hookham and C. and J. Ollier, 1817), https://archive.org/details/sixweekhistoryof00shelrich/page/98/mode/2up, 99-100. La identificación del día aparece en Fiona Sampson, *In Search of Mary Shelley* (Nueva York: Pegasus, 2018), 124.
2. Sobre Frankenstein y la cultura popular, véase *Frankenstein: How a Monster Became an Icon*, editado por Signey Perkowitz y Eddy von Mueller (Nueva York: Pegasus, 2018).
3. Véase, por ejemplo, Kathryn Harkup, *Making the Monster: The Science Behind Mary Shelley's Frankenstein* (Londres: Bloomsbury, 2018).
4. *Mary Shelley, Frankenstein: Annotated for Scientists, Engineers, and Creators of All Kinds*, editado por David H. Guston, Ed Finn y Jason Scott Robert (Cambridge, MA: MIT Press, 2017), 84.
5. La introducción se reproduce en *Frankenstein, Romantic Circles*, https://www.rc.umd.edu/editions/frankenstein/1831v1/intro.html.
6. Para la historia de la publicación y la recepción de Frankenstein, véase Harkup, *Making the Monster*, 253-55.
7. «Harry Potter and Me», Especial de Navidad de la BBC, versión británica, 28 de diciembre de 2001, transcrito por «Marvelous Marvolo» y Jimmi Thøgersen, http://www.accio-quote.org/articles/2001/1201-bbc-hpandme.htm.
8. *Idem*.
9. Véase, por ejemplo, Arianna Stassinopoulos Huffington, *Picasso: Maker and Destroyer* (Nueva York: Simon & Schuster, 1988), 379.
10. Citado en Ann Hulburt, *Off the Charts: The Hidden Lives and Lessons of American Child Prodigies* (Nueva York: Alfred A. Knopf, 2018), 260.
11. Citado en Howard Gardner, *Creating Minds: An Anatomy of Creativity* (Nueva York: Basic Books, 1993), 145.

12. Natasha Staller, «Early Picasso and the Origins of Cubism», *Arts Magazine* 61 (1986): 80-90; Gertrude Stein, *Gertrude Stein on Picasso*, editado por Edward Burns (Nueva York: Liveright, 1970).
13. Según fue narrado a Françoise Gilot, en Françoise Gilot and Carlton Lake, *Life with Picasso* (Nueva York: McGraw-Hill, 1990 [1964]), 113.
14. Citado en Max Wertheimer, *Productive Thinking* (Nueva York: Harper & Row, 1959), 213.
15. Albert Einstein, *Autobiographical Notes*, traducido y editado por Paul Schlipp (La Salle, IL: Open Court, 1979), 6-7.
16. *Ibid.*, 49; Walter Isaacson, *Einstein: His Life and Universe* (Nueva York: Simon & Schuster, 2007), 26; Peter A. Bucky, *The Private Albert Einstein* (Kansas City, MO: Universal Press, 1992), 26.
17. Citado en Isaacson, *Einstein*, 196.
18. J. Robert Oppenheimer, *Robert Oppenheimer: Letters and Recollections*, editado por Alice Kimball Smith y Charles Weiner (Cambridge, MA: Harvard University Press, 1980), 190.
19. Justin Gammill, «10 ACTUAL Quotes from Albert Einstein», 22 de octubre de 2015, *I Heart Intelligence*, https://iheartintelligence.com/2015/10/22/quotes-from-albert-einstein/.
20. Albert Einstein, carta a Otto Juliusburger, 29 de septiembre de 1942, *Albert Einstein Archives*, Hebrew University, Jerusalem, carpeta 38, documento 238.
21. J. Randy Taraborelli, *Michael Jackson: The Magic, the Madness, the Whole Story*, 1958-2009 (Nueva York: Grand Central Publishing, 2009), 201.
22. Goodreads, https://www.goodreads.com/quotes/130291-the-secret-of-genius-is-to-carry-the-spirit-of.
23. Dann Hazel y Josh Fippen, *A Walt Disney World Resort Outing: The Only Vacation Planning Guide Exclusively for Gay and Lesbian Travelers* (San Jose: Writers Club Press, 2002), 211.
24. «The Birth of a Mouse», haciendo referencia al ensayo de Walt Disney, «What Mickey Means to Me», Walt Disney Family Museum, 18 de noviembre de 2012, https://www.waltdisney.org/blog/birth-mouse.
25. Otto Erich Deutsch, *Mozart: A Documentary Biography*, traducido por Eric Blom, Peter Branscombe y Jeremy Noble (Stanford, CA: Stanford University Press, 1965), 462.
26. Mozart, carta a Maria Anna Thekla Mozart, 5 de noviembre de 1777, en Wolfgang Amadeus Mozart, *The Letters of Mozart and His Family*, editado por Emily Anderson (Londres: Macmillan, 1985), 358.

27. M. J. Coren, «John Cleese —How to Be Creative», Vimeo, https://vimeo.com/176474304.
28. Frida Kahlo, *The Diary of Frida Kahlo: An Intimate Self-Portrait* (Nueva York: Abrams, 2005), 245-247.
29. Deutsch, *Mozart*, 493.
30. Carta del 15 de enero de 1787, en Mozart, *The Letters of Mozart and His Family*, 904.
31. Jeff Bezos, *First Mover: Jeff Bezos in His Own Words*, editado por Helena Hunt (Chicago: Agate Publishing, 2018), 93.
32. Amihud Gilead, «Neoteny and the Playground of Pure Possibilities», *International Journal of Humanities and Social Sciences* 5, núm. 2 (febrero de 2015): 30-39, http://www.ijhssnet.com/journals/Vol_5_No_2_febrero_2015/4.pdf.
33. Stephen Jay Gould, «A Biological Homage to Mickey Mouse», https://faculty.uca.edu/benw/biol4415/papers/Mickey.pdf.
34. George Sylvester Viereck, «What Life Means to Einstein», *Saturday Evening Post* (26 de octubre de 1929), http://www.saturdayeveningpost.com/wp-content/uploads/satevepost/einstein.pdf, 117.
35. Traducción del autor de Charles Baudelaire, *Le Peintre de la vie moderne* (París: FB Editions, 2014 [1863]), 13.

Capítulo 5. Desarrolla codicia por aprender

1. Frank A. Mumby y R. S. Rait, *The Girlhood of Queen Elizabeth* (Whitefish, MT: Kessinger, 2006), 69-72.
2. «Queen Elizabeth I of England», *Luminarium: Anthology of English Literature*, http://www.luminarium.org/renlit/elizlet1544.htm.
3. Elizabeth I, *Elizabeth I: Collected Works*, editado por Leah S. Marcus, Janel Mueller y Mary Beth Rose (Chicago: University of Chicago Press, 2002), 182.
4. William Camden, *The Historie of the Most Renowned and Victorious Princess Elizabeth, Late Queen of England* (Londres: Benjamin Fisher, 1630), 6.
5. Elizabeth I, *Elizabeth I: Collected Works*, 332-335. Véase Folger Library, Washington, D.C., V.a.321, fol. 36, así como *Modern History Sourcebook: Queen Elizabeth I of England* (b. 1533, r. 1558-1603); *Selected Writing and Speeches*, https://sourcebooks.fordham.edu/mod/elizabeth1.asp.
6. Susan Engel, *The Hungry Mind: The Origins of Curiosity in Childhood* (Cambridge, MA: Harvard University Press, 2015), 17 y cap. 4.

7. Kenneth Clark, «The Renaissance», en *Civilisation: A Personal View*, 1969, http://www.historyaccess.com/therenaissanceby.html.
8. De Leonardo, *Codex Atlanticus*, fol. 611, citado en Ian Leslie, *Curious: The Desire to Know and Why Your Future Depends on It* (Nueva York: Basic Books, 2014), 16.
9. Fritjof Capra, *The Science of Leonardo: Inside the Mind of the Great Genius of the Renaissance* (Nueva York: Random House, 2007), 2.
10. Sigmund Freud, *Leonardo da Vinci and a Memory of His Childhood*, editado y traducido por Alan Tyson (Nueva York: W. W. Norton, 1964), 85.
11. Una lista de luminarias zurdas y algunas supuestas, aparece en Dean Keith Simonton, *Greatness: Who Makes History and Why* (Nueva York: Guilford Press, 1994), 22-24.
12. Sherwin B. Nuland, *Leonardo da Vinci: A Life* (Nueva York: Penguin, 2000), 17.
13. Citado en *ibid.*, 18.
14. Amelia Noor, Chew Chee y Asina Ahmed, «Is There a Gay Advantage in Creativity?» *The International Journal of Psychological Studies* 5, núm. 2 (2013), ccsenet.org/journal/index.php/ijps/article/view/24643.
15. Giorgio Vasari, «Life of Leonardo da Vinci», en Vasari, *Lives of the Most Eminent Painters, Sculptors, and Architects*, traducido por Lulia Conaway Bondanella y Peter Bondanella (Oxford, Reino Unido: Oxford University Press, 1991), 284, 294, 298.
16. Walter Isaacson, *Leonardo da Vinci* (Nueva York: Simon & Schuster, 2017), 397.
17. Leonardo da Vinci, *The Notebooks of Leonardo da Vinci*, editado por Edward MacCurdy (Nueva York: George Braziller, 1939), 166.
18. J. B. Bellhouse y F. H. Bellhouse, «Mechanism of Closure of the Aortic Valve», *Nature* 217 (1968), https://www.nature.com/articles/217086b0, 86-87.
19. Alastair Sooke, «Leonardo da Vinci—The Anatomist», *The Culture Show at Edinburgh*, BBC, 31 de diciembre de 2013, https://www.youtube.com/watch?v=-J6MdN_fucUu&t=9s.
20. Isaacson, *Leonardo da Vinci*, 412.
21. «Blurring the Lines», *National Geographic* (mayo de 2019), 68-69.
22. Citado en Marilyn Johnson, «A Life in Books», *Life* (septiembre de 1997), 47.
23. *Ibid.*, 53.
24. *Ibid.*, 60.

25. Oprah Winfrey, *Own It: Oprah Winfrey in Her Own Words*, editado por Anjali Becker y Jeanne Engelmann (Chicago: Agate, 2017), 77.
26. Benjamin Franklin, *Benjamin Franklin: The Autobiography and Other Writings*, editado por L. Jesse Lemisch (Nueva York: Penguin, 2014), 15.
27. Richard Bell, «The Genius of Benjamin Franklin», lecture, Northwestern University Law School, Chicago, 28 de septiembre de 2019.
28. Franklin, *Autobiography*, 18.
29. Citado en Bill Gates, *Impatient Optimist: Bill Gates in His Own Words*, editado por Lisa Rogak (Chicago: Agate, 2012), 107.
30. Franklin, *Autobiography*, 112.
31. La mayoría de los documentos primarios figuran en J. Bernard Cohen, *Benjamin Franklin's Experiments* (Cambridge, MA: Harvard University Press, 1941), 49 ff.
32. *The Papers of Benjamin Franklin*, 28 de marzo de 1747, https://franklinpapers.org/framedVolumes.jsp, 3, 115.
33. *Ibid.*, 25 de diciembre de 1750, https://franklinpapers.org/framedVolumes.jsp, 4, 82-83.
34. Peter Dray, *Stealing God's Thunder* (Nueva York: Random House, 2005), 97.
35. Franklin, carta a Jonathan Shipley, 24 de febrero de 1786, en *Franklin, Autobiography*, 290.
36. Nikola Tesla, *My Inventions: An Autobiography*, editado por David Major (San Bernardino, CA: Philovox, 2013), 15.
37. Extrapolando de lo que Tesla lee, en 1899, en una fotografía suya montada de forma similar en su laboratorio en el número 46-48 de Houston Street, en la parte sur de Manhattan.
38. W. Bernard Carlson, *Tesla: Inventor of the Electrical Age* (Princeton, NJ: Princeton University Press, 2013), 191.
39. *Ibid.*, 282.
40. Ambas citas son de Ashlee Vance, *Elon Musk: Tesla, SpaceX, and the Quest for a Fantastic Future* (Nueva York: HarperCollins, 2015), 33.
41. Shazmosushi, «Elon Musk Profiled: Bloomberg Risk Takers», 3 de enero de 2013, YouTube, https://www.youtube.com/watch?v=CT-Jt547--AM, a las 4:02.
42. *Ibid.*, a las 17:00.
43. Engel, *The Hungry Mind*, 33, 38.
44. Mary-Catherine McClain y Steven Pfeiffer, «Identification of Gifted Students in the United States Today: A Look at State Defini-

tions, Policies, and Practices», *Journal of Applied School Psychology* 28, núm. 1 (2012): 59-88, https://eric.ed.gov/?id=EJ956579.

45. «Eleanor Roosevelt: Curiosity Is the Greatest Gift», Big Think, 23 de diciembre de 2014, citando a *Today's Health* (octubre de 1966), https://bigthink.com/words-of-wisdom/eleanor-roosevelt-curiosity-is-the-greatest-gift.

46. Scott Kaufman, «Schools Are Missing What Matters About Learning», *The Atlantic* (24 de julio de 2017), https://www.theatlantic.com/education/archive/2017/07/the-underrated-gift-of-curiosity/534573/.

47. Henry Blodget, «I Asked Jeff Bezos the Tough Questions—No Profits, the Book Controversies, the Phone Flop—and He Showed Why Amazon Is Such a Huge Success», *Business Insider*, 13 de diciembre de 2014, https://www.businessinsider.com/amazons-jeff-bezos-on-profits-failure-succession-big-bets-2014-12.

48. Véase, por ejemplo, Engel, *The Hungry Mind*, 17-18; Amihud Gilead, «Neoteny and the Playground of Pure Possibilities», *International Journal of Humanities and Social Sciences* 5, núm. 2 (febrero de 2015): 30-33, http://www.ijhssnet.com/journals/Vol_5_No_2_febrero_2015/4.pdf; y Cameron J. Camp, James R. Rodriguez y Kenneth R. Olson, «Curiosity in Young, Middle-Aged, and Older Adults», *Educational Gerontology* 10, núm. 5 (1984): 387-400, https://www.tandfonline.com/doi/abs/10.1080/0380127840100504?journalCode=uedg20.

49. Albert Einstein, carta a Cal Seelig, 11 de marzo de 1952, Citado en Einstein, *The New Quotable Einstein*, editado por Alice Calaprice (Princeton, NJ: Princeton University Press, 2005), 14.

50. Albert Einstein, *Autobiographical Notes*, editado y traducido por Paul Schlipp (La Salle, IL: Open Court, 1979), 9.

51. Citado en Walter Isaacson, *Einstein: His Life and Universe* (Nueva York: Simon & Schuster, 2007), 18.

52. Max Talmey, *The Relativity Theory Simplified and the Formative Period of Its Inventor* (Nueva York: Falcon Press, 1932), 164.

53. Einstein, *Autobiographical Notes*, 17.

54. Albert Einstein, *Ideas and Opinions*, editado por Cal Seelig (Nue va York: Random House, 1982), 63.

55. Estoy en deuda con el latinista Tim Robinson por su ayuda para elaborar correctamente esta frase en latín.

56. «Self-education Is the Only Kind of Education There Is», Quote Investigator, https://quoteinvestigator.com/2016/07/07/self-education/.

Capítulo 6. Encuentra la pieza faltante

1. Vincent van Gogh, carta a Theo, Cuesmes, julio de 1880, http://www.webexhibits.org/vangogh/letter/8/133.htm.
2. Alan C. Elms, «Apocryphal Freud: Sigmund Freud's Most Famous Quotations and Their Actual Sources», en *Annual of Psychoanalysis* 29 (2001): 83–104, https://elms.faculty.ucdavis.edu/wp-content/uploads/sites/98/2014/07/20011Apocryphal-Freud-julio-17-2000.pdf.
3. Jon Interviews, «Gabe Polsky Talks About "In Search of Greatness"», octubre 26, 2018, https://www.youtube.com/watch?v=fP8baSEK7HY, a las 14:16.
4. Jean F. Mercier, «Shel Silverstein», *Publishers Weekly* (24 de febrero de 1975), http://shelsilverstein.tripod.com/ShelPW.html.
5. Andrew Robinson, *Sudden Genius?: The Gradual Path to Creative Breakthroughs* (Oxford, Reino Unido: Oxford University Press, 2010), 164.
6. Marie Curie, «Autobiographical Notes», en Curie, *Pierre Curie*, traducido por Charlotte y Vernon Kellogg (Nueva York: Dover, 2012 [1923]), 84.
7. *Ibid.*, 92.
8. Eve Curie, *Madame Curie: A Biography by Eve Curie*, traducido por Vincent Sheean (Nueva York: Dover, 2001 [1937]), 157.
9. Esta y la siguiente cita son de Marie Curie, «Autobiographical Notes», 92.
10. Eve Curie, *Madame Curie*, 174.
11. Curie, «Autobiographical Notes», 92.
12. https://www.quotetab.com/quote/by-frida-kahlo/passion-is-the-bridge-that-takes-you-from-pain-to-change#GOQJ7pxSyyEPUTYw.97. No pude identificar la fuente original.
13. John Stuart Mill, *Autobiography* (Nueva York: H. Holt, 1873), cap. 5, parafraseado de Eric Weiner, *The Geography of Bliss* (Nueva York: Hachette, 2008), 74.
14. Arthur Schopenhauer, *The World as Will and Idea*, traducido por R. B. Haldane y J. Kemp (Londres: Kegan Paul, 1909), vol. 1, http://www.gutenberg.org/files/38427/38427-h/38427-h.html#pglicense, 240.
15. Harriet Reisen, *Louisa May Alcott: The Woman Behind Little Women* (Nueva York: Henry Holt, 2009), 216.
16. Louisa May Alcott, *Little Women*, pt. 2, cap. 27, http://www.literaturepage.com/read/littlewomen-296.html.

17. Mason Currey, *Daily Rituals: Women at Work* (Nueva York: Knopf, 2019), 52.
18. John Maynard Keynes, «Newton, the Man», julio de 1946, http://www-groups.dcs.st-and.ac.uk/history/Extras/Keynes_Newton.html.
19. Anécdotas de este tipo, procedentes del asistente de Newton, Humphrey Newton, se conservan en la biblioteca del King's College, de Cambridge, Keynes MS 135 y escritas en «The Newton Project», http://www.newtonproject.ox.ac.uk/view/texts/normalized/THEM00033.
20. Véase «Newton Beats Einstein in Polls of Scientists and Public», The Royal Society, 23 de noviembre de 2005, https://royalsociety.org/news/2012/newton-einstein/.
21. «Newton's Dark Secrets», Nova, PBS, https://www.youtube.com/watch?v=sdmhPfGo3fE&t=105s.
22. John Henry, «Newton, Matter, and Magic», en *Let Newton Be!: A New Perspective on his Life and Works*, editado por John Fauvel, Raymond Flood, Michael Shortland y Robin Wilson (Oxford, Reino Unido: Oxford University Press, 1988), 142.
23. Jan Golinski, «The Secret Life of an Alchemist», en *Let Newton Be!*, 147-167.
24. Isaac Newton, carta a John Locke, 7 de julio de 1692, en *The Correspondence of Isaac Newton*, vol. 3, editado por H. W. Turnbull (Cambridge, Reino Unido: Cambridge University Press, 1961), 215.
25. Véase Thomas Levenson, *Newton and the Counterfeiter: The Unknown Detective Career of the World's Greatest Scientist* (Boston: Houghton Mifflin Harcourt, 2009), 223-232.
26. Según paráfrasis en James Gleick, *Isaac Newton* (Nueva York: Random House, 2003), 190.
27. Charles Darwin, *The Autobiography of Charles Darwin*, editado por Nora Barlow (Nueva York: W. W. Norton, 2005), 53.
28. Janet Browne, *Charles Darwin: Voyaging* (Princeton, NJ: Princeton University Press, 1995), 102.
29. Darwin, *Autobiography*, 53.
30. Browne, *Charles Darwin*, 88-116.
31. American Museum of Natural History, Twitter, 12 de febrero de 2018, https://twitter.com/AMNH/status/963159916792963073.
32. Darwin, *Autobiography*, 115.
33. Abigail Elise, «Orson Welles Quotes: 10 of the Filmmaker's Funniest and Best Sayings», *International Business Times*, 6 de mayo de 2015, https://www.ibtimes.com/orson-welles-quotes-10-filmmakers-funniest-best-sayings-1910921.

34. *Harper's Magazine* (septiembre de 1932), citado en Thomas Alva Edison, *The Quotable Edison*, editado por Michele Albion (Gainesville: University Press of Florida, 2011), 82.
35. Randall Stross, *The Wizard of Menlo Park: How Thomas Alva Edison Invented the Modern World* (Nueva York: Random House, 2007), 66.
36. *Ibid.*, 229. Véase también «Edison at 75 Still a Two-Shift Man», *The New York Times*, 12 de febrero de 1922, https://www.nytimes.com/1922/02/12/archives/edison-at-75-still-a-twoshift-man-submits-to-birthday-questionnaire.html.
37. «Mr. Edison's Use of Electricity», *New York Tribune*, 28 de septiembre de 1878, Thomas A. Edison Papers, Rutgers University, http://edison.rutgers.edu/digital.htm, SB032142a.
38. *Ladies' Home Journal* (abril de1898), citado en Edison, *The Quotable Edison*, 101.
39. «I Have Gotten a Lot of Results. I Know of Several Thousand Things that Won't Work», Quote Investigator, 31 de julio de 2012, https://quoteinvestigator.com/2012/07/31/edison-lot-results/.
40. Jim Clash, «Elon Musk Interview», AskMen, 2014, https://www.askmen.com/entertainment/right-stuff/elon-musk-interview-4.html.
41. Dana Gioia, «Work, for the Night Is Coming», *Los Angeles Times*, 23 de enero de 1994, https://www.latimes.com/archives/la-xpm-1994-01-23-bk-14382-story.html.

Capítulo 7. Aprovecha eso que te hace diferente

1. Una carta recientemente descubierta de un doctor francés provincial, Félix Rey, revela cuánto de su oreja cortó Van Gogh. El descubrimiento se discute en Bernadette Murphy, *Van Gogh's Ear* (Nueva York: Farrar, Straus y Giroux, 2016), cap. 14.
2. Platón hablaba de cuatro diferentes tipos de locuras en *Phaedrus* (c. 360 b.c.), traducido por Benjamin Jowett, The Internet Classics Archive, http://classics.mit.edu/Plato/phaedrus.html.
3. Aristóteles, *Problems: Books* 32-38, traducido por W. S. Hett y H. Rackham (Cambridge, MA: Harvard University Press, 1936), problema 30.1.
4. John Dryden, «Absalom and Achitophel», Poetry Foundation, https://www.poetryfoundation.org/poems/44172/absalom-and-achitophel.
5. Edgar Allan Poe, «Eleonora», citado en Scott Barry Kaufman y Carolyn Gregoire, *Wired to Create: Unraveling the Mysteries of the Creative Mind* (Nueva York: Random House, 2016), 36.

6. «Quotes from Alice in Wonderland —by Lewis Caroll», Book Edition, 31 de enero de 2013, https://booksedition.wordpress.com/2013/01/31/quotes-from-alice-in-wonderland-by-lewis-caroll/.
7. «Live at the Roxy», HBO (1978), https://www.youtube.com/watch?-v=aTRtH1uJh0g.
8. Cesare Lombroso, *The Man of Genius*, 3a ed. (Londres: Walter Scott, 1895), 66-99.
9. Kay R. Jamison, *Touched with Fire: Manic-Depressive Illness and the Artistic Temperament* (Nueva York: Simon & Schuster, 1993), esp. cap. 3, «Could It Be Madness —This?» Véase también Nancy C. Andreasen, «Creativity and Mental Illness: Prevalence Rates in Writers and Their First-Degree Relatives», *American Journal of Psychiatry* 144 (1987): 1288-1292, así como Andreasen, *The Creating Brain: The Neuroscience of Genius* (Nueva York: Dana Press, 2005), esp. cap. 4, «Genius and Insanity».
10. Kay Redfield Jamison, «Mood Disorders and Patterns of Creativity in British Writers and Artists», *Psychiatry*, vol. 52, núm. 2 (1989): 125-134; Jamison, *Touched with Fire*, 72-73.
11. François Martin Mai, «Illness and Creativity», en Mai, *Diagnosing Genius: The Life and Death of Beethoven* (Montreal: McGill-Queens University Press, 2007), 187; Andrew Robinson, *Sudden Genius?: The Gradual Path to Creative Breakthroughs* (Oxford, Reino Unido: Oxford University Press, 2010), 58-61; Jamison, *Touched with Fire*, 58-75.
12. Citado en la contratapa de Christopher Zara, *Tortured Artists: From Picasso and Monroe to Warhol and Winehouse, the Twisted Secrets of the World's Most Creative Minds* (Avon, MA: Adams Media, 2012).
13. Roger Dobson, «Creative Minds: The Links Between Mental Illness and Creativity», LewRockwell.com, mayo 22, 2009, https://www.lewrockwell.com/2009/05/roger-dobson/creative-minds-the-links-between-mentalillness-andcreativity/.
14. M. Schneider, «Great Minds in Economics: An Interview with John Nash», *Yale Economic Review* 4, núm. 2 (Summer 2008): 26-31, http://www.markschneideresi.com/articles/Nash_Interview.pdf.
15. Sylvia Nasar, *A Beautiful Mind* (Nueva York: Simon & Schuster, 2011), contratapa.
16. Véase, por ejemplo, Anna Greuner, «Vincent van Gogh's Yellow Vision», *British Journal of General Practice* 63, núm. 612 (julio de 2013): 370-371, https://bjgp.org/content/63/612/370.
17. Derek Fell, *Van Gogh's Women: Vincent's Love Affairs and Journey into Madness* (Nueva York: Da Capo Press, 2004), 242-243, 248.

18. Vincent van Gogh, carta a Theo, 28 de enero de 1889, Vincent van Gogh: The Letters, http://vangoghletters.org/vg/letters/let743/letter.html.
19. Véase Alastair Sooke, «The Mystery of Van Gogh's Madness», BBC, 25 de julio de 2016, YouTube, https://www.youtube.com/watch?-v=AgMBRQLhgFE.
20. Véase, por ejemplo, la mitad de la carta a Theo del 28 de enero de 1886, Vincent van Gogh: The Letters, http://vangoghletters.org/vg/letters/let555/letter.html.
21. Véase, por ejemplo, Marije Vellekoop, *Van Gogh at Work* (New Haven, CT: Yale University Press, 2013); Nina Siegal, «Van Gogh's True Palette Revealed», *The New York Times*, 30 de abril de 2013, https://www.nytimes.com/2013/04/30/arts/30iht-vangogh30.html.
22. Vincent van Gogh, carta a Theo, 1 de julio de 1882, Vincent van Gogh: The Letters, http://vangoghletters.org/vg/letters/let241/letter.html.
23. Vincent van Gogh, carta a Theo, 6 de julio de 1882, Vincent van Gogh: The Letters, http://vangoghletters.org/vg/letters/let244/letter.html.
24. Vincent van Gogh, carta a Theo, 22 de julio de 1883, Vincent van Gogh: The Letters, http://vangoghletters.org/vg/letters/let364/letter.html.
25. Gordon Claridge, «Creativity and Madness: Clues from Modern Psychiatric Diagnosis», en *Genius and the Mind*, editado por Andrew Steptoe (Oxford, Reino Unido: Oxford University Press, 1998), 238-240.
26. Citado en Thomas C. Caramagno, *The Flight of the Mind: Virginia Woolf's Art and Manic-Depressive Illness* (Berkeley: University of California Press, 1991), 48.
27. Leonard Woolf, *Beginning Again: An Autobiography of the Years 1911 to 1918* (Orlando, FL: Harcourt Brace Jovanovich, 1963), 79.
28. Caramagno, *The Flight of the Mind*, 75.
29. Virginia Woolf, *Virginia Woolf: Women and Writing*, editado por Michele Barrett (Orlando, FL: Harcourt Brace Jovanovich, 1979), 58-60.
30. *The Diary of Virginia Woolf*, vol. 3: 1925-1930, editado por Anne Olivier Bell (Orlando, FL: Harcourt Brace & Company, 1981), 111.
31. *The Diary of Virginia Woolf*, vol. 4: 1931-1935, editado por Anne Olivier Bell (San Diego: Harcourt Brace & Company, 1982), 161.
32. Yayoi Kusama, *Infinity Net: The Autobiography of Yayoi Kusama* (Londres: Tate Publishing, 2011), 205.

33. *Ibid.*, 57, 191.

34. *Ibid.*, 20.

35. Natalie Frank, «Does Yayoi Kusama Have a Mental Disorder?», *Quora*, 29 de enero de 2016, https://www.quora.com/Does-Yayoi-Kusama-have-a-mental-disorder.

36. Kusama, *Infinity Net*, 66.

37. Vincent van Gogh, carta a Theo, 8 o 9 de julio de 1888, Vincent van Gogh: The Letters, http://vangoghletters.org/vg/letters/let637. Woolf: Woolf, *The Diary of Virginia Woolf*, vol. 3, 287. Kusama: Natalie Frank, «Does Yayoi Kusama Have a Mental Disorder?» Picasso: citado en Jack Flam, *Matisse y Picasso* (Cambridge, MA: Westview Press, 2003), 34; Sexton: Kaufman y Gregoire, *Wired to Create*, 150. Churchill: citado en su ensayo de 1921 «Painting as a Pastime». Graham: citada en su *Blood Memory: An Autobiography* (Nueva York: Doubleday, 1991). Lowell: Patricia Bosworth, «A Poet's Pathologies: Inside Robert Lowell's Restless Mind», *The New York Times*, 1 de marzo de 2017. Conclusión: Sociedad de Neurociencia, «My Life as a Rolling Neurological Clinic», Diálogos entre Neurociencia and Sociedad, Nueva Orleans, 17 de octubre de 2012, YouTube, https://www.youtube.com/watch?v=qWadil0W5GU, a las 11:35. Winehouse: entrevista con *Spin* (2007), citado en Zara, *Tortured Artists*, 200.

38. Ludwig van Beethoven, «Heiligenstadt Testament», 6 de octubre de 1802, en Maynard Solomon, *Beethoven*, 2a ed. rev. (Nueva York: Schirmer Books, 1998), 152; véase también 144 para un facsímil del documento.

39. Traducción del autor de Paul Scudo, «Une Sonate de Beethoven», *Revue des Deux Mondes*, nueva serie 15, núm. 8 (1850): 94.

40. Mai, *Diagnosing Genius*; D. Jablow Hershman y Julian Lieb, «Beethoven», en *The Key to Genius: Manic-Depression and the Creative Life* (Buffalo, NY: Prometheus Books, 1988), 59-92; Solomon, *Beethoven*, ver en el índice bajo «cambios de humor» y «exceso de alcohol», Leon Plantinga, autor de *Beethoven's Concertos: History, Style, Performance* (1999), conversaciones con el autor, 7 de marzo de 2017.

41. Beethoven, carta a Franz Wegeler, 29 de junio de 1801, reproducido en Ludwig van Beethoven, *Beethoven: Letters, Journals and Conversations*, editado y traducido por Michael Hamburger (Garden City, NY: Doubleday, 1960), 24.

42. Solomon, *Beethoven*, 158.

43. Un argumento en el que hizo énfasis el estudioso de Beethoven, Leon Plantinga, en una conversación personal, 11 de diciembre de 2019.

44. Solomon, *Beethoven*, 161.
45. Le debo haberme percatado de este asunto a la bondad de la profesora Caroline Robertson de Dartmouth College.
46. Caroline Robertson, «Creativity in the Brain: The Neurobiology of Autism and Prosopagnosia», conferencia, Universidad de Yale, 4 de marzo de 2015.
47. Close, «My Life as a Rolling Neurological Clinic», en 46:00. Véase también Eric Kandel, *The Disordered Mind: What Unusual Brains Tell Us About Ourselves* (Nueva York: Farrar, Straus y Giroux, 2018), 131.
48. Conclusión, «My Life as a Rolling Neurological Clinic», en 28:20.
49. Para tener una visión general del tema de los autistas sabios, véase Joseph Straus, «Idiots Savants, Retarded Savants, Talented Aments, Mono-Savants, Autistic Savants, Just Plain Savants, People with Savant Syndrome, and Autistic People Who Are Good at Things: A View from Disability Studies», en *Disability Studies Quarterly* 34, núm. 3 (2014), http://dsq-sds.org/articleview/3407/3640.
50. Oliver Sacks, *The River of Consciousness* (Nueva York: Alfred A. Knopf, 2019), 142. Véase también Oliver Sacks, *An Anthropologist on Mars: Seven Paradoxical Tales* (Nueva York: Vintage, 1995), 197-206; Kandel, *The Disordered Mind*, 152; Eric Kandel, *The Age of Insight: The Quest to Understand the Unconscious in Art, Mind, and Brain, from Vienna 1900 to the Present* (Nueva York: Random House, 2012), 492-494.
51. Hans Asperger, «Autistic Psychopathy' in Childhood», en *Autism and Asperger Syndrome*, editado por Ute Firth (Cambridge, Reino Unido: Cambridge University Press, 1991), 37-92. Sobre este tema en general, véase Ioan James, *Asperger's Syndrome and High Achievement: Some Very Remarkable People* (Londres: Jessica Kingsley, 2006) y Michael Fitzgerald, *Autism and Creativity: Is There a Link Between Autism in Men and Exceptional Ability?* (Londres: Routledge, 2004).
52. Many Things, *Robin Williams: Live on Broadway*, HBO, 2002, YouTube, www.youtube.com/watch?v=FS376sohiXc.
53. James Lipton, entrevista con Robin Williams, *Inside the Actors Studio: 2001*, www.dailymotion.com/video/x64ojf8.
54. Zoë Kessler, «Robin Williams' Death Shocking? Yes and No», *PsychCentral*, 28 de agosto de 2014, https://blogs.psychcentral.com/adhd-zoe/2014/08/robin-williams-death-shocking-yes-and-no/.
55. Dave Itzkoff, *Robin* (Nueva York: Henry Holt, 2018), 41.

56. Véase, por ejemplo, Johanna-Khristina, «Celebrities with a History of ADHD or ADD», IMDb, 27 de marzo de 2012, https://www.imdb.com/list/ls004079795/; Kessler, «Robin Williams' Death Shocking?».

57. Leonard Mlodinow, «In Praise of A.D.H.D», *The New York Times*, 17 de marzo de 2018, https://www.nytimes.com/2018/03/17/opinion/sunday/praise-adhd-attention-hyperactivity.html; Scott Kaufman, «The Creative Gifts of ADHD», *Scientific American* (21 de octubre de 2014), blogs.scientificamerican.com/beautiful-minds/2014/10/21/the-creative-gifts-of-adhd.

58. A. Golimstok, J. I. Rojas, M. Romano, *et al.*, «Previous Adult Attention-Deficit and Hyperactivity Disorder Symptoms and Risk of Dementia with Lewy Bodies: A Case-Control Study», *European Journal of Neurology* 18, núm. 1 (enero de 2011): 78-84, https://www.ncbi.nlm.nih.gov/pubmed/20491888. Véase también Susan Schneider Williams, «The Terrorist Inside My Husband's Brain», *Neurology* 87 (2016): 1308-1311, https://demystifyingmedicine.od.nih.gov/DM19/m04d30/reading02.pdf.

59. Jamison, *Touched with Fire*, 43.

60. Lisa Powell, «10 Things You Should Know About Jonathan Winters, the Area's Beloved Comic Genius», *Springfield News-Sun*, 10 de noviembre de 2018, https://www.springfieldnewssun.com/news/local/things-you-should-know-about-jonathan-winters-the-area-beloved-comedic-genius/Dp5hazcCY9z2sBpVDfaQGI/.

61. Citado en Dick Cavett, «Falling Stars», en *Time: Robin Williams* (noviembre de 2014): 28-30.

62. *Robin Williams: Live on Broadway*, 2002, YouTube, www.youtube.com/watch?v=FS376sohiXc.

63. YouTube Movies, *Robin Williams: Come Inside My Mind*, HBO, 20 de enero de 2019, YouTube, https://www.youtube.com/watch?v=6xrZBgP6NZo, a la 1:08 y a la 1:53.

64. «The Hawking Paradox», Horizon, BBC, 2005, https://www.dailymotion.com/video/x226awj, a las 10:35.

65. Simon Baron-Cohen, citado en Lizzie Buchen, «Scientists and Autism: When Geeks Meet», *Nature* (2 de noviembre de 2011), https://www.nature.com/news/2011/111102/full/479025a.html; Judith Gould, citada en Vanessa Thorpe, «Was Autism the Secret of Warhol's Art?», *The Guardian*, 13 de marzo de 1999, https://www.theguardian.com/uk/1999/mar/14/vanessathorpe.theobserver.

66. Esta fue la pregunta planteada por el psiquiatra escocés J. D. Laing. Véase Bob Mullan, *Mad to Be Normal: Conversations with J. D. Laing* (Londres: Free Association Books, 1995).

67. Martin Luther King, Jr., «1966 Ware Lecture: Don't Sleep Through the Revolution», discurso pronunciado en la Unitarian Universalist Association General Assembly, Hollywood, Florida, 18 de mayo de 1966, https://www.uua.org/ga/past/1966/ware.

68. Motoko Rich, «Yayoi Kusama, Queen of Polka Dots, Opens Museum in Tokyo», *The New York Times*, 26 de septiembre de 2017, https://www.nytimes.com/2017/09/26/arts/design/yayoi-kusama-queen-of-polka-dots-museum-tokyo.html?mcubz=3&_r=0.

69. Itzkoff, *Robin*, 221-222.

70. Lewina O. Lee, Peter James, Emily S. Zevon, *et al.*, «Optimism Is Associated with Exceptional Longevity in 2 Epidemiologic Cohorts of Men and Women», *Proceedings of the National Academy of Sciences of the United States of America* 116, núm. 37 (26 de agosto de 2019): 18357-18362, https://www.pnas.org/content/116/37/18357.

71. «New Evidence That Optimists Live Longer», Harvard T. H. Chan School of Public Health, 27 de agosto de 2019, https://www.hsph.harvard.edu/news/features/new-evidence-that-optimists-live-longer/?utm_source=SilverpopMailing&utm_medium=email&utm_campaign=Daily%20Gazette%2020190830(2)%20(1).

72. Catherine Clifford, «This Favorite Saying of Mark Zuckerberg Reveals the Way the Facebook Billionaire Thinks About Life», CNBC Make It, 30 de noviembre de 2017, https://cnbc/207/11/30/why-facebook-ceo-mark-zuckerberg-thinks-the-optimists-are-successful.html.

Capítulo 8. Rebeldes, inadaptados y alborotadores

1. John Waller, *Einstein's Luck: The Truth Behind Some of the Greatest Scientific Discoveries* (Oxford, Reino Unido: Oxford University Press, 2002), 161.

2. David Wootton, *Galileo: Watcher of the Skies* (New Haven, CT: Yale University Press, 2010), 259.

3. Dennis Overbye, «Peering into Light's Graveyard: The First Image of a Black Hole», *The New York Times*, 11 de abril de 2019, https://www.nytimes.com/2019/04/10/science/black-hole-picture.html.

4. Jonathan Swift, *Essay on the Fates of Clergymen, Forbes Quotes*, https://www.forbes.com/quotes/5566/.

5. Investigación reciente sobre este tema se resume en Jennifer S. Mueller, Shimul Melwani y Jack A. Goncalo, «The Bias Against Creativity: Why People Desire but Reject Creative Ideas», *Psychological Science* 23, núm. 1 (noviembre de 2011): 13-17, https://digitalcommons.ilr.cornell.edu/cgi/viewcontent.cgi?article=1457&context=articles.

6. Erik L. Wesby y V. L. Dawson, «Creativity: Asset or Burden in the Classroom?», *Creativity Research Journal* 8, núm. 1 (1995): 1-10, https://www.tandfonline.com/doi/abs/10.1207/s15326934crj0801_1.
7. Amanda Ripley, «Gifted and Talented and Complicated», *The New York Times*, 17 de enero de 2018, https://www.nytimes.com/2018/01/17/books/review/off-the-charts-ann-hulbert.html.
8. Wootton, *Galileo*, 218.
9. *Ibid.*, 145-147.
10. *Ibid.*, 222-223.
11. Impreso con traducciones al inglés en Eric Metaxas, *Martin Luther: The Man Who Rediscovered God and Changed the World* (Nueva York: Viking, 2017), 115-122.
12. *Ibid.*, 104.
13. Sobre el escape de Luther de Augsburg y Worms, véase *ibid.*, 231-236.
14. *Ibid.*, 113.
15. Martin Luther, *Luther's Works*, vol. 32, editado por George W. Forell (Philadelphia and St. Louis: Concordia Publishing House, 1957), 113.
16. Sobre Darwin y la subversión de Dios, véase Janet Browne, *Charles Darwin: Voyaging* (Princeton, NJ: Princeton University Press, 1995), 324-327.
17. Citado en Walter Isaacson, *Albert Einstein: His Life and Universe* (Nueva York: Simon & Schuster, 2007), 527.
18. Steve Jobs, *I, Steve: Steve Jobs in His Own Words*, editado por George Beahm (Chicago: Agate, 2012), 75.
19. The Art Channel, *Andy Warhol: A Documentary Film*, parte 2, dirigido por Ric Burns, PBS, 2006, YouTube, https://www.youtube.com/watch?v=r47Nk4o08pI&t=5904s.
20. Bob Colacello, *Holy Terror: Andy Warhol Close Up*, 2a ed. (Nueva York: Random House, 2014), XXIV.
21. *Ibid.*, XIII.
22. Citado en Cameron M. Ford y Dennis A. Gioia, eds., *Creative Action in Organizations: Ivory Tower Visions and Real World Voices* (Thousand Oaks, CA: Sage Publications, 1995), 162.
23. Ryan Riddle, «Steve Jobs and NeXT: You've Got to Be Willing to Crash and Burn», Zurb, 10 de febrero de 2012, https://zurb.com/blog/steve-jobs-and-next-you-ve-got-to-be-will.
24. Una biografía de Harriet Tubman, *Scenes in the Life of Harriet Tubman*, fue publicada por Sarah Hopkins Bradford en 1869. Una bio-

grafía académica reciente es la de Kate Clifford Larson, *Bound for the Promised Land: Harriet Tubman: Portrait of an American Hero* (Nueva York: Random House, 2004).

25. La esquela está reproducida en Becket Adams, «103 Years Later, Harriet Tubman Gets Her Due from The New York Times», *Washington Examiner* (20 de abril de 2016), https://www.washingtonexaminer.com/103-years-later-harriet-tubman-gets-her-due-from-the-new-york-times.
26. Véase Jennifer Schuessler, Binyamin Appelbaum y Wesley Morris, «Tubman's In. Jackson's Out. What's It Mean?», *The New York Times*, 20 de abril de 2016, https://www.nytimes.com/2016/04/21/arts/design/tubmans-in-jacksons-out-whats-it-mean.html?mtrref=query.nytimes.com.
27. Will Ellsworth-Jones, *Banksy: The Man Behind the Wall* (Nueva York: St. Martin's Press, 2012), 14-16; Banksy, *Wall and Piece* (Londres: Random House, 2005), 178-179.
28. Hermione Sylvester y Ashleigh Kane, «Five of Banksy's Most Infamous Pranks», *Dazed*, 9 de octubre de 2018, https://www.dazeddigital.com/art-photography/article/41743/1/banksy-girl-with-balloon-painting-pranks-sotherbys- Londres.
29. Christina Burrus, «The Life of Frida Kahlo», en *Frida Kahlo*, editado por Emma Dexter y Tanya Barson (Londres: Tate, 2005), 200-201.
30. Andrea Kettenmann, *Kahlo* (Colonia: Taschen, 2016), 85.
31. Christina Burrus, *Frida Kahlo: I Paint My Reality* (Londres: Thames and Hudson, 2008), 206.
32. Frida Kahlo, *Pocket Frida Kahlo Wisdom* (Londres: Hardie Grant, 2018), 78.
33. Nikki Martinez, «90 Frida Kahlo Quotes for Strength and Inspiration», Everyday Power, https://everydaypower.com/frida-kahlo-quotes/.
34. Oprah Winfrey, *Own It: Oprah Winfrey in Her Own Words*, editado por Anjali Becker y Jeanne Engelmann (Chicago: Agate, 2017), 35.
35. Randall Stross, *The Wizard of Menlo Park: How Thomas Alva Edison Invented the Modern World* (Nueva York: Random House, 2007), 28.
36. «Edison's New Phonograph», *Scientific American* (29 de octubre de 1887), 273; reproducido en Thomas Edison, *The Quotable Edison*, editado por Michele Wehrwein Albion (Gainesville: University of Florida Press, 2011), 7.
37. Rich Winley, «Entrepreneurs: 5 Things We Can Learn from Elon Musk», *Forbes* (8 de octubre de 2015), https://www.forbes.com/sites/richwinley/2015/10/08/entrepreneurs-5-things-we-can-learn-from-elon-musk/#24b3688c4098.

38. Jeff Bezos, «Read Jeff Bezos's 2018 Letter to Amazon Shareholders», *Entrepreneur* (11 de abril de 2019), https://www.entrepreneur.com/article/332101.
39. Jobs, *I, Steve*, 63.
40. J. K. Rowling, *Very Good Lives: The Fringe Benefits of Failure and the Importance of Imagination* (Nueva York: Little, Brown, 2015), 9.
41. *Ibid.*, 32, 37.
42. Sean Smith, *J. K. Rowling: A Biography: The Genius Behind Harry Potter* (Londres: Michael O'Mara Books, 2001), 122.
43. Alex Carter, «17 Famous Authors and Their Rejections», *Mental Floss*, 16 de mayo de 2017, http://mentalfloss.com/article/91169/16-famous-authors-and-their-rejections.
44. Testimonio del compañero estudiante Victor Hageman según registro en Louis Pierard, *La Vie tragique de Vincent van Gogh* (París: Correa & Cie, 1939), 155-59, http://www.webexhibits.org/vangogh/data/letters/16/etc-458a.htm.
45. Véase, por ejemplo, Andrea Petersen, «The Overprotected American Child», *The Wall Street Journal*, 2-3 de junio de 2018, https://www.wsj.com/articles/the-overprotected-american-child-1527865038.
46. Entre los alumnos universitarios encuestados por la American College Health Association, 21.6% reportó que habían sido diagnosticados o tratados por problemas de ansiedad durante el año anterior (2017), un aumento desde 10.4% en una encuesta en 2008. *Idem.*
47. Christopher Ingraham, «There Has Never Been a Safer Time to Be a Kid in America», *The Washington Post*, 14 de abril de 2015, https://www.washingtonpost.com/news/wonk/wp/2015/04/14/theres-never-been-a-safer-time-to-be-a-kid-in-america/; «Homicide Trends in the United States, 1980-2008», U.S. Department of Justice, noviembre de 2011, https://www.bjs.gov/content/pub/pdf/htus8008.pdf; Swapna Venugopal Ramaswamy, «Schools Take on Helicopter Parenting with Free-Range Program Taken from "World's Worst Mom"», *Rockland/Westchester Journal News*, 4 de septiembre de 2018, https://www.usatoday.com/story/life/allthemoms/2018/09/04/schools-adopt-let-grow-free-range-program-combat-helicopter-parenting/1191482002/.
48. Libby Copeland, «The Criminalization of Parenthood», *The New York Times*, 26 de agosto de 2018, https://www.nytimes.com/2018/08/22/books/review/small-animals-kim-brooks.html.
49. Nim Tottenham, Mor Shapiro, Jessica Flannery, *et al.*, «Parental Presence Switches Avoidance to Attraction Learning in Children», *Nature Human Behaviour* 3, núm. 7 (2019): 1070–1077.

50. Véase Hanna Rosin, «The Overprotected Kid», *The Atlantic* (abril de 2014), https://www.theatlantic.com/magazine/archive/2014/04/hey-parents-leave-those-kids-alone/358631/.

Capítulo 9. Sé el zorro

1. Samuel Johnson, *The Works of Samuel Johnson*, vol. 2, editado por Arthur Murray (Nueva York: Oxford University Press, 1842), 3.
2. Leonardo da Vinci, *A Treatise on Painting*, traducido por John Francis Rigaud (Londres: George Bell, 2005 [1887]), 10.
3. Albert Einstein, carta a David Hilbert, 12 de noviembre de 1915, según es citado en Walter Isaacson, *Einstein: His Life and Universe* (Nueva York: Simon & Schuster, 2007), 217.
4. Carl Swanson y Katie Van Syckle, «Lady Gaga: The Young Artist Award Is the Most Meaningful of Her Life», *Vulture* (20 de octubre de 2015), http://www.vulture.com/2015/10/read-lady-gagas-speech-about-art.html.
5. De una entrevista en *Entertainment Weekly* citada en Helia Phoenix, *Lady Gaga: Just Dance: The Biography* (Londres: Orion, 2010), 19.
6. Kevin Zimmerman, «Lady Gaga Delivers Dynamic Dance-Pop», BMI, 10 de diciembre de 2008, https://www.bmi.com/news/entry/lady_gaga_delivers_dynamic_dance_pop.
7. Jessica Iredale, «Lady Gaga: "I'm Every Icon"», *WWD*, 28 de julio de 2013, https://wwd.com/eye/other/lady-gaga-im-every-icon-7068388/.
8. Benjamin Franklin, «Proposals Relating to the Education of Youth in Pennsylvania», 13 de septiembre de 1749, reimpreso en Franklin, *The Papers of Benjamin Franklin*, vol. 3, 404, https://franklinpapers.org/framedVolumes.jsp. Lo que sigue se extrae de esta fuente, 401-417. Véase también el amplio criticismo previo de Franklin «A Proposal for Promoting Useful Knowledge», 14 de mayo de 1743.
9. C. Custer, «Jack Ma: "What I Told My Son About Education"», Tech in Asia, 13 de mayo de 2015, https://www.techinasia.com/jack-ma-what-told-son-education.
10. Abby Jackson, «Cuban: Don't Go to School for Finance—Liberal Arts Is the Future», *Business Insider*, 17 de febrero de 2017, https://www.businessinsider.com/mark-cuban-liberal-arts-is-the-future-2017-2.
11. Rebecca Mead, «All About the Hamiltons», *The New Yorker* (9 de febrero de 2015), https://www.newyorker.com/magazine/2015/02/09/hamiltons.
12. Todd Haselton, «Here's Jeff Bezos's Annual Shareholder Letter», CNBC, 11 de abril de 2019, https://www.cnbc.com/2019/04/11/jeff-bezos-annual-shareholder-letter.html.

13. Entrevista con Tim Berners-Lee, Academy of Achievement, 22 de junio de 2007, citado en Walter Isaacson, *The Innovators: How a Group of Hackers, Geniuses, and Geeks Created the Digital Revolution* (Nueva York: Simon & Schuster, 2014), 408.
14. Isaacson, *Einstein*, 67.
15. De la novela de 1974 de Nabokov *Look at the Harlequins!*, en «Genius: Seeing Things That Others Don't See. Or Rather the Invisible Links Between Things», Quote Investigator, 11 de mayo de 2018, https://quoteinvestigator.com/2018/05/11/on-genius/.
16. Gary Wolf, «Steve Jobs: The Next Insanely Great Thing», *Wired* (1 de febrero de 1996), https://www.wired.com/1996/02/jobs-2/.
17. Matt Rosoff, «The Only Reason the Mac Looks like It Does», *Business Insider*, 8 de marzo de 2016, https://www.businessinsider.sg/robert-palladino-calligraphy-class-inspired-steve-jobs-2016-3/.
18. Walter Isaacson, *Steve Jobs* (Nueva York: Simon & Schuster, 2011), 64-65.
19. Aristóteles, *The Poetics of Aristotle*, XXII, traducido por S. H. Butcher, Project Gutenberg, https://www.gutenberg.org/files/1974/1974-h/1974-h.htm.
20. Citado en David Epstein, *Range: Why Generalists Triumph in a Specialized World* (Nueva York: Random House, 2019), 103.
21. Véase, por ejemplo, Leah Barbour, «MSU Research: Effective Arts Integration Improves Test Scores», Mississippi State Newsroom, 2013, https://www.newsarchive.msstate.edu/newsroom/article/2013/10/msu-research-effective-arts-integration-improves-test-scores; Brian Kisida y Daniel H. Bowen, «New Evidence of the Benefits of Arts Education», Brookings, 12 de febrero de 2019, https://www.brookings.edu/blog/brown-center-chalkboard/2019/02/12/new-evidence-of-the-benefits-of-arts-education/; y Tom Jacobs, «New Evidence of Mental Benefits from Music Training», *Pacific Standard*, 14 de junio de 2017, https://psmag.com/social-justice/new-evidence-brain-benefits-music-training-83761.
22. Samuel G. B. Johnson y Stefan Steinerberger, «Intuitions About Mathematical Beauty: A Case Study in the Aesthetic Experience of Ideas», *Cognition* 189 (agosto de 2019): 242-259, https://www.ncbi.nlm.nih.gov/pubmed/31015078.
23. Barry Parker, *Einstein: The Passions of a Scientist* (Amherst, NY: Prometheus Books, 2003), 13.
24. Para un análisis completo del tema, véase Wright, «Mozart and Math», disponible en la página web del autor.
25. Friedrich Schlichtegroll, *Necrolog auf das Jahr* 1791, en Franz Xaver Niemetschek, Vie de W. A. Mozart, editado y traducido por Georges

Favier (París: CIERCE, 1976), 126, definitivamente reportando información obtenida de Nannerl.

26. Peter Bucky, *The Private Albert Einstein* (Kansas City, MO: Andrews McMeel, 1992), 156.
27. Donald W. MacKinnon, «Creativity: A Multi-faceted Phenomenon», artículo presentado en el Gustavus Adolphus College, 1970, https://webspace.ringling.edu/~ccjones/curricula/01-02/sophcd/readings/creativity.html.
28. Jack Flam, *Matisse and Picasso: The Story of Their Rivalry and Friendship* (Cambridge, MA: Westview Press, 2018), 33-39.
29. *Ibid.*, 34.
30. «Copyright, Permissions, and Fair Use in the Visual Arts Communities: An Issues Report», Center for Media and Social Impact, febrero de 2015, https://cmsimpact.org/resource/copyright-permissions-fair-use-visual-arts-communities-issues-report/; «Fair Use», en *Copyright & Fair Use*, Stanford University Libraries, 2019, https://fairuse.stanford.edu/overview/fair-use/.
31. Sobre el estado de pensamiento en relación con la evolución humana antes de Darwin, véase en particular Janet Browne, *Darwin: Voyaging* (Princeton, NJ: Princeton University Press, 1995), cap. 16.
32. Sobre este tema, véase Steven Johnson, *Where Good Ideas Come From* (Nueva York: Riverhead, 2010), 80-82.
33. Charles Darwin, *The Autobiography of Charles Darwin*, editado por Nora Barlow (Nueva York: W. W. Norton, 2005), 98.
34. Como fue postulado en Charles Darwin, *On the Origin of Species by Means of Natural Selection* (Londres: Taylor y Francis, 1859), introducción.
35. Browne, *Darwin*, 227.
36. Entre muchos tratamientos de este tema, véase «Thomas Edison: "The Wizard of Menlo Park"», cap. 3 en Jill Jonnes, *Empires of Light: Edison, Tesla, Westinghouse, and The Race to Electrify the World* (Nueva York: Random House, 2003).
37. Paul Israel, *Edison: A Life of Invention* (Nueva York: John Wiley & Sons, 1999), 208-211.
38. David Robson, *The Intelligence Trap: Why Smart People Make Dumb Mistakes* (Nueva York: W. W. Norton, 2019), 75.
39. Donald W. MacKinnon, «Creativity: A Multi-faceted Phenomenon», artículo presentado en el Gustavus Augustus College, 1970, https://webspace.ringling.edu/~ccjones/curricula/01-02/sophcd/readings/creativity.html.

40. Citado en Margaret Cheney, *Tesla: Man Out of Time* (Mattituck, NY: Amereon House, 1981), 268.
41. Daniel Kahneman, *Thinking, Fast and Slow* (Nueva York: Farrar, Straus and Giroux, 2011), 216-220.
42. Investigación resumida en Epstein, *Range*, 107-109.
43. Para esta y la siguiente declaración, véase Robert Root-Bernstein, Lindsay Allen, Leighanna Beach, *et al.*, «Arts Foster Scientific Success: Avocations of Nobel, National Academy, Royal Society, and Sigma Xi Members», *Journal of Psychology of Science and Technology* 1, núm. 2 (2008): 51-63, https://www.researchgate.net/publication/247857346_Arts_Foster_Scientific_Success_Avocations_of_Nobel_National_Academy_Royal_Society_and_Sigma_Xi_Members y Robert S. Root-Bernstein, Maurine Bernstein y Helen Garnier, «Correlations Between Avocations, Scientific Style, Work Habits, and Professional Impact of Scientists», *Creativity Research Journal* 8, núm. 2 (1995): 115-137, https://www.tandfonline.com/doi/abs/10.1207/s15326934crj0802_2.
44. Patricia Cohen, «A Rising Call to Promote STEM Education and Cut Liberal Arts Funding», *The New York Times*, 21 de febrero de 2016, https://www.nytimes.com/2016/02/22/business/a-rising-call-to-promote-stem-education-and-cut-liberal-arts-funding.html. Véase también Adam Harris, «The Liberal Arts mayo Not Survive the 21st Century», *The Atlantic* (13 de diciembre de 2018), https://www.theatlantic.com/education/archive/2018/12/the-liberal-arts-may-not-survive-the-21st-century/577876/; y «New Rules for Student Loans: Matching a Career to Debt Repayment», LendKey, 1 de septiembre de 2015, https://www.lendkey.com/blog/paying-for-school/new-rules-for-student-loans-matching-a-career-to-debt-repayment/.
45. Frank Bruni, «Aristotle's Wrongful Death», *The New York Times*, 26 de mayo de 2018, https://www.nytimes.com/2018/05/26/opinion/sunday/college-majors-liberal-arts.html.
46. Scott Jaschik, «Obama vs. Art History», Inside Higher Ed, 31 de enero de 2014, https://www.insidehighered.com/news/2014/01/31/obama-becomes-latest-politician-criticize-liberal-arts-discipline.
47. Tad Friend, «Why Ageism Never Gets Old», *The New Yorker* (20 de noviembre de 2017), https://www.newyorker.com/magazine/2017/11/20/why-ageism-never-gets-old.
48. Alina Tugent, «Endless School», *The New York Times*, 13 de octubre de 2019, https://www.nytimes.com/2019/10/10/education/learning/60-year-curriculum-higher-education.html; conversación del autor con Christopher Wright, director de sociedades estratégicas, 2U, 17 de diciembre de 2019.

49. Steve Jobs, *I, Steve: Steve Jobs in His Own Words*, editado por George Beahm (Agate: Chicago, 2011), 73.
50. Albert Einstein, *Ideas and Opinions* (Nueva York: Crown, 1982), 69.

Capítulo 10. Piensa a la inversa

1. «NASA Announces Launch Date and Milestones for SpaceX Flight», 9 de diciembre de 2011, https://www.nasa.gov/home/hqnews/2011/dec/HQ_11-413_SpaceX_ISS_Flight.html.
2. Mariella Moon, «SpaceX Is Saving a Ton of Money by Re-using Falcon 9 Rockets», Engadget, 6 de abril de 2017, https://www.engadget.com/2017/04/06/spacex-is-saving-a-ton-of-money-by-re-using-falcon-9-rockets/.
3. Citado en Elon Musk, *Rocket Man: Elon Musk in His Own Words*, editado por Jessica Easto (Chicago: Agate, 2017), 16.
4. Para una argumentación de las personas zurdas y la creatividad, véase Dean Keith Simonton, *Greatness: Who Makes History and Why* (Nueva York: Guilford Press, 1994), 20-24.
5. Estoy en deuda con el difunto David Rosand por mostrarme las imágenes en espejo presentes en muchos de los dibujos de Leonardo. Véase su *Drawing Acts: Studies in Graphic Representation and Expression* (Cambridge, Reino Unido: Cambridge University Press, 2002).
6. Bronwyn Hemus, «Understanding the Essentials of Writing a Murder Mystery», Standout Books, 5 de mayo de 2014, https://www.standoutbooks.com/essentials-writing-murder-mystery/.
7. Bruce Hale, «Writing Tip: Plotting Backwards», Booker's Blog, 24 de marzo de 2012, https://talltalestogo.wordpress.com/2012/03/24/writing_tip_plotting_backwards/.
8. Kip Thorne, *Black Holes and Time Warps: Einstein's Outrageous Legacy* (Nueva York: W. W. Norton, 1994), 147.
9. Citado en David M. Harrison, «Complementarity and the Copenhagen Interpretation of Quantum Mechanics», *UPSCALE*, 7 de octubre de 2002, https://www.scribd.com/document/166550158/Physics-Complementarity-and-Copenhagen-Interpretation-of-Quantum-Mechanics.
10. Albert Rothenberg, *Creativity and Madness: New Findings and Old Stereotypes* (Baltimore: Johns Hopkins University Press, 1990), 14.
11. Traducción del autor de Albert Einstein, *The Collected Papers of Albert Einstein*, vol. 7: *The Berlin Years: Writings*, 1918-1921, editado por Michael Janssen, Robert Schulmann, József Illy, *et al.*, documen-

to 31: «Fundamental Ideas and Methods of the Theory of Relativity, Presented in Their Development», II: «The Theory of General Relativity», https://einsteinpapers.press.princeton.edu/vol7-doc/293, 245.

12. Albert Rothenberg, *Flight from Wonder: An Investigation of Scientific Creativity* (Oxford, Reino Unido: Oxford University Press, 2015), 28-29.
13. Cade Metz, «Google Claims a Quantum Breakthrough That Could Change Computing», *The New York Times*, 23 de octubre de 2019, https://www.nytimes.com/2019/10/23/technology/quantum-computing-google.html.
14. Elon Musk, «The Secret Tesla Motors Master Plan (Just Between You and Me)», Tesla, 2 de agosto de 2006, https:/www.tesla.com/blog/secret-tesla-motors-master-plan-just-between-you-and-me.
15. Franklin Foer, «Jeff Bezos's Master Plan», *The Atlantic* (noviembre de 2019), https://www.theatlantic.com/magazine/archive/2019/11/what-jeff-bezos-wants/598363/.
16. Jeff Bezos, *First Mover: Jeff Bezos in His Own Words*, editado por Helena Hunt (Chicago: Agate, 2018), 95.
17. Citado en Foer, «Jeff Bezos's Master Plan».
18. Rothenberg, *Creativity and Madness*, 25.
19. Martin Luther King, Jr., «I Have a Dream», «Great Speeches of the Twentieth Century», *The Guardian*, 27 de abril de 2007, https://www.theguardian.com/theguardian/2007/apr/28/greatspeeches.
20. Bradley J. Adame, «Training in the Mitigation of Anchoring Bias: A Test of the Consider-the-Opposite Strategy», *Learning and Motivation* 53 (febrero de 2016): 36-48, https://www.sciencedirect.com/science/article/abs/pii/S0023969015000739?via%3Dihub.

Capítulo 11. Ten suerte

1. Publicado por primera vez en *Harper's Magazine* (diciembre de 1904): 10; reimpreso en John Cooley, ed., *How Nancy Jackson Married Kate Wilson and Other Tales of Rebellious Girls and Daring Young Women* (Lincoln, NE: University of Nebraska Press, 2001), 209.
2. «The Harder I Practice, the Luckier I Get», Quote Investigator, https://quoteinvestigator.com/2010/07/14/luck/. I owe my knowledge of this quote to the kindness of Clark Baxter.
3. Frances Wood, «Why Does China Love Shakespeare?», *The Guardian*, 28 de junio de 2011, https://www.theguardian.com/commentisfree/2011/jun/28/china-shakespeare-wen-jiabao-visit.

4. Citado en Noah Charney, *The Thefts of the Mona Lisa: On Stealing the World's Most Famous Painting* (Columbia, SC: ARCA Publications, 2011).
5. Evan Andrews, «The Heist That Made the Mona Lisa Famous», *History*, 30 de noviembre de 2018, https://www.history.com/news/the-heist-that-made-the-mona-lisa-famous.
6. Charney, *The Thefts of the Mona Lisa*, 74.
7. Citado en la introducción de James D. Watson y Francis Crick, «Molecular Structure of Nucleic Acids: A Structure for Deoxyribose Nucleic Acid», *Nature* 171, núm. 4356 (25 de abril de 1953): 737–38, en The Francis Crick Papers, U.S. National Library of Medicine, https://profiles.nlm.nih.gov/spotlight/sc/catalog/nlm:nlmuid-101584582X381-doc.
8. Reimpreso con facsimilar en James D. Watson, *The Double Helix: A Personal Account of the Discovery of the Structure of DNA*, editado por Gunther S. Stent (Nueva York: W. W. Norton, 1980), 237-241.
9. Sobre el error de Pauling, véase Linus Pauling, «The Molecular Basis of Biological Specificity», reproducido en *ibid.*, 152.
10. *Ibid.*, 105; Robert Olby, *The Path to the Double Helix: The Discovery of DNA* (Nueva York: Dover, 1994), 402-403.
11. Watson, *The Double Helix*, 14.
12. «Statutes of the Nobel Foundation», The Nobel Prize, https://www.nobelprize.org/about/statutes-of-the-nobel-foundation/.
13. Para una actualización de las probabilidades de ganar el Nobel por CRISPR, véase Amy Dockser Marcus, «Science Prizes Add Intrigue to the Race for the Nobel», *The Wall Street Journal*, primero de junio de 2018, https://www.wsj.com/articles/science-prizes-add-intrigue-to-the-race-for-the-nobel-1527870861.
14. Traducción del autor de Louis Pasteur, discurso inaugural, Facultad de Ciencias, Universidad de Lille, 7 de diciembre de 1854, Gallica Bibliothèque Numérique, https://upload.wikimedia.org/wikipedia/commons/6/62/Louis_Pasteur_Universit%C3%A9_de_Lille_1854-1857_dans_les_champs_de_l%27observation_le_hasard_ne_favorise_que_les_esprits_pr%C3%A9par%C3%A9s.pdf.
15. John Waller, *Einstein's Luck: The Truth Behind the Greatest Scientific Discoveries* (Oxford, Reino Unido: Oxford University Press, 2002), 247.
16. Al ser nombrado primer ministro el 10 de mayo de 1940, en Winston Churchill, *The Second World War*, vol. 1: *The Gathering Storm* (1948), citado en «Summer 1940: Churchill's Finest Hour», International Churchill Society, https://winstonchurchill.org/the-life-of-churchill/war-leader/summer-1940/.

17. Waller, *Einstein's Luck*, 249.
18. Kevin Brown, *Penicillin Man: Alexander Fleming and the Antibiotic Revolution* (Londres: Sutton, 2005), 102.
19. *Ibid.*, 120.
20. Mark Zuckerberg, *Mark Zuckerberg: In His Own Words*, editado por George Beahm (Chicago: Agate, 2018), 1.
21. Ben Mezrich, *The Accidental Billionaires: The Founding of Facebook: A Tale of Sex, Money, Genius, and Betrayal* (Nueva York: Random House, 2010), 45.
22. Katharine A. Kaplan, «Facemash Creator Survives Ad Board», *Harvard Crimson*, 19 de noviembre de 2003, https://www.thecrimson.com/article/2003/11/19/facemash-creator-survives-ad-board-the/.
23. Mezrich, *The Accidental Billionaires*, 105.
24. Roger McNamee, *Zucked: Waking Up to the Facebook Catastrophe* (Nueva York: Random House, 2019), 54; David Enrich, «Spend Some Time with the Winklevii», *The New York Times*, 21 de mayo de 2019, https://www.nytimes.com/2019/05/21/books/review/ben-mezrich-bitcoin-billionaires.html?searchResultPosition=5.
25. Farhad Manjoo, «How Mark Zuckerberg Became Too Big to Fail», *The New York Times*, 1 de noviembre de 2018, https://www.nytimes.com/2018/11/01/technology/mark-zuckerberg-facebook.html.
26. Mezrich, *The Accidental Billionaires*, 108.
27. Zuckerberg, *Mark Zuckerberg*, 46.
28. Oprah Winfrey, *Own It: Oprah Winfrey in Her Own Words*, editado por Anjali Becker y Jeanne Engelmann (Chicago: Agate, 2017), 7.
29. Yayoi Kusama, *Infinity Net: The Autobiography of Yayoi Kusama* (Londres: Tate Publishing, 2011), 77.
30. Vincent van Gogh, carta a Theo, 12-16 de enero de 1886, Vincent van Gogh: The Letters, http://vangoghletters.org/vg/letters/let552/letter.html.
31. Ambas citas en *Paris: The Luminous Years: Towards the Making of the Modern*, escrito, producido y dirigido por Perry Miller Adato, PBS, 2010, a las 0:40 y a la 1:10.
32. Eric Weiner, *The Genius of Geography* (Nueva York: Simon & Schuster, 2016), 167.
33. Citado en Dan Hofstadter, «"The Europeans" Review: Engines of Progress», *The Wall Street Journal*, 18 de octubre de 2019, https://www.wsj.com/articles/the-europeans-review-engines-of-progress-11571409900.
34. James Wood, *Dictionary of Quotations from Ancient and Modern, English and Foreign Sources* (Londres: Wame, 1893), 120.

35. Richard Florida y Karen M. King, «Rise of the Global Startup City: The Geography of Venture Capital Investment in Cities and Metros Across the Globe», Martin Prosperity Institute, 26 de enero de 2016, http://martinprosperity.org/content/rise-of-the-global-startup-city/.

Capítulo 12. Muévete rápido y rompe cosas

1. Citado en Mary Dearborn, *Ernest Hemingway: A Biography* (Nueva York: Vintage, 2018), 475.
2. Albert Einstein, *Ideas and Opinions* (Nueva York: Random House, 1982), 12.
3. Traducción del autor y paráfrasis del francés original. Véase también Edmond y Jules de Goncourt, *Pages from the Goncourt Journals*, editado y traducido por Robert Baldick (Oxford, Reino Unido: Oxford University Press, 1962), 100.
4. Oprah Winfrey, *Own It: Oprah Winfrey in Her Own Words*, editado por Anjali Becker y Jeanne Engelmann (Chicago: Agate, 2017), 65.
5. Citado en Andrew Ross Sorkin, «Tesla's Elon Musk May Have Boldest Pay Plan in Corporate History», *The New York Times*, 23 de enero de 2018, https://www.nytimes.com/2018/01/23/business/dealbook/tesla-elon-musk-pay.html/.
6. David Kiley, «Former Employees Talk About What Makes Elon Musk Tick», *Forbes* (14 de julio de 2016), https://www.forbes.com/sites/davidkiley5/2016/07/14/former-employees-talk-about-what-makes-elon-musk-tick/#a48d8e94514e; «What Is It Like to Work with/for Elon Musk?», Quora, https://www.quora.com/What-is-it-like-to-work-with-for-Elon-Musk.
7. Mark Zuckerberg, *Mark Zuckerberg: In His Own Words*, editado por George Beahm (Chicago: Agate, 2018), 189.
8. Joseph Schumpeter, *Capitalism, Socialism and Democracy*, 3a ed. (Nueva York: Harper, 1962), chap. 11.
9. Alan Greenspan y Adrian Wooldridge, *Capitalism in America: A History* (Nueva York: Random House, 2018), 420-421.
10. Zaphrin Lasker, «Steve Jobs: Create. Disrupt. Destroy», *Forbes* (14 de junio de 2011), https://www.forbes.com/sites/marketshare/2011/06/14/steve-jobs-create-disrupt-destroy/#6276e77f531c.
11. Joe Nocera, «Apple's Culture of Secrecy», *The New York Times*, 26 de julio de 2008, https://www.nytimes.com/2008/07/26/business/26nocera.html.
12. Citado en Walter Isaacson, *Steve Jobs* (Nueva York: Simon & Schuster, 2011), 124.

13. Dylan Love, «16 Examples of Steve Jobs Being a Huge Jerk», *Business Insider*, 25 de octubre de 2011, https://www.businessinsider.com/steve-jobs-jerk-2011-10#everything-youve-ever-done-in-your-life-is-shit-5.
14. Isaacson, *Steve Jobs*, 122-123.
15. Véase, por ejemplo, la historia de Steve Jobs y el recién exprimido jugo de naranja en Nick Bilton, «What Steve Jobs Taught Me About Being a Son and a Father», *The New York Times*, 7 de agosto de 2015, https://www.nytimes.com/2015/08/07/fashion/mens-style/what-steve-jobs-taught-me-about-being-a-son-and-a-father.html.
16. Esta y la siguiente cita son de Nellie Bowles, «In "Small Fry," Steve Jobs Comes Across as a Jerk. His Daughter Forgives Him. Should We?», *The New York Times*, 23 de agosto de 2018, https://www.nytimes.com/2018/08/23/books/steve-jobs-lisa-brennan-jobs-small-fry.html.
17. Citado en Isaacson, *Steve Jobs*, 32.
18. Citado en *ibid.*, 119.
19. Kevin Lynch, *Steve Jobs: A Biographical Portrait* (Londres: White Lion, 2018), 73.
20. «On Thomas Edison and Beatrix Potter», *The Washington Times*, 7 de abril de 2007, https://www.washingtontimes.com/news/2007/apr/7/20070407-095754-2338r/.
21. «Thomas A. Edison», *The Christian Herald and Signs of Our Times*, 25 de julio de 1888, http://edison.rutgers.edu/digital/files/fullsize/fp/fp0285.jpg. Véase también Randall Stross, *The Wizard of Menlo Park: How Thomas Alva Edison Invented the Modern World* (Nueva York: Random House, 2007), 15-16.
22. Neil Baldwin, *Edison: Inventing the Century* (Chicago: University of Chicago Press, 2001), 60.
23. Stross, *The Wizard of Menlo Park*, 174.
24. Gran parte de la información está tomada de Michael Daly, *Topsy: The Startling Story of the Crooked-Tailed Elephant, P. T. Barnum, and the American Wizard, Thomas Edison* (Nueva York: Grove Press, 2013), cap. 26.
25. James Gleick, *Isaac Newton* (Nueva York: Random House, 2003), 169-170.
26. La relación entre el espectro de color y la serie armónica en la música es un buen ejemplo. Véase Penelope Gouk, «The Harmonic Roots of Newtonian Science», en *Let Newton Be!: A New Perspective on his Life and Works*, editado por John Fauvel, Raymond Flood, Michael Shortland, y Robin Wilson (Oxford, Reino Unido: Oxford University Press, 1988), 101-126.

27. Sheldon Lee Glashow, «The Errors and Animadversions of Honest Isaac Newton», *Contributions to Science* 4, núm. 1 (2008): 105-110.
28. Citado en *ibid.*, 105.
29. Stephen Hawking, *A Brief History of Time* (Nueva York: Bantam Books, 1998), 196.
30. Walter Isaacson, *Einstein: His Life and Universe* (Nueva York: Simon & Schuster, 2007), 174-175.
31. Albert Einstein, *Ideas and Opinions* (Nueva York: Crown, 1982), 9.
32. Stross, *The Wizard of Menlo Park*, 81.
33. Citado en Scott Barry Kaufman y Carolyn Gregoire, *Wired to Create: Unraveling the Mysteries of the Creative Mind* (Nueva York: Random House, 2016), 122.
34. Ludwig van Beethoven, carta a Franz Wegeler, 29 de junio de 1801, en *Beethoven: Letters, Journals and Conversations*, editado y traducido por Michael Hamburger (Garden City: Doubleday, 1960), 25.
35. Thomas Alva Edison, *The Diary and Sundry Observations of Thomas Alva Edison*, editado por Dagobert D. Runes (Nueva York: Greenwood, 1968), 110.
36. Sam Bush, «Faulkner as a Father: Do Great Novelists Make Bad Parents?», *Mockingbird*, 31 de julio de 2013, https://www.mbird.com/2013/07/faulkner-as-a-father-do-great-novelists-make-bad-parents/.
37. Otto Erich Deutsch, *Mozart: A Documentary Biography*, traducido por Eric Blom, Peter Branscombe y Jeremy Noble (Stanford, CA: Stanford University Press, 1965), 423.
38. Maria Anna Mozart, carta a Friedrich Schlichtegroll, 1800, traducida de *Mozart-Jahrbuch* (Salzburg: Internationale Stiftung Mozarteum, 1995), 164.
39. Citado en Dave Itzkoff, *Robin* (Nueva York: Henry Holt, 2018), 354.
40. Keith Caulfield, «Michael Jackson Sales, Streaming Decline After "Leaving Neverland" Broadcast», *The Hollywood Reporter*, 8 de marzo de 2019, https://www.hollywoodreporter.com/news/michael-jacksons-sales-streaming-decline-leaving-neverland-1193509.
41. Emma Goldberg, «Do Works by Men Implicated by #MeToo Belong in the Classroom?», *The New York Times*, 7 de octubre de 2019, https://www.nytimes.com/2019/10/07/us/metoo-schools.html.
42. Farah Nayeri, «Is It Time Gauguin Got Canceled?», *The New York Times*, 18 de noviembre de 2019, https://www.nytimes.com/2019/11/18/arts/design/gauguin-national-gallery-london.html.
43. Robin Pogrebin y Jennifer Schuessler, «Chuck Close Is Accused of Harassment. Should His Artwork Carry an Asterisk?», *The New York*

Times, 28 de enero de 2018, https://www.nytimes.com/2018/01/28/arts/design/chuck-close-exhibit-harassment-accusations.html.

44. Lionel Trilling, *Beyond Culture: Essays on Literature and Learning* (Nueva York: Viking, 1965), 11.
45. Arianna Stassinopoulos Huffington, *Picasso: Creator and Destroyer* (Nueva York: Simon & Schuster, 1988), 234.
46. Françoise Gilot y Carlton Lake, *Life with Picasso* (Nueva York: McGraw-Hill, 1964), 77.
47. *Ibid.*, 326.
48. Traducción del autor de Pierre Cabanne, citando a Marie-Thérèse Walter, en «Picasso et les joies de la paternité», *L'Oeil: Revue d'Art* 226 (mayo de 1974): 7.
49. Gilot y Lake, *Life with Picasso*, 42.
50. Huffington, *Picasso*, 345.
51. Gilot y Lake, *Life with Picasso*, 77.
52. Henry Blodget, «Mark Zuckerberg on Innovation», *Business Insider*, 1 de octubre de 2009, https://www.businessinsider.com/mark-zuckerberg-innovation-2009-10.
53. Brainyquote, https://www.brainyquote.com/authors/margaret_atwood. La cita parece ser una compilación de frases tomadas de Maddie Crum, «A Conversation with Margaret Atwood About Climate Change, Social Media and World of Warcraft», Huffpost, de noviembre de 2014, https://www.huffpost.com/entry/margaret-atwood-interview_n_6141840.
54. Véase Sam Schechner y Mark Secada, «You Give Apps Sensitive Personal Information. Then They Tell Facebook», *The Wall Street Journal*, 22 de febrero de 2019, https://www.wsj.com/articles/you-give-apps-sensitive-personal-information-then-they-tell-facebook-11550851636.
55. Sandy Parakilas, «We Can't Trust Facebook to Regulate Itself», *The New York Times*, 19 de noviembre de 2017, https://www.nytimes.com/2017/11/19/opinion/facebook-regulation-incentive.html?ref=todayspaper.
56. *Idem*.
57. Digital, Culture, Media and Sport Committee, «Disinformation and "Fake News": Final Report», House of Commons, https://publications.parliament.uk/pa/cm201719/cmselect/cmcumeds/1791/1791.pdf; y Graham Kates, «Facebook "Misled" Parliament on Data Misuse, U.K. Committee Says», CBS News, 17 de febrero de 2019, https://www.cbsnews.com/news/facebook-misled-parliament-on-data-misuse-u-k-committee-says/.

58. Discusiones sobre la obsesión de Zuckerberg con el código informático como solución a todos los problemas de Facebook puede encontrarse en Roger McNamee, *Zucked: Waking Up to the Facebook Catastrophe* (Nueva York: Random House, 2019), 64-65, 159, 193. Véase también Shoshona Zuboff, *The Age of Surveillance Capitalism: The Fight for a Human Future at the New Frontier of Power* (Nueva York: Public Affairs, 2019), 480-488.
59. Nicholas Carlson, «"Embarrassing and Damaging" Zuckerberg IMs Confirmed by Zuckerberg, The New Yorker», *Business Insider*, 13 de septiembre de 2010, https://www.businessinsider.com/embarrassing-and-damaging-zuckerberg-ims-confirmed-by-zuckerberg-the-new-yorker-2010-9.
60. Arthur Koestler, *The Act of Creation* (Londres: Hutchinson, 1964), 402.

Capítulo 13. Ahora relájate

1. Jean Kinney, «Grant Wood: He Got His Best Ideas While Milking a Cow», *The New York Times*, 2 de junio de 1974, https://www.nytimes.com/1974/06/02/archives/grantwood-he-got-his-best-ideas-while-milking-a-cow-grant-wood-he.html.
2. Amir Muzur, Edward F. Pace-Schott y J. Allan Hobson, «The Prefrontal Cortex in Sleep», *Trends in Cognitive Sciences* 6, núm. 11 (noviembre de 2002): 475-481, https://www.researchgate.net/publication/11012150_The_prefrontal_cortex_in_sleep; Matthew Walker, *Why We Sleep: Unlocking the Power of Sleep and Dreams* (Nueva York: Scribner, 2017), 195.
3. Walker, *Why We Sleep*, cap. 11.
4. Matthew P. Walker, Conor Liston, J. Allan Hobson y Robert Stickgold, «Cognitive Flexibility Across the Sleep-Wake Cycle: REM-Sleep Enhancement of Anagram Problem Solving», *Brain Research* 14, núm. 3 (noviembre de 2002): 317-324, https://www.ncbi.nlm.nih.gov/pubmed/12421655.
5. Robert Stickgold y Erin Wamsley, «Memory, Sleep, and Dreaming: Experiencing Consolidation», *Journal of Sleep Research* 6, núm. 1 (1 de marzo de 2011): 97-108, https://www.ncbi.nlm.nih.gov/pmc/articles/PMC3079906/.
6. Walker, *Why We Sleep*, 219.
7. Tori DeAngelis, «The Dream Canvas: Are Dreams a Muse to the Creative?», *Monitor on Psychology* 34, núm. 10 (noviembre de 2003): 44, https://www.apa.org/monitor/nov03/canvas.

8. Igor Stravinsky, *Dialogues and a Diary*, editado por Robert Craft (Garden City, NY: Doubleday, 1963), 70.
9. Jay Cridlin, «Fifty Years Ago, the Rolling Stones' Song "Satisfaction" Was Born in Clearwater», *Tampa Bay Times*, 3 de mayo de 2015, https://www.tampabay.com/things-to-do/music/50-years-ago-the-rolling-stones-song-satisfaction-was-born-in-clearwater/2227921/.
10. El concierto entrevista está disponible en «Paul McCartney Singing Yesterday at the Library of Congress», YouTube, https://www.youtube.com/watch?v=ieu_5o1LiQQ.
11. Walker, *Why We Sleep*, 202.
12. Citado en Elliot S. Valenstein, *The War of the Soups and the Sparks: The Discovery of Neurotransmitters and the Dispute over How Nerves Communicate* (Nueva York: Columbia University Press, 2005), 58.
13. Leon Watters, citado en Walter Isaacson, *Albert Einstein: His Life and Universe* (Nueva York: Simon & Schuster, 2007), 436.
14. En 2017, Kip Thorne recibió el Premio Nobel de Física, en parte por haber comprobado, como parte del proyecto LIGO, que la teoría de Einstein sobre los agujeros negros que colapsan era correcta. No sé cómo duerme el profesor Thorne, pero en un correo electrónico que me escribió, me recordó un pasaje de su libro de 2014 *The Science of Interstellar* (p. 9), en el que dice: «mi mejor capacidad de pensamiento era en plena noche. A la mañana siguiente escribía mis pensamientos en un memorándum de varias páginas con diagramas y dibujos».
15. Jacquelyn Smith, «72% of People Get Their Best Ideas in the Shower—Here's Why», *Business Insider*, 14 de enero de 2016, https://www.businessinsider.com/why-people-get-their-best-ideas-in-the-shower-2016-1.
16. Walker, *Why We Sleep*, 208, 223.
17. A. R. Braun, T. J. Balkin, N. J. Wesenten *et al.*, «Regional Cerebral Blood Flow Throughout the Sleep-Wake Cycle. An H2(15)O PET Study», *Brain* 120, núm. 7 (julio de 1997): 1173-1197, https://www.ncbi.nlm.nih.gov/pubmed/9236630.
18. Citado en Jagdish Mehra, *Einstein, Hilbert, and the Theory of Gravitation* (Boston: Reidel, 1974), 76.
19. Barry Parker, *Einstein: The Passions of a Scientist* (Amherst, NY: Prometheus Books, 2003), 30.
20. Citado en Gerald Whitrow, *Einstein: The Man and His Achievement* (Nueva York: Dover Publications, 1967), 21.
21. David Hindley, «Running: An Aid to the Creative Process», *The Guardian*, 30 de octubre de 2014, https://www.theguardian.com/lifeands-

tyle/the-running-blog/2014/oct/30/running-writers-block-creative-process.

22. Entre estos están Marily Oppezzo y Daniel L. Schwarz, «Give Your Ideas Some Legs: The Positive Effect of Walking on Creative Thinking», *Journal of Experimental Psychology: Learning, Memory, and Cognition* 40, núm. 4 (2014): 1142-1152, https://www.apa.org/pubs/journals/releases/xlm-a0036577.pdf; Lorenza S. Colzato, Ayca Szapora, Justine N. Pannekoek y Bernhard Hommel, «The Impact of Physical Exercise on Convergent and Divergent Thinking», *Frontiers in Human Neuroscience* 2 (diciembre de 2013), https://doi.org/10.3389/fnhum.2013.00824; y Prabha Siddarth, Alison C. Burggren, Harris A. Eyre, *et al.*, «Sedentary Behavior Associated with Reduced Medial Temporal Lobe Thickness in Middle-Aged and Older Adults», *PLOS ONE* (12 de abril de 2018), http://journals.plos.org/plosone/article?id=10.1371/journal.pone.0195549.
23. Eric Weiner, *The Geography of Genius: A Search for the World's Most Creative Places from Ancient Athens to Silicon Valley* (Nueva York: Simon & Schuster, 2016), 21.
24. *Ibid.*, 21.
25. *Inside Bill's Brain: Decoding Bill Gates*, Netflix, 2019, https://www.netflix.com/watch/80184771?source=35.
26. Henry David Thoreau, diario, 19 de agosto de 1851, en *The Portable Thoreau*, editado por Jeffrey S. Cramer, https://www.penguin.com/ajax/books/excerpt/9780143106500.
27. Mason Currey, *Daily Rituals: Women at Work* (Nueva York: Random House, 2019), 52.
28. Daniel Kahneman, *Thinking, Fast and Slow* (Nueva York: Farrar, Straus and Giroux, 2011), 40.
29. W. Bernard Carlson, *Tesla: Inventor of the Electrical Age* (Princeton, NJ: Princeton University Press, 2013), 50-51.
30. Nikola Tesla, *My Inventions*, editado por David Major (Middletown, DE: Philovox, 2016), 35. El poema original en alemán fue traducido por el autor.
31. Carlson, *Tesla*, 404.
32. Rebecca Mead, «All About the Hamiltons», *The New Yorker* (9 de febrero de 2015), https://www.newyorker.com/magazine/2015/02/09/hamiltons.
33. Ludwig van Beethoven, carta a Tobias Haslinger, 10 de septiembre de 1821, en *Beethoven: Letters, Journals and Conversations*, editado y traducido por Michael Hamburger (Garden City, NY: Doubleday, 1960), 174-175. La carta autógrafa se conserva en Beethoven-Haus, Bonn, y el canon lleva en número Kinsky WoO 182.

34. Danille Taylor-Guthrie, ed., *Conversations with Toni Morrison* (Jackson: University Press of Mississippi, 2004), 43.
35. Francis Mason, ed., *I Remember Balanchine: Recollections of the Ballet Master by Those Who Knew Him* (Nueva York: Doubleday, 1991), 418.

Capítulo 14. ¡Hora de concentrarse!

1. David Michaelis, *Schulz and Peanuts: A Biography* (Nueva York: Harper Perennial, 2007), 370, citado y condensado en Mason Currey, *Daily Rituals: How Artists Work* (Nueva York: Alfred A. Knopf, 2018), 217-218.
2. Françoise Gilot y Carlton Lake, *Life with Picasso* (Nueva York: McGraw-Hill, 1964), 109-110.
3. Fritjof Capra, *The Science of Leonardo* (Nueva York: Random House, 2007), 30.
4. Giorgio Vasari, *The Lives of the Artists*, traducido por Julia Conaway Bondanella y Peter Bondanella (Oxford, Reino Unido: Oxford University Press, 1991), 290.
5. Jaime Sabartés, *Picasso: An Intimate Portrait* (Londres: W. H. Allen, 1948), 79.
6. Citado en Barry Parker, *Einstein: The Passions of a Scientist* (Amherst, NY: Prometheus Books, 2003), 137.
7. Walter Isaacson, *Einstein: His Life and Universe* (Nueva York: Simon & Schuster, 2007), 161.
8. Albert Einstein, *The Complete Papers of Albert Einstein*, vol. 1, XXII, citado en *ibid.*, 24.
9. Abraham Pais, *Subtle Is the Lord: The Science and the Life of Albert Einstein* (Nueva York: Oxford University Press, 1982), 454.
10. Traducción del autor de Joseph Heinze Eibl, «Ein Brief Mozarts über seine Schaffensweise?», *Österreichische Musikzeitschrift* 35 (1980): 586.
11. *Allgemeine musikalische Zeitung* 1 (septiembre de 1799): 854-56. Esta relación de Constanze Mozart fue repetida por ella en Salzburg en 1829; véase Vincent y Mary Novello, *A Mozart Pilgrimage: Being the Travel Diaries of Vincent & Mary Novello in the Year 1829*, editado por Nerina Medici di Marignano y Rosemary Hughes (Londres: Novello, 1955), 112.
12. Humphrey Newton, carta a John Conduitt, 17 de enero de 1728, *The Newton Project*, http://www.newtonproject.ox.ac.uk/view/texts/normalized/THEM00033.

13. *Let Newton Be!: A New Perspective on his Life and Works*, editado por John Fauvel, Raymond Flood, Michael Shortland y Robin Wilson (Oxford, Reino Unido: Oxford University Press, 1988), 15.
14. Jerry Hanken, «Shulman Wins, but Hess Wows», *Chess Life* (junio de 2008): 16, 20.
15. Para una discusión sobre la memoria para el ajedrez y la memoria en general, véase William G. Chase y Herbert A. Simon, «The Mind's Eye in Chess», en *Visual Information Processing: Proceedings of the Eighth Annual Carnegie Psychology Symposium on Cognition*, editado por William G. Chase (Nueva York: Academic Press, 1972). Para estudios relacionados por Simon, Chase y otros, véase David Shenk, *The Immortal Game: A History of Chess* (Nueva York: Random House, 2006), 303-304.
16. David Rosand, Meyer Shapiro Professor of Art History, Columbia University, presentation in the Yale «genius course», 29 de enero de 2009.
17. Howard Gardiner, *Creating Minds: An Anatomy of Creativity* (Nueva York: Basic Books, 1993), 148, 157.
18. Elyse Graham, académica Joyce y profesora de literatura moderna en Stony Brook University, conversación con el autor, 1 de agosto de 2010.
19. Bloomberg, «Elon Musk: How I Became the Real "Iron Man"», https://www.youtube.com/watch?v=mh45igK4Esw, a las 3:50.
20. Alan D. Baddeley, *Human Memory*, 2a ed. (East Essex, Reino Unido: Psychology Press, 1997), 24.
21. Giorgio Vasari, *Lives of the Artists*, 1550 edición, citado en Capra, *The Science of Leonardo*, 25.
22. Rosand, presentación en el «curso de genios» de Yale, 29 de enero de 2009.
23. Heidi Godman, «Regular Exercise Changes the Brain to Improve Memory, Thinking Skills», Harvard Health Publishing, 9 de abril de 2018, https://www.health.harvard.edu/blog/regular-exercise-changes-brain-improve-memory-thinking-skills-201404097110.
24. Capra, *The Science of Leonardo*, 20.
25. «The Hawking Paradox», *Horizon*, BBC, 2005, https://www.dailymotion.com/video/x226awj, a las 3:00.
26. Dennis Overbye, «Stephen Hawking Taught Us a Lot About How to Live», *The New York Times*, 14 de marzo de 2018, https://www.nytimes.com/2018/03/14/science/stephen-hawking-life.html.

27. Niall Firth, «Stephen Hawking: I Didn't Learn to Read Until I Was Eight and I Was a Lazy Student», *Daily Mail*, 23 de octubre de 2010, http://www.dailymail.co.uk/sciencetech/article-1322807/Stephen-Hawking-I-didnt-learn-read-8-lazy-student.html.
28. Kitty Ferguson, comunicación por correo electrónico con el autor, 18 de abril de 2018.
29. «The Hawking Paradox», a las 9:00.
30. Hawking, dirigida por Stephen Finnigan, 2013, YouTube, https://www.youtube.com/watch?v=hi8jMRMsEJo, a las 49:00.
31. Kitty Ferguson, citado en Kristine Larsen, *Stephen Hawking: A Biography* (Nueva York: Greenwood, 2005), 87.
32. *Hawking*, a las 49:30.
33. Gran parte del material de este y el siguiente párrafos fue tomado de Mason Currey, *Daily Rituals: How Artists Work* (Nueva York: Random House, 2013); y Currey, *Daily Rituals: Women at Work* (Nueva York: Random House, 2019).
34. Currey, *Daily Rituals: How Artists Work*, 64.
35. *Ibid.*, 110.
36. Twyla Tharp, *The Creative Habit: Learn It and Use It for Life* (Nueva York: Simon & Schuster, 2003), 14, 237.
37. Isaacson, *Einstein*, 424.
38. Agatha Christie, *An Autobiography* (Nueva York: Dodd, Mead, 1977), citada en Currey, *Daily Rituals: How Artists Work*, 104.
39. John Updike, entrevista con la Academy of Achievement, 12 de junio de 2004, citado en Currey, *Daily Rituals: How Artists Work*, 196.

CRÉDITOS DE FOTOGRAFÍAS

Figura 2.1 Nueva York, Museo Metropolitano de Arte: Craig Wright

Figura 2.2 Alamy Stock Photo

Figura 3.1 Alamy Stock Photo

Figura 5.1 Dennis Hallinan: Alamy Stock Photo

Figura 5.2 Janaka Dharmasena: Alamy Stock Photo

Figura 5.3 Science History Images: Alamy Stock Photo

Figura 7.1 IconicPix: Alamy Stock Photo

Figura 7.2 dbimages: Alamy Stock Photo

Figura 8.1 The Archives: Alamy Stock Photo

Figura 9.1 Viena, Biblioteca Nacional, Mozart Skb 1782j: Craig Wright

Figura 9.2 Peter Barritt: Alamy Stock Photo

Figura 9.3 Alpha Stock: Alamy Stock Photo

Figura 10.1 París, Biblioteca Nacional, Mozart Sk 1772o: Craig Wright

Figura 10.2A Base de Datos del Museo Británico 1856, 0621.1 recto: Wikimedia Commons

Figura 10.2B Base de Datos del Museo Británico 1856, 0621.1 verso: Wikimedia Commons

Figura 10.3A Londres, Galería Nacional, desconocido: Wikimedia Commons

Figura 10.3B París, Museum of the Louvre, Dcoetzee: Wikimedia Commons

Figura 12.1 Steve Vidler: Alamy Stock Photo

Figura 12.2 agefotostock: Alamy Stock Photo

Figura 14.1 Biblioteca de la Universidad de Cambridge, MS Adicional 3958, fol. 78v: Unidad de Contenido Digital.